そうか、そんな生き方もあったのか！

過酷な運命に翻弄された十人の偉人たち

仲　俊二郎

栄光出版社

はじめに

私たち人間は、生まれたいという「意思」をもって生まれたのではありません。気がついてみたら、この世に生を受けていたのです。

しかし、その後をどう生きるかについては、ああしよう、こうしようという「意思」が表に出てきてかじ取りをします。

とは言っても、それは善意と悪意をもつ運命の神から離れられず、好む好まざるにかかわらず、運命と二人三脚で歩みます。耐え、蹂躙《じゅうりん》され、時に逆らい、或いは協調しながら、寿命が絶えるその日まで私たちは生き続けます。いや、生き続けなければなりません。

その間、楽しみ、喜び、苦しみ、怒り、悲しみ、悔しさ、嫉妬、後悔が怒涛のように押し寄せ、私たちを翻弄《ほんろう》するのです。

いい翻弄は歓迎ですが、悪い翻弄は願い下げたいもの。とりわけ後者には生きていくのがつらくなるほどの苦しみを覚えます。この世から消えてしまいたい衝動に駆られる人もいるでしょう。病気や失恋、失敗、人間関係、愛する人の死、貧乏など、頼みもしないのに突然降りかかり、心をずたずたに引き裂きます。疲労困憊して、心の芯がポキッと折れそうになります。

それでも私たちは生きていかなければならないのです。「それではこの辺で」と、途中で退散させてもらえません。楽しみの何倍もの「悩み」を抱えながら、終着駅まで歩まなければならないのです。

これが人生であり、人間の宿命です。古今東西、昔の人も今の人も、先人たちは皆、同じ「悩み」の道を歩みました。

よしそれならば、同じように私たちもそうしなければならない以上、ただ受け身的に翻弄されるのでは能がありません。むしろ既に心の中にある「意思」というエンジンを前向きに作動させて、何とか苦難を切り開く道はないものか。

例え一つのヒントでもいい、生き方のヒントを見つけられれば、「悩み」を減らす手助けになるかもしれない、そのためには先人たちの生きざまを知ることが参考になるのではないか。そう私は考えるのです。

先人たちが何に悩み、どう生きてきたのか、運命にどう翻弄されてきたのか、その道程を知ることで、私たちの「意思」のエンジンに的確な方向性、選択肢を与えることが出来るかもしれません。彼らが「悩み」の解決に向け、どう「意思」力を発動したのかは、現代の我々にヒントを与えてくれるのではないでしょうか。

その思いのもとに、今回、私の独断と偏見で歴史上の世界の偉人十人を選び出し、極力仕事や業績の専門性を排しつつ、彼らの生きざまに焦点を当てて紹介してみました。「偉人」の定義を棚上げする乱暴をご容赦願うとして、紀元前四七〇年から二十世紀までの長いスパンから、哲学者、教育者、科学者、画家、音楽家、物理学者、俳人、詩人、小説家と、歴史に足跡を残した有名人十名を選びました。日本からは四名です。

それぞれの人物は歴史の線表上では無関係に点在し、脈絡はありませんが、人間的な魅力に満ちています。過酷な運命に翻弄されながらも、また逆境の中にあっても、懸命に耐え、抗《あらが》い、挑戦し、時にはそれを利用しながら生きました。彼らの苦難の生きざまは、悩める私たちに必ずや生き方のヒントを与えてくれるものと確信しています。

苦悩をかかえた若者には、ぜひ偉人の苦悩と比較することで、自分は彼らより少しはましかもしれないと希望をもっていただけないものか。人生の峠を越えた高齢者には、過去の生き様を偉人のそれに重ね合わせ、そこから共鳴と反省を拾い出し、残された命を生きる光明・開き直りにつなげてほしい。また働き盛りの人には、これらすべての心の作業を通じ、消極思考を積極思考に変えるエネルギーを一つでもいいから手にしていただきたいと、そう私は願うのです。

若い人、中高年の人を問いません。拙作をお読みいただければ幸いです。各章は独立した伝記物語なので、関心のある人物からアットランダムに読んでいただいて構いません。

さあ、今からあなたの新しい人生を始めようではありませんか。

令和二年晩秋

著　者

目次

第一章　ソクラテス（紀元前四六九〜前三九九）　七十歳没

ソクラテスはギリシャのアテネナイ（現アテネ）で、彫刻家でもある石工の父と助産婦の母とのあいだに生まれました。倫理や徳を追求した偉大な哲学者です。

ソクラテスが生きた頃のアテネナイは、民主制の栄えた時代であると同時に、後にスパルタとのペロポネソス戦争に敗北し、疫病の流行も重なって、急速に没落していくという盛衰の激しい時代でもありました。

この戦争にソクラテスは齢《よわい》五十の頃に三度目の従軍をしていますが、これ以前の彼については、あまりよく知られていません。戦争が終わるのは紀元前四〇四年ですから、彼が死ぬ前三九九年までの五年ほどの間に、彼は歴史に残る大活躍をしたのです。

古代ギリシャの人々は信仰心が厚く、ギリシャ神話を心から信じていました。そこに登場する神々の中にアポロンという神がいます。アポロンはオリンポス十二神の一人であり、全知全能の神ゼウスの息子で、ひときわえらい神の一人です。

ギリシャ中部の一地方に、デルフォイという聖域（場所）がありました。そこに神託所が置かれていて、生存している巫女《みこ》の口を通して、アポロン神の神託が神の予言として告げられるのです。

人間が判断できない難問があるとき、その解決を求める願いや質問をして、それに対し、神のお告げがなされます。古代ギリシャの人々に絶大な影響を及ぼす神託ですが、ある時ふとしたことからなされたこの神託がきっかけとなって、ソクラテスを死刑という悲劇の運命へと導いたのでした。

ソクラテスは書き物をいっさい残していません。対話を重視していたからです。しかし、弟子のプラトン（前四二七〜前三四七、八十歳没）がその死刑に至る裁判の様子を著書「ソクラテスの弁明」に記述していて、告訴されたソクラテスが法廷で弁明する場面を詳しく描写しています。プラトンはさらに「クリトン」や「パイドン」などの続編も著わしました。

［無知の知］

ソクラテス以前の哲学者たちの仕事は、自然哲学の探求、とりわけ万物の根源について考察することでした。「万物の根源は水である」とか、「万物の根源は火である」などと自信たっぷりに唱え、そういうことを知っているということで、彼らは世間から「知者」（ソフィスト）と呼ばれ、自分でも賢者と考えていました。

彼らは各地を回り、授業料をとって百科全書的な学識一般を教えます。その中でも特に弁論術は重要な科目でした。しかし、その弁論術の目的が相手を説得するということだけであったため、客観的な真理や倫理的価値の規準などが端《はな》から除外されました。

ところがソクラテスが哲学の対象としたのはそうではありません。「人はいかに生きるべきか。よりよく生きるにはどうすればいいか」について、問い続けるのです。人間としてのあるべき姿や徳の追求こそが哲学だと信じ、実践しました。火や水ではありません。その結果、彼以外のソフィストたちとは全面対立します。

今日であれば、「万物は火や水から生まれた」などともっともらしく言えば、小学生ですら大笑いします。しかし当時は固くそう信じられていたのです。だからソクラテスは社会の猛反発を喰らい、異端児と思われたのも不思議ではありません。

日本では竪穴式の掘っ立て小屋に住んでいた弥生式時代初期に相当し、誰もが食べることしか考えていませんでした。その頃にソクラテスは人間の生き方を思考していたのですから、驚きです。

ソクラテスが賢者といわれるソフィストと対話して、いつも感じることがあります。それは彼らの知恵の本性が実に有限的であり、神に比すれば無に等しいということです。ソクラテスにすれば、対話を重ねるたびに、神だけが真の知者・知恵者だとますます確信します。神こそが哲学、思想、真理を知っている者なのです。

それなのにソフィストが「自分は何でも知っている」というふうに賢者ぶって民衆に教え、しかも対価をとって教えていることが許せません。ソクラテス自身、神の前でいかに自分が無知であり、何かを「完全に分かりきる」

ということはあり得ないのだというのは、十分に自覚しています。だからソフィストも自己の無知を知るべきだと、ソクラテスは対話のたびに、そう彼らを説得しようと努めました。

このように知らないことを自覚する行い、つまり無知の自覚が、今日の哲学で言われる「無知の知」です。そうすることで迷妄《めいもう》（物事の道理を知らず、誤りを真実と思い込むこと）を打ち砕き、真実の知へ通ずる扉を開くことになります。

こうしてさらに前進するうちに「能《あた》うかぎり神に似ること」が可能になり、これこそが哲学者の目標ではないのかと、ソクラテスはソフィストに迫りました。神のように全知全能にはなり得ないが、賢くなるよう努力を続けなければならないというのです。

人はもし無知である自分に気づいたなら、安易な自己満足でごまかしません。正直に自分と向き合い、真の知に近づこうとする探求を始めます。それはいかに生きるべきかの探求にもつながるのです。「無知の知」の自覚は、よりよく生きるための出発点でもあります。

「物事を知りたい」と思うなら、最初に「自分は物事を知らないのだ」という前提に立つ必要があります。知を愛し、貪欲に知を吸収していくためには、「自分には知らないことがまだまだ多くあるのだ」という、そんな自覚がなければならないと、ソクラテスは説きました。

これなど今日では、万物の根源が水や火でないのと同様、誰もが当たり前と考えることですが、当時のアテナイではまったくの非常識だったのです。

[デルフォイの神託]

ソクラテスが「自分が何も知らないということを自覚する」心境に至ったのには、きっかけがありました。それはデルフォイの神託です。

或るときソクラテスの弟子がデルフォイの巫女に、「ソクラテス以上の賢者はいるか」と尋ねたところ、巫女から神託として、「ソクラテスより賢い者はいない」と告げられました。

これを知ったソクラテスは驚き、戸惑いました。なぜなら、自分は無知だと思っていたからです。果たしてそんなことがあるのかと、お告げの意味を確かめるため、行動に出ます。それは「無知の知」を確かめることでした。世間で賢者だと崇《あが》められているソフィストや高名な人にもっと多く会い、自分が本当に賢いのかどうか確かめようとしたのです。

彼らと対話し、議論した結果、或る事実に気づきます。実は賢者だと言われる彼らでさえも、自分たちが言っていることをよく知らず、そのこと自体さえ理解していないのです。何も知らないのに知っていると思い込んでいるか、或いは知ったかぶりをしていました。

そこでソクラテスは、もしそれなら、同じ無知どうしでも、それを自覚している自分の方がまだ賢いのではないか。さらに、デルフォイの神託の真意は、自分（ソクラテス）の名を借りてすべての人間の無知を悟らせることにあったのではないか。そう考えるに至ったのです。

それからもソクラテスは相変わらずあちこち歩き回って多くの人と対話し、論戦しました。善意に満ちた固い信念から、彼らを論破してその無知を気づかせ、善い方向へ導こうと懸命に努めるのです。そうすることが神から与えられた自分の職業だと考えていました。

しかし、ソクラテスとの論戦で言い負かされた方はたまったものではありません。恥をかかされ、怨み骨髄に徹すというものです。当時のソフィスト、詩人、政治家らのインテリ層から、一手に憎悪を買う羽目に陥りました。その結果、とうとう彼らから告訴されてしまったのです。

ところで、対話を職業としているこのソクラテスですが、ソフィストのように金銭を要求するのではなく、無償奉仕でやるものだから、家族にとってはえらい迷惑です。家庭には一銭も金を入れません。三十七歳下の妻と三人の子供の生活はその日暮らしの極貧状態です。今日的に表現すれば、この父親は高遠な理想を説いて回る善意のプータローと呼んでもいいでしょう。しかし、弟子たちが見かねて、時々、野菜や魚などを施していたそうです。

さて、ソクラテスが知者と行うこの論戦は、若者たちに少なからぬ影響を与えました。論戦を見ている若者たちは、面白がり、そうした問答手法を真似て街中で手当たり次第に議論を仕掛けたのです。

だから被害者たる知者・賢者と言われていた人々にとっては迷惑千万でした。彼らは自分たちの無知を見抜かれたのを恥じるのではなく、感情的になり、ソクラテスがこれほどまでも青年たちをたぶらかし、堕落させているのだと思い込んで腹を立てました。

［公開裁判］

ソクラテスは、クジで選ばれた五百人の市民陪審員の前で、「アテネナイ国家の認める神々ではなく、他の新しい神霊を信じ、若者を堕落させた」という無実の罪状で、公開裁判にかけられました。

これに対し、ソクラテスは、自分は無実であるという弁明（ソクラテスの弁明）を行います。自説を曲げることも、自身の行為を謝罪することもせず、堂々と主張。そして、暗に示された逃亡や亡命も拒否し、死を恐れずに殉ずる道を選ぶのです。

陪審員の評決では、わずか三十人分の票差で有罪となります。次いで量刑について審議され、死罪の求刑に賛成多数となり、ソクラテスの死刑が宣告されたのです。そして、自ら毒を飲んで自害したのでした。

ソクラテスはこう弁明します。

・自身がソフィストらの賢者を見つけては真理や知恵、徳、霊魂などを熱心に説いたのは、彼らにその無知を気づかせ、神の域に少しでも近づいてほしいと考えたからである。
・偉大なアテナイ人（賢者のこと）が蓄財・名声・栄誉ばかりを考え、知見や真理、また自分の霊魂を出来る限り善くすることを考えないのは恥辱である。人間の最大幸福と生き甲斐は、日毎、徳について語ることであり、魂の探求をすることだ。
・然るに自身は何人に対しても、報酬を受け取らず、貧富の差別なく、試問・問答を行ってきた。自分の使命を果さんとして語るとき、誰かそれを聴くことを望む者があれば、青年であれ老人であれ、何人に対してもこれを拒むようなことはしなかった。
・若者を堕落させたということだが、まったく的外れである。自分は人の師になろうと考えたことはないし、まして弟子を増やそうとして、自分の考えを語ったのではない。それを語る事が自分の使命と考えたのである。
・だから自身はこれまでの姿勢を変えるつもりはない。諸君に対してよりも、むしろ神に従う。裁判の結果、放免されようがされまいが、自身の姿勢は一切変わらない。アテネナイ人諸君に対して息と力の続く限り、知恵を授けたり、忠告したり、いかなる人に逢っても常にこのように指摘しつつ、いつもの調子で話しかける事をやめないであろう。
しかし、このようなソクラテスの弁明にもかかわらず、有罪に続いて死刑の判決が決定されたのでした。

[死刑判決後のソクラテス]

弟子のクリトンらが獄中のソクラテスを訪ねたとき、獄吏を買収して脱獄することを熱心に勧めました。当時はわずかの賄賂で脱獄は可能でしたし、多くの民衆はソクラテスに生きてほしいと願っていたので、その気さえあれば容易に出来たことです。陪審員との手筈も整っていました。

しかし、ソクラテスは、脱獄は「正しく生きる」ことにはならない。最も大切なことは、単に生きることではなく、善く（正しく）生きることなのだと強調し、静かな気持ちで、しかしきっぱりと脱獄を拒否したのです。また、裁判中、当時、他の多くの人がしたように、妻子を裁判に連れてきて、同情を得るような行いは思いもつかないと述べています。

こうして、いよいよ死刑執行の日が来ました。死刑は毒ニンジンの汁を飲むことで行われるのですが、死の直前、その限られた時間の中で、弟子のパイドンや友人たちと交わした会話は、人間の魂についての深い洞察でした。

ソクラテスは、魂は不滅だと信じ、こう語っています。

「もし魂が不死であるなら、我々が人生とよぶこの期間だけでなく、全期間（永遠）にわたって、魂の世話をしなくてはならない。そして、もし人がその世話を怠るなら、その危険は今や恐ろしいものに思われるだろう。

なぜなら、もし死がすべてからの解放であるのなら、悪しき人々にとって、死ねば肉体から解放されるだけでなく、魂もろとも自分の悪もなくなってしまうのだから、それは天の恵みともいうべきものだったろう。

しかし今や、魂が不死であることが明らかな以上、魂にとって、できるだけ優れた賢いものとなる以外に、悪から逃れる事も救われる事も出来ないであろう。魂がハデス（ギリシア神話の冥府の王）へ行くにあたって持ってゆくものは、ただ教育と教養だけであり、これらのものこそあの世への旅の門出から直ちに、死者にとって最大の利益とも、また災いともなると言い伝えられているのだ」

ソクラテスは、もし死ぬことで肉体も魂も含めた人間のすべてが無になってしまうとしたら、それはある意味では解放されることだと言います。何もかもがなくなるのだから。しかし、肉体は死んでも魂が生き続けるなら、死は解放にはなりません。

彼は、魂は肉体とともに滅びるものでなく、あの世でも生き続ける不死の存在だと考えています。だからこの世では魂の世話、つまり魂を優れた賢いものへと正しく成長させることが、最も重要なことだと言うのです。

死にゆく者の魂にとって、生前の徳と知恵を得るための正しい教育と教養は利益となるが、正しく成長させるための世話を怠ると、あの世で恐ろしい目に会う。特に悪しき人々にとっては、その悪から逃れること、救われることは容易ではないと述べます。

魂を正しく育て、養うための真実の教えが必要であり、その教えの実践によって自分の魂を優れた賢いものとする事が大切なのだと訴えました。

〔最後の時〕

弟子たちとの会話が終わり、いよいよ最後の言葉を終えたとき、ソクラテスは近くにいる毒杯を持った男に「さて、私は何をしたらいいのかな？」と尋ねました。

すると男は悲しそうな目で答えます。

「何もなさる必要はございません。ただこれをお飲みになって、歩き回ってくだされぱいいのです。足が重たくなったら、横になってください。あとは、毒が自然と回ってまいりますから」

ソクラテスは落ち着いた様子で杯を手に取り、まるで何事もない平穏な一日のひとこまのように、いとも無造作に平然と飲み干しました。

周囲の弟子たちが悲嘆のあまり涙をこらえきれず泣き始めますが、ソクラテスは困ったように「さあ落ち着いて、くじけないでいてくれたまえ」と、逆にたしなめるありさまです。

言われた通り、あちこち歩き回るうち、次第に苦しげな表情になり、「足が……重く……なったよ」と言って、最後の力を振り絞るようにして仰向けになりました。

男が目をじっと見た後、顔に覆いをかけました。足先から上に向けて身体をゆっくり触りながら、冷たく硬くなっていくのを確かめようとします。

「毒が心臓まで来たらおしまいです」

そう言って、ソクラテスの足に触れ、感じがあるかと尋ねますが、かすかに「ない」という答え。

そうこうするうち、ソクラテスは、腹部のあたりまでが冷たくなってきたころ、自ら顔の覆いをゆっくり取ると、最後の言葉をいっそう弱々しい声で絞り出しました。

「クリトン、……アスクレピオスに鶏を……お供えしなければ……忘れないで……供えてくれ給え……」

これが最後の遺言となりました。アスクレピオスというのはギリシア神話に登場する医術の神です。その神に鶏を供えることは病気回復の暁を意味します。死ぬことで人間の災いが回復し、魂が清らかになるのだと、ソクラテスは死の瞬間まで信じていたのでした。

[名言]

・真の賢者は己の愚を知る者なり。
・一番大切なことは、単に生きることではなく、善く生きることである。
・財産や名誉を得る事にのみ執心し、己の魂を善くする事に努めないのを恥とは思わないのか。
・指導者とは、自己を売って、正義を買った人間だ。
・金持ちがどんなにその富を自慢しているとしても、彼がその富をどんなふうに使うかが判るまで、彼をほめてはいけない。

・富は良心をもたらさない。しかし良心は、富ばかりでなく、望まれるもの全てを、個人にも国家にももたらすのである。

・人間の最大の幸福は、日ごとに徳について語り得ることなり。魂なき生活は人間に値する生活にあらず。

・友と敵とがなければならぬ。友は忠言を、敵は警告を与える。

・ともかく結婚したまえ。良い妻を持てば幸福になれるし、悪い妻を持てば哲学者になれる。

・悪法もまた法なり。

・われはアテネナイ人にあらず、ギリシア人にあらずして世界市民なり。

・死はいうまでもなく、肉体よりの解放にほかならず。

・死は、人間のもっているすべての恵みの中でも最高のものである。

・あなたのあらゆる言動を誉める人は信頼するに値しない。間違いを指摘してくれる人こそ信頼できる。

〔ソクラテスと現代〕

ソクラテスが生きた時期というのは日本にあてはめると、縄文時代が終わって弥生時代が始まった頃にあたります。住居は竪穴式の掘っ立て小屋で、人は裸足、衣は二枚の布を、頭と腕の出る部分を残して脇で綴り合せた粗末なものでした。そろそろ大陸から稲作と鉄が伝わろうとしていた時期です。

そんな頃にアテネナイでは直接民主政治が行われ、裁判で弁論が戦わされていたのです。そして、神への信仰という精神的な論戦をし、知と徳の大切さを命よりも上に置いたソクラテスのような人物がいたというのは、驚き以外の何物でもありません。日々の食べ物探しに明け暮れていた弥生人にとって、「人はいかに生きるべきか」とか、「よりよく生きるにはどうすればいいか」などは思いもよらない遠い命題です。

しかし今やそれから二千数百年が経ち、我々現代人の知識は比べ物にならないほど豊かになりました。とりわけ科学知識はとどまるところを知りません。

では果たして知的精神はどうなのか。ソクラテスに追いついたのでしょうか。答えは否です。後退し、堕落しています。我ら現代人の知的精神の未熟さを思うと、ソクラテスらの崇高な思索の前に忸怩《じくじ》たる思いを消せません。恥ずかしくなってしまいます。

グローバル経済のもとにますます拝金主義が横行し、金銭に貪欲になり、守銭奴よろしく、小学校などでも株式など金儲けの授業科目が現れる一方、徳・善・真理などという精神や魂を浄化する問題がますます忘れ去られています。

その典型はアメリカです。アメリカの資本主義繁栄のもとは、一六二〇年にイギリスから逃げてきたプロテスタント（清教徒）たちの禁欲的な労働精神にさかのぼります。世俗内において、奢侈に走らず、勤勉と労働に禁欲的・倫理的に励むことこそが人間としての生きる道だと信じ、ひたすら実践しました。

その結果、アメリカの近代資本主義が成立し、その後、二十世紀後半にかけてワスプ（WASP）と呼ばれるWhite・Anglo-Saxon・Protestantの三条件を満たす白人層が社会のエリートとして繁栄を築き上げました。しかし今や状況は一変。大量の非ワスプ系移民の流入によりワスプは消え、勤勉や禁欲に代わって、金儲け至上のマネー資本主義が横行する社会となっています。崇高な精神は見る影もありません。

では日本はどうでしょうか。これもアメリカと似たり寄ったりです。明治から昭和にかけての日本人は、謙譲・謙虚・思いやり・惻隠《そくいん》の情・道徳・責任感・親への敬意・恥など、薄れてはいても、まだ武士道的な精神を内面に保っていました。ところが今日、それらはすっかり死語となり、自分本位な自由を追い求め、マネーに汚染されて、道徳心は霧散しています。

だからといって、ソクラテスのように、蓄財や名声にはいっさい目をくれず、命や家族を捨ててでも、道徳と善行のために突き進むのが果して正しい生き方なのか。断定するにはあまりにも難しい課題です。

ただ明白なことがあります。それは如何に現代人が高度な科学知識を有し、豊かな生活にありつけていても、それに反比例する勢いで、心が貧しくなってしまったことではないでしょうか。

第二章　菅原道真《すがわらのみちざね》（八四五〜九〇三）　五十八歳没

菅原道真は京都か奈良の辺りで生まれ、平安時代中期に活躍した政治家・漢学者・文人です。悲運の天才といわれています。

宇多天皇の信任を得て右大臣にまで出世するのですが、醍醐天皇になってからというもの、状況が一変。道真の能力と勢力拡大を妬《ねた》み恐れた、左大臣藤原時平のいわれなき讒言《ざんげん》により、突然太宰府《だざいふ》に左遷されます。そして、失意と不遇のうちに二年後に他界しました。

その清らかで誠実だった人柄と、晩年のあまりにも痛ましい不遇は、死後、さまざまな伝説を生むのです。怨霊《おんりょう》となり、やがては天神さまと崇《あが》められ、学問の神さまとして、今も広く人々の信仰を集めています。

［学問に励む道真］

菅原氏は代々続く学問の家系です。曾祖父古人公の時代に、学問をもって朝廷に仕える家柄となりました。そして祖父が私塾を開き、この塾から学者だけでなく、朝廷の要職にも多くの官人を輩出。菅原家は一大学閥となっていきました。

道真も幼い頃から漢学の教育を受けて育っています。漢学というのは、中国の古典をもとに中国思想や詩文を研究する学問をいいます。

わずか五歳で和歌を詠み、神童と称されますが、十一歳で詠んだ漢詩「月夜見梅花」（「月夜に梅花を見る」）があります。

月耀如晴雪　梅花似照星　可憐金鏡転　庭上玉房馨

（今夜の月の光は、雪にお日さまがあたった時のように明るく、その中で梅の花は、きらきらと輝く星のようだ）。

また十四歳で詠んだ「臘月に独り興ず」は和漢朗詠集に収められています。

十五歳で元服。文章生《もんじょうしょう》（今日の大学生）になるため勉学に励み、十八歳という異例の若さで難関の試験に合格します。当時文章生は四十人いましたが、このうち成績が優秀な二人のうちの一人に選ばれているほどの秀才でした。

三十三歳で学者としての最高地位である文章博士《もんじょうはかせ》（今日でいう漢文学・中国史の大学教授で、いわば東京大学の学長にあたる職）に昇進し、朝廷における文人社会の中心的な存在となりました。この文章博士の定員は二名しかいません。そして三十七歳の時に父親が他界してからは、代々菅原家が経営してきた私塾の運営も引き継ぎます。

この私塾から巣立った学者には優秀な人材が多く、学界を左右する一大勢力となりました。そのため道真は他の学者たちからの嫉妬を買い、嫌われるようになります。当時の菅原家は家柄でいえば中流の貴族にしか過ぎません。上流の藤原氏などとは格段の差でした。

道真は学問だけでなく、弓を持たせても百発百中の腕前です。文武両道に秀でた人物として、世間にその名を馳せていました。

「政治家としても頭角を現す」

学問分野で文章博士として朝廷内で活躍する一方、しだいに官僚として政治の面でも能力を発揮する場面が多くなりました。行政の有能さは誰もが認めるところで、キャリア官僚として順調に昇進を続けます。

しかし、このことが最高権力者である藤原氏の一族や他の貴族らの反感を買いました。単に学者の家柄出身に過ぎない道真が、次々に高い役職に就くことへの嫉妬です。当時は家柄が出世の最大条件であり、かつその枠を超えないという限界でもありました。家格に応じた昇進が普通なのです。能力や実力はほとんど関係がありませんでした。

このような嫉妬にまみれた学者や貴族らの根強い反発で、八八六年、四十二歳のとき、とうとう道真は京の都から追い出されることとなります。遠い讃岐へ転勤を命ぜられ、国司である讃岐守《さぬきのかみ》（現在の香川県知事）に任ぜられました。但し「左遷」というほどではありません。「邪魔者」として、都から遠ざけられたのです。その結果、四年間の地方生活を送らねばなりませんでした。

道真にとっては不本意な人事でしたが、そこは真面目な彼のこと、気持ちを入れ替えます。疲弊していた国を建てなおすなどの善政を行い、しだいに住民に慕われていくのです。

貴族の華やかな世界しか知らなかった自分ですが、世の中には貧しい民衆の暮らしがあることを教えられ、目が覚めた思いがしました。与えられた環境に肯定的・前向きに立ち向かい、この経験が道真の人間形成、ことに政治家道真を生み出す重要な時期となったのでした。

讃岐へ赴任した翌年、宇多天皇が即位した時のことです。宮廷で阿衡《あこう》事件が起こりました。宇多天皇は即位に際し、藤原時平の父、基経を関白に任命したのですが、その辞令の文言に基経が難癖をつけたのです。

辞令の中に「阿衡の任をもって」というくだりがあり、阿衡は中国にあった官職で、日本では摂政や関白に相当します。しかし絶大な実権を振るっていた基経は「阿衡には職務がない」と勝手なことを言って、突然、仕事を放棄してしまいました。このことで藤原氏の権力が天皇よりも強い事をあらためて世に知らしめることになったのです。

その結果、国政はますます停滞し、困った宇多天皇は阿衡という言葉を引用した橘広相《たちばなのひろみ》を失脚させて収拾を図ります。しかし図に乗った基経はさらに橘を島流しにするよう要求。

これを知った道真は危機感をつのらせ、基経に約千八百字に及ぶ長文の書状を認《したた》めました。「これ以上やると、決して藤原氏のためにならない」と、讃岐の地から基経を諄々《じゅんじゅん》と諫《いさ》め、見事に解決したのです。

先ず最初に自分が「狂言」を進呈することをどうかお許しいただきたいと、丁重に謝り、本論に入ります。

「自分たち文人が仕事で文章をつくる場合、必ずしも古典の言葉の意味を正確に引くのではなく、その時その時の状況に合わせ、元の意味を無視して都合のいいように用いるものです。『阿衡』と書いた広相も、別にあなたを失脚させようと『異心』を挟んだわけではありますまい。それをとがめられ罰せられることで、こんな事がもし先例となったら、これから先、我々のような文章を作る者はみな罪を免れないことになるでしょう……これを文人の一人として心痛するのです」（政事要略　昭宣公に奉る書）

この意見書が功を奏し、基経は日本初の関白に就任したのです。宇多天皇が道真を高く評価したのは述べるまでもありません。そして今回の阿衡事件をきっかけに、天皇は屈辱感をつのらせ、ひそかに藤原氏の排除を考えます。そのためにも道真を中央政界へ呼び戻そうと決心しました。

[中央政界で破格の出世]

讃岐へ転勤してから四年後の八九〇年、道真は政治修行を終えて京へ戻ってきました。以後、宇多天皇の信任を得て、とんとん拍子に要職を歴任していきます。

一方、道真が帰任して翌年のこと、あれほど皇室の外戚として権力をほしいものにし、国政を牛耳ってきた関白藤原基経が五十六歳で病気のため死去。朝廷は一大転機を迎えます。

目の上の瘤《こぶ》が取れた宇多天皇は、道真重用に拍車をかけます。死去の直後に蔵人頭《くろうどのとう》の重職に抜擢し、以降、道真は基経の子であるサラブレッドの藤原時平と並んで、参議、中納言と出世を重ねていきます。

そして八九三年には宇多天皇は道真を公卿《くぎょう》（司法・行政・立法を司る最高幹部の一員）に列し、基経亡き後も続いている藤原氏への牽制にいっそう力を注ぎました。道真もその期待に応えます。

八九四年、道真は遣唐大使に任ぜられ、遣唐使の廃止という重大な決定を下します。海の行路が危険である上、肝心の唐そのものが戦乱に明け暮れて衰退しており、日本として派遣を続ける意味がないというのが理由です。以後、日本は中国文化を消化しながら、独自の国風文化を発達させていきました。ちなみに唐は十三年後の九〇七年に滅亡しています。

八九五年、道真は先任者三名を飛び越えて従三位・権中納言《ごんちゅうなごん》に叙任。さらに長女を宇多天皇付きの女御《にょうご》（天皇の寝所に侍せる女性）にしたり、三女を天皇の皇子・斉世親王《ときよしんのう》の妃とするなど、皇族との間で姻戚関係を強化しています。こうして道真の権力基盤を強固にするとともに、藤原氏の排除に向けて、天皇の策は着々と進むのです。これらは道真が積極的に絵を描いて進めたというよりも、むしろ宇多天皇の意思によるものではなかと思われます。

そうこうするうち、宇多朝の末期にかけて、政《まつりごと》をつかさどっていたそれまでの大官が相次いで亡くなるという異例の事態に至ります。その結果、残りくじとでもいうのか、当然の如く、最大の権力者である藤原氏の氏長《うじのちょう》者《じゃ》、藤原時平が台頭してくるようになりました。まだ二十歳そこその若さですが、天皇としては藤原氏の存在を無視できません。

そこで八九七年五月、時平を大納言《だいなごん》兼左近衛大将《さこんえのだいしょう》に任じるのですが、そのとき道真をも権大納言《ごんだいなごん》兼右近衛大将《うこんえのだいしょう》に任じます。以後、宇多天皇を支えて、左大将藤原時平・右大将菅原道真の両名が太政官のトップに並ぶ体制となりました。

それから二ヵ月経って七月になると、宇多天皇は息子である皇太子の敦仁親王に譲位します。醍醐天皇の誕生です。時に宇多天皇三十一歳、醍醐天皇十三歳でした。宇多天皇は譲位して上皇となったものの、時平への警戒心は変わりません。道真を引き続き重用するよう強く醍醐天皇に求めました。

上皇の意向通り、醍醐天皇の治世でも道真の昇進は続きます。八九九年、重要な昇進人事がありました。時平が左大臣に、道真が右大臣に任じられたのです。道真は吉備真備《きびのまきび》（奈良時代の学者・七七五年没）につぐ学者出身の大臣となりました。左大臣藤原時平、右大臣菅原道真が誕生したのです。

道真はやる気満々です。中央集権的な財政をめざし、抜本改革に取り組みました。土地制度や税制度を見直すと共に、民衆を救うための政治改革を断行しようと、同志を増やすなど、次々と手を打っていきます。真面目さ、誠実さに加え、宇多上皇への強い忠誠心は、道真の行動を前へ前へと押し出す原動力です。

では道真が嬉々として右大臣のポストを受けたのかというと、実はそうではありません。危険なことを知っていたので、辞退したかったのです。いくら空気が読めない道真であっても、儒家という低い家格での異例の出世が反感を買っていることは気づいています。しかし悩みに悩んだ末、結局、任命したいという王命を断れませんでした。

[突然、九州の太宰府へ島流しにされる]

道真のやる気に比例するように、負の反動があちこちで噴き出てきました。道真の運命を左右する大きな反発のうねりが表面化してくるのです。

時平を筆頭とする藤原氏ら有力貴族は、朝廷へ権力を集中させる考えには猛反対です。彼らは自分たちの利益につながる地方分権を望み、道真が進める中央集権化の前に大きく立ちふさがりました。

この動きは上流貴族だけではありません。中流・下流貴族の中にも同調する者がいました。現在の家格に応じたそれなりの安定した生活の維持を望み、道真の進める政治改革に不安を抱いていたのです。

また既述のように、学者が政治家として天皇に重用され、出世するというのは非常に珍しい出来事です。そんな風潮の中、道真は儒家としての家格を超えて大臣にまで上ったのですから、貴族からの嫉妬だけでなく、学者の世界でも激しい妬みを買いました。そんな中、道真は宇多上皇の手となり足となって改革に邁進するのですが、精神的苦痛は耐えがたいものでした。

右大臣になって一年後に、醍醐天皇のいる宴席で、次のような歌を詠んでいます（菅家後集　秋思）。

「丞相《じょうしょう》　相年を度《わた》りて　幾たびが楽しび思える」（私が右大臣になり、一年が過ぎました。楽しい思いをしたことなど、幾たびあったでしょうか。そんな時はほとんどありませんでした）。

道真への逆風がますます渦巻き、彼を政界から追い出そうとする動きが一気に強まってきます。

道真が歌を詠んで間もなく、同じ学者同士である文章博士の三善清行はそんな世相に呼応するかのように、彼を書簡で諭しています。異常な栄達を果たした自分の分を知って、時平と権力闘争を繰り広げるのをやめるよう説き、命を奪われる危険性が高いので、このあたりで隠居して余生を楽しんでみてはどうかと、強く辞職を勧めたのです。太宰府へ追放される二ヵ月ほど前のことでした。しかし道真はこれを聞き入れず、これまで同様、政務に邁進します。

時平は甚だ面白くありません。藤原氏でもない中流貴族が大臣の位につくなど、ありえないことで、この勢いでは自分を越して太政大臣にもなりかねないと、権力保持に危機感をつのらせました。さらには道真の学問の教え子たちの数も増え、今や宮中で一大勢力をなしているのも脅威です。

そして考えに考えた末、陰険な策略を練り上げるのです。それは道真に関する醍醐天皇への讒言《ざんげん》です。ちょうど道真は宇多上皇の子で醍醐天皇の弟にあたる斉世親王に娘を嫁がせています。そこに目をつけました。

時平はタイミングをみて、「道真は謀反を企てている」と、醍醐天皇に讒言します。帝を追放し、弟君の斉世親王を天皇の位につけるつもりだと、吹き込みました。とんでもない言いがかりです。

醍醐天皇の驚きは尋常ではありません。もともと仕事が出来て口うるさい道真と、その背後にいる父の宇多上皇を煙たく思っていました。父親であることを笠に着て、いつまでも上に立って君臨しています。そこへ時平の讒言です。

ひょっとして、という思いが頭をめぐり、やはりそうなのかという確信に変わるのに時間はかかりませんでした。「だから二人は常々、帝に冷たく接してきたではありませぬか」と、切々と説く時平に、「そう言われれば、確かにそうじゃ」と、個々の事例を記憶の中によみがえらせ、まだ残っていた理性を打ち壊すほどの激しい怒りに震えました。自分と同年代の時平に理屈を超えた近しさを覚えました。

こうして時を置かず醍醐天皇の宣命が下されたのでした。道真は太宰権帥《だざいのごんのそち》に降格され、地方役人として九州太宰府送りとされたのです。官位も右大臣（従二位相当）から太宰権帥（従三位相当）に落とされました。謀反の罪を問われ、「学者の家から大臣にまで昇進しながら分をわきまえず、権力をわがものにしようとし、宇多上皇を欺き惑わせた」というのです。

しかしこの宣明は事前に宇多上皇には全く知らされていませんでした。驚いた上皇は醍醐天皇に処分の停止を訴えるために天皇のもとに御輿《みこし》を走らせます。しかし門の前で行く手を阻まれるのです。「どなたであろうと、門を開けるなと帝が仰せです」と、武装した兵士は頑として醍醐天皇に取り次ごうとせず、上皇は呆然と門前に立ち尽くすのでした。

この太宰府への左遷のいきさつは、国宝「北野天神縁起絵巻　承久本」に書き記されています。

東風《こち》吹かば……

九州への流罪が決まったとき、道真はあまりにも突然で、しかもひどい冤罪《えんざい》に、怒りと落胆で心が乱れました。その一方で、まだ希望も捨てていません。宇多上皇に何とか窮状打開をしてくれないものかと、すがるような思いを抱いていました。その気持ちを上皇への歌に託しています。

「流れ行く我は水屑となりはてぬ　君柵《しがらみ》となりてとどめよ」

（太宰府へと流れていく私は、水の藻屑のような身になってしまいました。我が君よ、どうか水屑をせき止めるしがらみとなって、私をとどめてください）

しかし事態は変わりませんでした。この歌を詠んでからわずか数日後、九〇一年二月一日の極寒の朝、道真と従者ら数名が京を離れるのです。

この日までにはすでに道真の息のかかった官吏や門人たちの多くが次々と左遷されています。息子たちのうち、それなりの地位で任官していた四人も、地方への島流しが決まりました。

また多くの男子がそうであるように、道真にも正室以外に何人かの側室がいました。子供の数は二十人を超えたそうです。正室の島田宣来子《しまだののぶきこ》は実子を連れて奥州胆沢郡へ落ち延びたといいます。ただ幼子のうち、二人だけはどうしても父についていくと言ってきかず、道真も仕方なく連れていくことになりました。さながら菅原一族全体の追放劇でした。

道真は諸国を移動する道中でひどい扱いを受けます。官吏の赴任としての待遇が与えられません。馬や食料が十分に給付されず、傷ついた駄馬や半壊した船しか与えられないなど、執拗な嫌がらせを受けました。また反道真派の奸計に落し穴などの罠を仕掛けられたり、誅殺と叫ぶ刺客に襲われたこともあります。

家族との十分な別れも許されないまま京を離れるとき、ふと自宅の庭の方を見て、子供の頃から親しんできた梅の木に目を留めます。そこで詠んだ歌はあまりにも有名です。

「東風《こち》吹かば　匂ひおこせよ梅の花　主《あるじ》なしとて春を忘るな」

（春の東風が吹くようになったら、花を咲かせて香りを届けておくれ、梅の花よ。私がいなくても、春を忘れないでいておくれ）

歌の心が通じたのでしょうか。この梅の花が主人を慕って遠く太宰府まで飛び、その地に降り立ったという伝説があります。これを「飛梅《とびうめ》」と言い、現在も太宰府天満宮の本殿前に御神木として植えられています。

また山陽道を通って太宰府へ向かう道中のことです。かつて讃岐に赴任する際に泊まった播磨の国の明石の駅という所で、駅長の 橘 季祐《たちばなのゆえすけ》に再会しました。道真を見て心配そうな表情をした駅長に向かい、

「駅長驚くなかれ 時の変わり改まるを 一栄一落これ春秋」

（時が変わり改まるのを驚くことはない。栄えるも朽ちるも、春がきて秋へと移り変わるのと同じようなものなのだから）

という詩を贈って慰め返したといいます。

【非業の死をとげる】

太宰府では幽閉に等しい苦難の生活を強いられました。太宰府政庁の南に位置する榎寺《えのきでら》で謹慎させられます。荒れ放題のまま放置されていた廃屋です。

太宰府はもともと七世紀後半に置かれた地方行政機関であり、この時代も引き続き九州を治め、日本の西の防衛と外国との交渉の窓口を担う重要な役所でした。

しかしそこの長官として赴任したとはいえ、実態はひどいものです。太宰権帥と呼ばれる名ばかりの役職に就けられ、太宰府の人員として数えられません。太宰府本庁にも入ることができず、もちろん給与はないし、従者もしばらくして京へ戻されました。

生活は厳しいもので、食事もままならず、侘しい暮らしです。連れてきた二人の幼い子供、姉紅姫、弟隈麿の親子三人で励ましあって、その日その日をつないでいくのでした。自分たちのみじめな姿を見に野次馬が来る時は奥へ隠れるのですが、気分が滅入ります。

時々、道真は自分の心が狂想に陥っているのではないかと思うことがあります。そんなとき、仏に合掌して座禅

を組みました。

当時の苦しい生活をうかがわせるものに、道真自身の手で編まれた「菅家後集《かんけこうしゅう》」という詩文集があります。太宰府左遷後の詩三八編が収められています。その中の一首。

「家を離れて三四月。涙を落とす百千行。万事皆夢の如し。時々彼蒼（大空）を仰ぐ」

また自らの寂しい運命を嘆き、こんな一首を詠みました。

「恩賜《おんし》の御衣《ぎょい》は今比《ここ》に在り、捧げ持ちて毎日、余香《よこう》を拝す」（一年前に帝から宴の席で授けて下さったお着物は、今こうして配所にも携えてきております。毎日、このお着物に薫《た》きしめられた残り香に帝を偲び、お慕い申し上げています）

ところで話は飛びますが、今日、太宰府天満宮名物として、参道沿いに梅ヶ枝餅が売られています。これには謂れがあるようです。道真らの貧しさを見かねた老婆が、軟禁部屋の格子越しに、梅の枝の先に餅を刺して差し入れたという伝承が由来とされています。

また或る日、道真親子三人で館のまわりを散歩していた時のことです。小さな池にたくさんの蛙がいて、親兄弟が揃ってにぎやかな鳴き声をあげています。

道真はその声を聞きながら、離れ離れになった家族のことなどを思い出して一首、口にして詠みました。すると、歌を聞いた池の蛙たちは、不遇な道真たちの心を察したのか、こののち鳴かなくなったという伝承があります。

道真は栄養失調のため、病を得ます。体は痩せこけ、目に見えて白髪が増えました。着物も色あせていきますが、どうしようもありません。せめて子供二人には衣食を与えたいと思うのですが、これさえも何の力も道真にはありませんでした。

そんな或るとき、久しぶりに奥州の妻宣来子から手紙がきました。薬（生姜と昆布）を送ってくれるなど、自分を労わる気持ちが嬉しく、涙を流します。しかし家族の生活が苦しいことをひた隠しにしていることが、かえって道真を悲しませ、心配させるのでした。

日に何度も道真は自身の潔白をひたすら天に祈りました。たとえどんなに自分が不遇で無力であっても、自身の潔白の証明を願い、祈り続けていたのです。

太宰府へ流されてきて一年半ほど経った頃、道真にとって悲しい出来事が起こりました。九〇二年秋、弟の方の隈麿が他界したのです。

道真自身も病床の身ですが、残った姉の紅姫のためにも生きながらえ、無実を証明しなければと、祈り続けます。しかし骨と皮だけの体にはもう生命を維持するだけの力がありませんでした。無念のうちに、翌九〇三年二月二十五日、粉雪が舞う寒冷の日、隈麿の後を追うようにして五十八歳で非業の死を遂げました。遺体は都ではなく、太宰府の近くに埋葬されました。

ただ最後の仕事として、自身の潔白を記した長男菅原高視《すがわらのたかみ》宛ての密書と手書きの地図を、紅姫に託しています。残された紅姫は密書を四国にいる兄に届けるため密かに太宰府を発ちました。藤原氏の追手が迫る中、子供ながら若杉山麓に身を潜め、山上の若杉太祖神社に守護を祈願します。しかしそれも空しく、ほどなく刺客にみつかり、篠栗の地で非業の最期を遂げるのです。現在は紅姫稲荷神社に紅姫天王という稲荷神として祀られています。

また奥州胆沢郡の妻宣来子は九〇六年、道真死去から三年後、悲嘆にくれながら四十二歳で亡くなりました。

こうして道真は死の床の最後まで自身の潔白を証明すべく祈り続けながら、無念のうちに波乱の生涯を閉じたのでした。

【道真死後の異変】

道真の死後、都では異変が次々と起こりました。疫病が蔓延して人々がばたばたと倒れたのです。さらに道真の死から五年後の九〇八年十月七日、道真を太宰府に配流《はいる》した首謀者の一人、藤原菅根が五十四歳で死に、道真の怨霊の祟りだという噂が流れました。

一方、配流の張本人であった藤原時平は既にこのとき病床の身で、天竺から取り寄せた妙薬や陰陽師《おんみょうじ》（律令制下において中務省の陰陽寮に属した官職の一つ）の祈祷も、効き目がありません。そこで文章博士・三善清行の長男浄蔵《じょうぞう》（当時、最も高名な天台宗の僧）に加持祈祷させます。しかしどれも効なく、九〇九年、時平は三十九歳の若さで他界したのです。

醍醐天皇はこの頃までには道真が無実だったことに気づいていて、口には出さないものの、内心では後ろめたい思いを消せません。しかし上皇の政治力排除のための行動であり、あれでよかったのだと自分を納得させる一方、残酷な仕打ちを悔いてもいました。そこへ時平の死です。えも言われぬ不安に揺さぶられました。

それもあって、十年後の九一九年に天皇は道真の怒りを静めるため、太宰府の地に社殿を造るよう命じます。これが現在の太宰府天満宮の元となったとされています。

さらに時平の死から十四年後の九二三年には皇太子・保明《やすあきら》親王が二十一歳の若さで亡くなりました。偶然と呼ぶにはあまりにも不吉な身近な人たちの死の連続です。

醍醐天皇は恐れおののきました。きっと道真のたたりに違いないと、うろたえます。もうなりふりなど構っていられません。ここにきて道真の名誉挽回に動くのです。ただちに道真を元の右大臣の位に戻し、同時に太宰府追放を命じた文書を燃やして左遷を取り消しました。

しかしそれでも異変は収まらず、二年後には次の皇太子で時平の孫にあたる慶頼王《よしよりおう》が五歳で夭折《ようせつ》したのです。それに加え、皇族や貴族ら同じく身近な者の死が続き、醍醐天皇はいよいよ道真の怨霊の仕業だと、気持ちをかき乱します。一見きらびやかな平安の都であっても、祈祷師に頼ったり、魑魅魍魎《ちみもうりょう》が跋扈すると信じられていた時代でした。

そして最後のとどめに、天変地異が勃発。九三〇年六月、御所の清涼殿《せいりょうでん》（天皇が政務を執る建物）に凄まじい雷が落ちたのです。昼すぎ、愛宕山の頂上あたりに現われた黒雲がたちまち雨を降らせ、にわかに雷鳴を轟かせて清涼殿の柱に落雷。すぐそばにいた貴族と警護の武士数名が感電して亡くなってしまったのです。神火を放ったのでした。さながら生き地獄だったといいます。道真の島流しを見て見ぬふりをした公卿たちの焼け死んだ様子が、前述の「北野天神縁起絵巻」に描かれています。

この落雷を境に醍醐天皇は心身に異常をきたして床に臥せり、精も根も尽き果て、みるみるうちに重篤に陥ります。いよいよ助からないと自覚したのか、意識が薄れ始めたとはいえまだ確かなうちに、皇太子寛明《ゆたあきら》親王に譲位。

そして死への旅立ちの準備としてその七日後に出家するのですが、まるでこの日を待っていたかのように、同じ日の夜、四十六歳で崩御したのでした。

「恐ろしや！　恐ろしや！」と、都の人々は不安のどん底に突き落とされました。

理不尽なやり方で人を死に追いやればどうなるか。その怨霊はその罪を犯したすべての人に復讐し、ついには日本国の最高権威者たる天皇をも殺しかねないのだと、震え上がったのです。

［道真と現代］

道真の死後に相次いで起こった異変。現代科学を知る我々から見て、それが道真のたたりかどうかは別として、当時の人々にどれほど道真の無念さが悲痛なものであったかを思わせるのに十分な影響力がありました。

道真の霊を慰めなければ都に安泰は来ない。人々はそう信じ、醍醐天皇崩御から十七年後の九四七年、平安京の北東に天満宮（北野天満宮）が建てられ、国家国民を守護する神として崇められるのです。

その後、江戸時代に入ると寺子屋が普及し、そこに天神さまが祭られたり、道真の姿を描いた「御神影」が掲げられて、学業成就や武芸上達が祈られるようになります。このことが後に「学問の神さま」、「芸能の神さま」として知られるようになっていきました。

「文道の大祖（学問・文学の祖）・風月の本主（漢詩・和歌に長じた人）」と仰ぎ慕われ、学問の神さまとしての信仰は昔も今も変わることなく、人々の生活のなかで受け継がれています。今では道真を祭る天満宮や天神社は全国に一万二千社にのぼり、その総本山として北野天満宮があります。

流刑という憂き目にあい、家族を引き裂かれながら、それでも宇多上皇への忠節を守り通しました。そして自身の幽閉の悲哀を隠すことなく、それらの感情を詩歌に託して歴史に残しています。

清廉で誠実な人柄、学問の頂点を極めた明晰な頭脳、政治改革に立ち向かう一途な姿勢、栄光に満ちた出世、さらにそれらの結果として、あまりにも急展開した晩年の不遇。これらはさまざまな道真伝説を生んだのです。

あまりの栄光ゆえに、周囲の嫉妬から無実の罪を着せられ、死へと追いやられた道真の生涯。その栄光と挫折の落差の大きさは、現代の私たちに何を語るのか。もし彼にもう少し周囲の空気を読む能力があったなら、嫉妬の渦をうまくかわし、学問の世界で生き切る幸せな一生が待っていたことでしょう。

しかし現実はそうはなりませんでした。嫉妬です。人間関係がある限り、嫉妬の感情はつきものです。これは生後、五ヵ月にしかならない乳児にも観察されていますし、犬や猫などの動物にも見られます。

妬むという嫉妬 jealousy と、羨ましく思う羨望 envy という二つの感情は、心理学では区別されているようですが、日々、生きている現実社会では同じような意味と解して構わないでしょう。

嫉妬 jealousy の語源はラテン語の zelus で、これには「熱意・競争意識」と「嫉妬」の両方の意味があります。おそらく、他人をうらやむ気持ちが競争意識を生み、対抗心が熱意に昇華するということなのでしょうか。

嫉妬を恥ずべきこととして抑え込むのではなく、むしろその嫉妬に真正面から立ち向かい、相手に負けないよう熱意でもって自分の力を高める努力をする。これが人としての取るべき道だと思います。ましてや相手を中傷したり、抹殺するなどは論外です。嫉妬を自己の能力開発、精神の浄化などのために利用する前向きの気持ちを持つのが人間なのです。

第三章　レオナルド・ダ・ヴィンチ（一四五二〜一五一九）六十七歳没

レオナルド・ダ・ヴィンチは、「モナ・リザ」や「最後の晩餐」を描いた画家として有名ですが、科学者・技術者としても活躍し、ルネサンスの最盛期をもたらした「万能人」です。

その活動範囲は絵画や彫刻、冶金、音楽などの芸術分野だけではありません。解剖学、数学、土木、物理学、流体力学、天文学、植物学等のあらゆる分野に及び、そのどれをとっても非常に多才で天才的な人物でした。

彼の生涯は真実を知りたいという確固たる心棒で貫かれていました。人間であれば名声や富への誘惑に揺り動かされるものですが、その気配がありません。ただ、この世に存在する自然の秘密、そしてそれを秩序立て、動かしているメカニズムを探りたいと、その一心で六十七年の生涯を貫いたのです。

当時の芸術家はパトロンを見つけて金銭を得ようとします。しかしレオナルドにはそういう意識がなく、かといって、世俗的な感覚が乏しいというのではありません。とにかく勉強が好きなのです。何事にも根気強いときているのですが、その割には絵に関しては飽きっぽい性格でした。

ルネサンス時代の特徴として、あらゆる事に普遍的な関心を持ち、能力を発揮することが理想とされる人間観がありました。中世からルネサンス期までの人間はそんな「普遍的な人間」に憧れ、それが当たり前の存在だったのです。レオナルド・ダ・ヴィンチやミケランジェロなどがその典型です。

ところが近代以降の資本主義社会になると、分業システムがどんどん細分化され、専門化されていきます。その結果、職業が固定され、あれもこれも出来るという万能人はいなくなりました。一芸に秀でた「スペシャリスト」が普通の時代になったのです。史上最高レベルの「ゼネラリスト」であり、かつ多分野の「スペシャリスト」でもあるレオナルド・ダ・ヴィンチのような人はもういません。

［不遇な少年時代］

一四五二年、レオナルド・ダ・ヴィンチはイタリア半島中部フィレンツェ共和国の郊外にある小さなヴィンチ村で、裕福な公証人（弁護士と会計士を合わせた職業）のセル・ピエーロと小作人の娘カテリーナとの間に、婚外子として生まれました。

私生児であることから、父親の姓を名乗ることも、家業を継ぐことも出来ませんでした。名はレオナルドと付けてもらったものの、自分が生まれたヴィンチ村にちなんで、「ダ・ヴィンチ（ヴィンチ村出身の）」という姓を使うことになったのです。

出産後、父が十六歳の名家の娘と結婚したので、レオナルドは母カテリーナのもとで五歳まで過ごします。ところが父に子供が出来なかったことから、レオナルドは父方に引き取られ、義母に育てられました。しかし義母は若くして死去してしまい、その後、父は三回目、四回目と再婚を繰り返します。七十八歳までに十二人の子供をもうけたそうです。

幼少期のレオナルドは、私生児の後ろめたさや、左利きであること、相次ぐ継母との葛藤などの要因が重なり、孤独な子供時代を過ごします。同年代の友達はあまりおらず、イナゴやカエル、鳥、草花などの自然が遊び相手になりました。

自然現象を前に、時として時間を忘れて考え込む、或る意味、気難しい子供でした。このように自然と共に暮らす生活にどっぷりと浸かるのですが、そのことが以後の自然界の事物や現象に対する鋭い観察眼を養う肥やしになったのです。

また、私生児なので父の後を継ぐ公証人にはなれません。だから無理に勉強させる必要がなく、正式な教育の機会は与えられませんでした。しかし、レオナルドの知りたいという未知への好奇心は極めて強く、そのためにも学ばねばならないと自覚していて、私塾のようなところでラテン語、幾何学、数学を学んだといいます。ただラテン語と暗算は苦手だったようです。

左手で鏡文字を書くのが得意でした。鏡文字というのは、普通の文字に対して左右を逆転させた文字のことを言います。それを鏡に映すと普通の文字・文章が現れるからです。レオナルドは後に膨大な手稿を残しました。一万三千文字にもなるそのほとんどが、鏡文字なのです。

理由は左利きからきた単なる癖だとか、自分が発見した成果の秘密を保持したいとか、ないしは模倣者に見られたくないための暗号だとか、いろいろ言われています。しかし、むしろ実態は他人に読んでもらうという意識が乏しかったからだと思われます。あくまでも自分のための覚書き程度にしか考えていなかったのです。もちろん他人に読んでもらう公文書や手紙は普通の文字で書いていました。

[画家見習いとして工房の徒弟となる]

十四歳のときレオナルドは、父の尽力もあり、フィレンツェで最も優れた工房の一つを主宰していた有名な芸術家ヴェロッキオに、徒弟として弟子入りしました。ヴェロッキオは絵画や彫刻など、複数の分野で活躍していました。芸術の才能もさることながら、「稀代の良師」と絶賛されるほど、弟子の才能を伸ばすことに秀でていた人物だといわれています。

当時の工房では一度に多くの注文をさばかねばならず、多数の弟子たちや雇われ画家などが一丸となって絵画、彫刻の制作にあたるのが常でした。この師匠のもとで学んだことが、レオナルドの才能を開花させる土壌になりました。

ここでレオナルドは後にルネサンスの巨匠となるギルランダイオやボッティチェッリらとともに学び、様々な経験を積みます。絵画にとどまらず、彫刻、冶金、建築、設計、工学とあらゆる分野の知見を得ていったのです。これらの分野で理論面、技術面ともに、みるみるうちに目覚しい才能を見せます。

二十歳のころ、大きなチャンスが訪れました。ヴェロッキオのところへ、キリストが洗礼を受けている場面を絵に描いてほしいという注文が来ました。「キリストの洗礼」です。ヴェロッキオは、早速弟子たちと一緒に、この絵を描くことにしました。

ヴェロッキオ自身が、真ん中に立つキリストの絵を描きます。レオナルドは左端に描かれた二人の天使のうちの左側を担当したのです。彼が描いた天子の素晴らしい出来栄えに、ヴェロッキオは驚愕し、それ以後、ヴェロッキオは一切筆をもたなくなったと言われています。工房の絵画部門はレオナルドに任せ、もう一つの本業である彫刻に専念したのです。

そのころフィレンツェ共和国はルネサンス後期の爛熟期に入っていました。その象徴の一つとして、サンタ・マリア・フィオーレ大聖堂があったのですが、そのクーポラ（丸い屋根の部分）に明かりを取り入れるためのランターン（頂塔）が付いておらず、未完だったのです。

そこで時間は経ちましたが、いよいよランターンを載せて大聖堂を完成させることに決まり、設計、製作へと進みます。ここで重要になるのはランターンの目玉となるブロンズ製の球です。その製作者に彫刻の第一人者であるヴェロッキオが指名されました。

さて順調に工事が進み、残る大仕事として、出来上がった二トンもあるブロンズ球を約百メートルの高さにまで持ち上げて、設置しなければなりません。大変な難工事です。ヴェロッキオはこれを成し遂げられるのは弟子のレオナルドしかいないと考え、若い彼に任せます。

好奇心いっぱいのレオナルドは勇躍しました。これほど興味のある仕事はありません。得意の数学を駆使して、機械の強度や形状、操作具合などについて、寝食を忘れて機械製作者をアシストしながら共に考え、図面を引き、完成させます。そして遂にブロンズ球を見事に百メートル持ち上げて、取り付けに成功するのです。

レオナルドはこの機械を、図面の作図も含め、鋭い観察眼で精密・正確にスケッチしたといいます。このようにして絵画のみならず、大いなる興味をもって工学に関する知識と経験も積んだのでした。この時のスキルが、後に人体解剖図やヘリコプター、兵器などをスケッチする時に役立ちました。

レオナルドにとっての問題は、興味の範囲が広すぎることです。絵にあてる時間がないのと、本来的に金儲けの意図が乏しいので、絵はどうしても寡作になります。自分の興味を追求するのが楽しくて仕方がないのでしょうか。

したがって世間的な評価も低くなってきます。ただ、そういったことを全く気にしないのがレオナルドの特質でしょう。

当時、フィレンツェも含めた欧州の諸都市には、ギルドと呼ばれる職業別組合が存在していました。芸術家も、芸術家のギルドの親方資格を取得して登録されなければ、弟子をとったり作品を売ったり出来ないのです。

芸術家が所属するギルドは共通して「聖ルカ組合」と名付けられ、ヴェロッキオの工房も当然そこに帰属しています。ここは医学も対象としていました。

レオナルドは二十歳になるころには、この聖ルカ組合から親方の資格を得ていますが、そのまましばらくはヴェロッキオの工房に留まり仕事をしています。しかしその後、父親がレオナルドに工房を与えてヴェロッキオから独立させました。ただヴェロッキオとの協業関係は継続していたようです。

二十四歳のとき、同性愛の疑いをかけられて逮捕されました。街に設置されているタンブロー（投書箱）に、或る密告文が投げ込まれたのです。サルタレッリという男娼と関係したと、四人の若者が訴えられ、レオナルドもその一人でした。当時、カトリックの教えで同性愛は犯罪です。

しかし若者の中に名家の子弟がいたことと、レオナルドの父親が辣腕の公証人だったおかげで、すぐに無罪放免になったという説があります。ちなみにレオナルドが同性愛者だったどうかは、現代の考証でも明確ではありません。生涯独身を貫いたからというだけでは、説得力に欠けます。たぶん同性愛者ではなかったのではないでしょうか。

ともかく芸術家・科学者のイメージとは程遠い美男子で、加えておしゃれ好きときていて、流行に流されない独自のファッションを意識していたのは事実のようです。

〔死体解剖に没頭〕

レオナルドの才能は多岐にわたりますが、その一つに人体の解剖があります。彼はヴェロッキオの工房時代から始まって二十年ものあいだ、人体の仕組みを詳しく研究しました。それに関する多数の手稿やスケッチなどが各地に点在しています。

そのきっかけは師のヴェロッキオが弟子全員に解剖学の知識の習得を勧めたからでした。工房で解剖実習をし、本物の筋肉や骨格を見て、その動きを確かめ、それらを作品に反映させることでいい絵が描けるというのです。

知識欲旺盛なレオナルドは解剖に没頭します。筋肉、骨格、腱など、すべてが好奇の対象で、画家に必要とされる局所解剖学の知識を次々と身につけていきます。処刑場に足を運び、見せしめに放置されている死体を熱心にスケッチしたという逸話も残っています。

しかしこんなところで留まらないのがレオナルドの真骨頂。さらにのめり込み、内臓器官の機能を知りたいという医学的好奇心にまで発展していくのです。そしてあちこちの病院でも解剖に立ち会うのを許されています。

このように、レオナルドは生涯を通じて人体解剖に取り憑かれていたのです。この時代には死体を腐敗させずに保存しておくことなどできません。したがって解剖しながら、メカニズムを調べ、それをスケッチするという一連の作業は、死体が腐敗してしまうまでのごく限られた時間でしかできず、徹夜で取り組まねばなりませんでした。

そんな厳しい制約の中で、鋭い観察眼と寸分狂わない手つきの器用さで、何十体もの死体のさまざまな部位を解剖して、そのメカニズムを考察し、後世の我々を魅了するほどの正確さでそれらをノートに描き残しました。

もうここまでくると、レオナルドの人体解剖は、芸術表現のためを通り越して、ただ一心に人体の秘密を知りたいという知的満足のためだと言って過言ではないでしょう。なぜなら、もし純粋に表現技術上の目的なら、人体表現に関わることのない脳や胎児、心臓、子宮などまで解剖する意味がないからです。

レオナルドは真実を自分の眼で確かめて、それを「正確」に表現しようとしたのです。彼が残した人体解剖図は、ただ詳細に描かれただけではありません。それまでの解剖書とは全く異なり、人体の構造について、遠近法を取り入れた立体的な図として描写しています。

[絵画『東方三博士の礼拝』の注文を投げ出す]

一四七八年、フィレンツェ政府から親方であるレオナルドに、政庁内にある聖ベルナルド礼拝堂の祭壇画を描いてほしいとの依頼がきました。報酬は少額で、しかも材料費が自己負担という悪条件でしたが、レオナルドは世に出るチャンスが来たと、意欲を燃やし、自信満々、「東方三博士の礼拝」の制作にとりかかります。

もちろん絵を描くことだけに専念するわけではなく、相変わらず人体解剖や土木、機械設計、自然科学研究等も並行して進める毎日です。ところが手を緩めているのではないのですが、どうしても気に入った絵にならず、時間ばかりが過ぎます。何度も描き直すため、遅々として進みません。

少しでもよい作品を作りたいと、煩悶し、鼓舞し、頑張るものの、納得できない限り、先へ進めないタイプなのです。このあたりは妥協を許さない科学者としての姿勢がそうさせるのでしょう。

しかしある日、そんなレオナルドの意欲と自信を砕く出来事が起こったのです。当時、フィレンツェの実質的な統治者であるメディチ家当主ロレンツォ・デ・メディチは、他国との外交関係を安定させるべく、いろいろなことに取り組んでいました。その中の一つに画家の派遣事業があり、彼らにローマのシスティーナ礼拝堂内の壁画を制作させようというのです。

そこで三人の画家を選んだのですが、その選抜メンバーにレオナルドの名前がありませんでした。ちょうど「東方三博士の礼拝」の制作が行き詰まっていた時期です。レオナルドはこの事実を知って深く失望し、絵画への自信を失くしてしまいました。

それと、当時のフィレンツェでは伝統を守る保守的な芸術が賞賛され、レオナルドのような革新的技法は評価されなかったという事情もあります。そこへ追い打ちをかけるように、師匠のヴェロッキオが、ヴェネツィアで彫刻を作ってほしいと依頼されて旅立とうとしていました。

レオナルドは、もうフィレンツェには自分の居場所がないと痛感し、新たな土地でやり直そうと決意します。そして、作りかけの「東方三博士の礼拝」を未完のまま投げ出し、一四八二年、三十歳のとき、傷心のうちに遠いミラノ公国の統治者、ルドヴィーコ・スフォルツァ（あだ名はイル・モーロ）のもとへと旅立ったのでした。

［ミラノ公国へ赴く］

年表を見ると、レオナルドの居所は目まぐるしく変わっています。当時のヨーロッパは戦いに次ぐ戦いのため、支配者がたびたび代わりました。レオナルドにとって、仕えていた主君が敗北したり、或いは亡くなれば、芸術家・科学者としての自分の生存にも影響が及びます。引っ越すのはむしろ自衛のためだと言えるでしょう。

しかし今回は自らの意思で、三十年間住んできたフィレンツェからミラノへ移りました。統治者ロレンツォ・デ・メディィチは事前にこれを知り、レオナルドに馬の頭部を意匠とした「銀の楽器リラ」を制作させ、これを土産に持たせてミラノ公国へと向かわせたのです。レオナルドはリラの演奏が得意でした。ロレンツォには考えがあり、ミラノ公イル・モーロとの間で平和条約を結びたいと考えていました。

当時、ミラノ公国は、内陸の領土を狙うヴェネツィア共和国と強国フランスとに挟まれ、軍事的な緊張関係にありました。マーケティング精神豊かなレオナルドはそこに着目して、ミラノへ行く前に、イル・モーロ宛てに売り込みの自薦状を書いていています。

まだ絵画や彫刻などの芸術面では知名度が低く、ここは軍事技術者としてアッピールするのが効果的だと考えました。自分が持つ建築や機械、自然科学等の技術・知識を使って、「自分はエンジニアの才能を無限に持っている」として、「最も輝かしい王様へ」という書き出しで、自己宣伝しています。その具体策として、無敵の戦車、持ち運べる橋、高い所まで岩を飛ばすことが出来る投石機の制作、濠の水を空っぽにする方法、大砲から大量の石飛礫《いしつぶて》を雨あられと飛ばす攻撃砲のアイディア等々。

しかし書状の最後の部分には抜け目なく、平和な時には自分は建築物や水路を築くこと、絵画・彫刻・青銅の馬などの制作を行うことが出来ると、やや控えめに記しています。

これを読んだイル・モーロは、レオナルドの軍事的なアイディアに魅力を感じ、彼をミラノ公国に呼び寄せました。こうしてレオナルドは無事、雇われ、イル・モーロから経済的な支援を取り付けることが出来たのでした。

ほどなく初仕事として、「無原罪の御宿《おんやど》り信心会」に飾る絵画の制作を依頼され、その後も「岩窟の聖母」の完成、ミラノ公の先祖の騎馬像制作や、舞台劇「天国の祭典」で舞台総監督を務めました。

また数年がかりで、一四九七年に聖マリア・デッレ・グラツィエ聖堂の食堂壁画に、「最後の晩餐」を描き上げています。縦四・二メートル、横九・一メートルで遠近法をとり入れました。レオナルドはこの絵を生涯放さず手もとに置き、いつも筆を加えていたと言います。

もちろん芸術活動以外に、本職でも活躍しています。多忙な中、突飛なアイディアを出して軍事兵器と機械設計にも精を出し、多くの図面を書き残していますが、兵器自体は彼の壮大なアイディアに使える製作技術が当時はなく、ほとんどは実現不可能でした。

私生活では、生みの母であるカテリーナがヴィンチ村で貧しい生活を送っていたため、ミラノに呼び寄せ、彼女が亡くなるまでの二年間、一緒に暮らしています。

[再びフィレンツェへ]

一四九九年、ミラノ公国の権力者間の継承問題絡みで、フランス王国がミラノ公国に攻め込んできました。イル・モーロは戦いに負けて失脚。レオナルドはミラノ公国ではもうこれまでのような活躍は出来ないと考え、この年、新たな居場所を求めて旅立ちました。

ひと先ずマントヴァ侯国に落ち着きますが、一年も滞在しないうちにベネツィア共和国へ向かいます。ベネツィアでは軍事顧問が高い地位を得ていることを聞いたからです。

そこでは軍事技術者として雇われ、即効的な成果を上げるのですが、長居をするところではないと考えたのか、同じ年、またこの地を去って、生まれ故郷のフィレンツェへ戻るのです。

この頃にはレオナルドはミラノ公国での活躍ぶりが広く知れ渡り、すっかり有名人になっていました。そんなこともあり、フィレンツェでは弟子や付き人ともども賓客として寓されます。この地には一五〇〇年の四十八歳から七年間いることになります。

この街はすっかり変わっていました。有力者だったメディチ家は政変で街を追われ、教皇アレクサンドル六世の庶子チェーザレ・ボルジアが政権を握っていました。父のセル・ピエーロに十八年ぶりに再会し、七十四歳になっていたにもかかわらず、仕事もまだ現役で、四番目の妻との私生活も円満なのを見て、安堵しました。

さて弟子たちの生活もあり、絵の仕事を探さねばなりません。ちょうど父がサンティッシオ・アンヌンツィアータ教会の顧問をしていて、彼の口利きでこの教会の祭壇画を制作することになりました。ところが生憎、教会の実務担当者はすでにフィリピーノ・リッピという画家に制作を依頼し、下書きを描いている途中だったのです。しかしレオナルドのことを知ったリッピは、自分から進んで彼に仕事を譲ります。

このリッピという人は、以前、レオナルドがフィレンツェにいた時に未完成のままにしていた作品「聖母子と聖人たち」や「東方三博士の礼拝」を完成させ、仕上げた人なのです。

しかし、もういつものことですが、ここでまたレオナルドの病気が出ます。ちょうどその頃、数学の研究にハマってしまい、これが面白くて仕方がありません。祭壇画には気が乗らなくて、期限を引き延ばしたあげく、仕事を放り出してしまうのです。結局、この仕事もまたリッピに戻り、彼が祭壇画を完成させました。

とにかく、レオナルドは絵の才能もあり、人から一目置かれているのですが、いつもこんな調子なのです。それでいて、チェーザレ・ボルジアから依頼された軍事技師・建築技師としての仕事にはきっちりと対応しています。

[レオナルドとミケランジェロとの対決]

一五〇三年に、レオナルド(五十一歳)とミケランジェロ(二十八歳)との対決がありました。

或る日レオナルドは、フィレンツェ共和国政府から政庁のヴェッキオ宮殿の大広間に壁画「アンギアーリの戦い」を制作するよう依頼されたのですが、そのとき同じ建物反対側の壁画の方は後輩のミケランジェロが「カッシーナの戦い」を制作することになり、二人の巨匠の対決となったのです。

これは当代随一の天才画家レオナルドと、新進気鋭の大芸術家ミケランジェロに、同じ広間の向かい合った壁に壁画を描かせ、競わせようと目論まれたものでした。当時ミケランジェロは大作「ダヴィデ像」に取り組んでおり、若くして大家の仲間入りをしていました。両者に面識はほとんどないものの、互いに激しいライバル心を燃やしていたようです。レオナルドの手記の中には、ミケランジェロを手厳しくけなすものも見つかっています。

しかしこの二人の競作は実現しませんでした。レオナルドの実験的な画法がうまくいかず、悩んで筆が進まなかったところへ、ミケランジェロの方もローマに招かれてしまい、そのためにいずれの絵も中断し、世紀の天才直接対決は決着がつかずに終わったのでした。ちなみにそれらの作品は、現在では後世の画家が部分的に模写したものが残っているだけです。

レオナルドは「アンギアーリの戦い」を放棄する一方で、「それはそれ、これはこれ」と、同じ年に「モナ・リザ」の制作に取りかかっています。気持ちの切り替えが早いというのか、本当に納得のいく完璧な絵を描きたいという気持ちがそうさせるのでしょう。

一五〇六年にひと先ず「モナ・リザ」を描き上げています。ひと先ずというのは、まだまだ満足のいく出来上がりではないからです。後にフランソワ一世に招かれてフランスへ移った時も、この絵を携えていき、絶えず手を加えていました。

ところでレオナルドは幼少のころ、父方の叔父フランチェスコに可愛がられて育ちました。その叔父が一五〇七年に亡くなり、遺書を残すのですが、「全ての財産をレオナルド・ダ・ヴィンチに譲る」と書かれていて、これが異母弟妹十二人との間で相続争いを引き起こし、訴訟問題になりました。

思わぬトラブルに巻き込まれたレオナルドですが、それ以外にもフィレンツェ政府から、放棄したままの「アンギアーリの戦い」を仕上げるか、さもなければ報酬を返還するようにと、執拗な要求があって、ストレスが昂じます。このようにあれやこれやとゴタゴタが積み重なり、レオナルドはフィレンツェにいるのがつらくなってきました。

そんなとき、ミラノのフランス総督シャルル・ダンボワーズから、ミラノへ来ないかと救いの手が届いたのです。そしてダンボワーズは自らフィレンツェ政府宛てに丁重な手紙を認《したた》め、「アンギアーリの戦い」の問題を不問に付してくれないかと、頼み込みます。フィレンツェにしても、新たに敵をつくるのは得策でないと考え、しぶしぶレオナルドを無罪放免としたのでした。

レオナルドにとって、相続問題など最早どうでもよく、小さな土地を得ただけで納得し、一五〇八年、再びルイ十二世から総督に任命されていた実力者がいるミラノ公国へと戻ることになります。

[第二ミラノ時代]

もうレオナルドも五十六歳。老境の身です。ミラノへは終の棲家のつもりで、フランスに仕える画家兼技師として舞い戻りました。

ミラノへ来てみると、そこはまるで別天地です。サンタ・バビーラ教会区のポルタ・オリエンターレに邸宅を購入し、弟子たちと一緒にそこに落ち着きました。良きパトロンのシャルル・ダンボワーズは好きな仕事をさせてくれ、それまでのストレスがいっぺんに吹っ飛びました。

このミラノ時代は実に平穏で、もっぱら科学研究に打ち込んでいます。しかも十分な年金がもらえ、以前に没収されていたぶどう園も返還されたし、水路使用料の利権も与えられる厚遇です。

この時期、レオナルドの生涯における最愛の弟子であり、真の息子のような存在になる人物フランチェスコ・メルツィと出会うのです。彼は十四歳の少年で、田舎貴族の息子でした。教育を受け、気品にあふれ、性格もよく、レオナルドに献身的に仕えました。そして、最後の最後まで師に同行し、臨終を看取ったのも彼でした。師が残した膨大な手稿を大切に保管したと言われています。

しかし平穏な日々は長くは続きませんでした。この頃、ヨーロッパは各地で絶えず戦争が続いていて、ミラノでも一五一三年、ルイ十二世率いるフランス軍とミラノ公国側につくスイス連邦軍との間で激戦が起こり、フランスは完敗を喫してミラノから撤退するのです。そしてかつての支配者であったスフォルツァ家が復活します。

パトロンのシャルル・ダンボワーズもすでに亡くなっていて、レオナルドは自分の意思通りにならない人生に嘆きました。ところが又もや幸運の手が差し伸べられます。今度はローマ教皇レオ十世の弟ジュリアーノ・デ・メディチからです。それほどレオナルドの才能と人柄が世間を魅了していたのでしょう。同年の秋、弟子のメルツィらを連れてローマへと旅立ちます。

彼の厚い庇護を受け、バチカンのベルベデーレ宮に住みました。研究に専念し、満足のいく日々を過ごします。しかしその翌年、パトロンのジュリアーノが没し、再び運命の歯車が狂うのです。とは言っても、これで終わらないのがこれまでのレオナルドの不思議な運命。間髪を入れず、フランス国王であるフランソワ一世から心温まる招聘状が届いたのでした。

［終の棲家となったフランス］

フランソワ一世はイタリア戦争の真っ最中に王位についた人物で、かねてからイタリア・ルネサンスの美術に心底、魅了されていました。

一五一五年、ミラノ攻略をめざして北イタリアに進出し、マリニャーノの戦いでスイス傭兵を中心とした神聖同盟軍を破ると、ミラノからスフォルツァ家を追放します。そして昔、ミラノ公国時代にそのスフォルツァ家に仕えていたレオナルドを、フランスに呼び寄せたのでした。そのときレオナルドが持っていった荷物には、後にルーブル美術館の至宝となる「モナ・リザ」「聖アンナと聖母子」「礼者聖ヨハネ」の三作品が入っています。

レオナルドはフランソワ一世から、「ここで考えるのも、夢想するのも、働くのもあなたの自由だ」と言われ、手厚くもてなされました。年金ももらえ、ロワール川河畔のアンボワーズ城に近いクロ・リュセ城で、平穏な暮らしをします。ようやく終の棲家にたどり着いたという静逸な気持ちになりました。何年も手を加えてきた「モナ・リザ」も買ってくれ、一つのけじめがついた思いがして、そのことが彼を幸せな気分にしました。

ただ六十歳も半ばを超えた体はかなり衰え、もはや老境の域です。あまり無理がききません。痛みや疲れなど、あちこちに不具合が目立ちます。

それでも与えられた仕事はきっちりとこなしているのは、やはり好きこそものの上手なれということか。国王の祝典で行う余興を考えたり、運河工事などの土木や建築、機械製作などですが、手を抜かないだけの根気と技量は昔のままを保っているのはさすがです。

しかしほとんどの時間は朝から晩まで仕事部屋に入りびたり、自分のアイディアを手稿に描きとめることに専念していました。

フランソワ一世のために発明した機械や構築した建築の数々のアイディアは、寝室に続く、ごちゃごちゃと物が乱雑に置かれたこの仕事部屋から生み出されました。一五一七年の手稿の多くには、「アンボワーズのクルー城にて」という書き込みがあり、この部屋が発明の「ゆりかご」だったのを証明しています。

そして三年後の一五一九年、いよいよ体が弱り、六十七歳になった誕生日の二、三週間後、レオナルドの運命が閉じる日がやってきました。穏やかな表情で静かにこの世を去り、同地のサン・フロランタン教会に葬られたのです。

臨終に際しては、フランソワ一世の腕の中で息を引き取ったという伝承が残っています。多くの都市を何度も行ったり来たりしたレオナルドの旅が、ようやく終わったのでした。「ルネサンス三大巨匠」と並び称されるレオナルドは一五一九年、六十七歳で死去し、ラファエロは翌二十年に三十七歳で、そして長命を保ったミケランジェロは六十四年まで八十八歳という長命を保ったのでした。

芸術家としてのレオナルドは極端な寡作で、完成作品は十点ほどしかありません。ピカソがおよそ十五万点の作品を残したことを思い出せば、いかにも少ないことが分かるでしょう。その代わり七千二百ページにも及ぶ膨大な量の手稿を残しています。

［レオナルドの遺言］

レオナルドはかなり早くから遺言を書いていました。生前から周囲の者に死に方の重要性を説いており、死後行われる自身の葬儀にまで指示を残していたのです。

その内容は、「葬儀では貧しい者六十人に松明《たいまつ》を持たせる」「松明を四つの教会に運ぶ」「彼らに参列代としてお金を支払う」など、どこで葬儀を行い、何者が参列し、誰が自分の遺体を運ぶかなど、非常に詳細なものでした。

とりわけ遺産については、弟子のフランチェスコ・メルツィをレオナルドの主たる相続人兼遺言執行者に任命し、弟子や兄弟、使用人たち皆で分配するよう詳しく指示しています。かつて遺産相続で苦い経験をしたからなのでしょう。

遺産をもらった人は以下の通りです。

- 弟子兼使用人サライに、ミラノのぶどう園の半分とそこに建っている家屋
- 召使いのバッティスタ・ディ・ビルッシスに、ぶどう園の残り半分とミラノ水の利権
- 家政婦のマトゥリーナに、黒の裏地付きの上等な衣服、毛皮の縁飾りがついた最高級の黒い外套、二枚の金貨
- フィレンツェの義理の兄弟たちに、サンタ・マリア・ヌオーヴァ病院に預けてある預貯金貨四百枚、フランチェスコ叔父からもらった小さな土地（かつて法廷闘争で得た土地）
- メルツィには金銭、絵画、道具、蔵書、手稿、私物など。その他、残ったものすべて

レオナルドはかつて法廷で争った義理の兄弟たちにも遺産を分け与えて和解を示し、また息子とも自認しているメルツィには金貨を始めとする大半の財産と手稿などを遺したのでした。レオナルドの終活は完璧だったと言えるでしょう。

[多才なレオナルドは今日の人事用語で使われるT型人材である]

傑出した画家・彫刻家であるにもかかわらず、絵画は実に寡作で十点ほどしかなく、彫刻や建築作品はまったく保存されていません。しかし一万三千枚にも及ぶ手稿と呼ばれる膨大なメモを書き、うちドローイングだけでも何千枚もあります。三十年以上にわたって書き綴った手稿ですが、大半が失われ、現存するのは七千二百ページほどと言われています。研究範囲は驚くほど多岐にわたっています。

ではなぜそんなことが可能だったのか。全知全能に等しい天才だったからできたのか。いや、そうではありません。恐ろしいほど頭脳明晰だったのは事実でしょう。しかし、世の中には頭のいい人はいくらでもいます。彼らの誰もが偉大な成果を挙げるとは限らないのです。

ただレオナルドには強烈なモチベーション（やる気）がありました。「自然」というものに対する好奇心を持ち、そのメカニズムを知りたいという欲求が、常人の何十倍、何百倍も強かったのは間違いありません。

だから興味のある分野を徹底的に観察して究めました。そして、その深い専門知識・経験・スキルの蓄積を自らの縦軸に据えつつ、他の関連した事柄に研究対象を広げ、それも究めます。そして、さらにどんどんと分野を横に広げていき、万能人と呼ばれるほどの幅広い知見を併せ持ったのでした。一つの分野を学習する中で、さらに新たな分野への足がかりを見つけ、次々と専門性を広げていきます。

彼は今から五百年も前に、今日、人事用語で使われる「T型人材」の生き方をしていたのです。T型人材とは、アルファベットのTの文字のタテ棒を専門性、ヨコ棒を視野の広さに見立てたものですが、これの遥かに大きなスケールの人が万能人レオナルドでした。

[名言]

- 優れた画家はふたつのものを描く。人と人の心の動きである。
- 私の仕事は、他人の言葉よりも、自分の経験から引き出される。経験こそ立派な先生だ。
- 何かを主張をするのに権威を持ち出す人は全て、知性を使っているのではなく、ただ記憶力を使っているだけである。
- 脅迫とはひとえに、脅えた者の武器にすぎない。
- このところずっと、私は生き方を学んでいるつもりだったが、最初からずっと、死に方を学んでいたのだ。
- ちっぽけな確実さは、大きな嘘に勝る。
- 川の中ではあなたが触る水が、一番最後に過ぎ去ったものであり、また、一番最初に来るものである。現在という時も同じである。
- 失われうるものを富と呼んではならない。徳こそ本当のわれわれの財産で、それを所有する人の本当の褒美なのである。

・私を軽蔑するな、私は貧乏ではないからな、やたらに沢山のものを欲しがる者こそ貧乏なのだ。
・怖がれば怖がるほど、逃げれば逃げるほど、近くに寄ってくるものがある。それは貧窮だ。逃げれば逃げるほど、君は悲惨になり安らぎを失う。
・必要であればあるほど拒まれるものがある。それは忠告だ。それを余計に必要とする人、すなわち無智な人々から嫌がられる。
・大いなる苦悩なくしては、如何なる完成せる才能もあり得ない。
・最も高貴な娯楽は、理解する喜びである。解剖して分かったことだが、人間は死ぬように出来ているのだ。

【レオナルドと現代】

レオナルドが生きた時代は日本の室町時代にあたります。その頃、すでに人体の解剖をしていたのですから驚きです。

ヘリコプターや戦車、兵隊が水中を自由に動ける潜水服などを構想し、太陽エネルギーや計算機の理論、二重船殻構造（double hull）、光と眼鏡の研究、さらには地球内部の初歩のプレートテクトニクス理論も理解していました。

しかしアイディアのほとんどは概念図だけで終わり、社会に機械製作技術がなかったので、実用化はされていません。その一方でモナ・リザや最後の晩餐などの名画を残し、画家として第一人者の活躍をしています。

レオナルドはこうしたアイディアを膨大な量の手稿に描き残していますが、なぜかこれらの発明・発見を公表していません。これは謎です。しかもわざと人が読みにくい鏡文字で書かれています。

もしどれかを順次、発表、公開していけば、もっと有名になるだけでなく、莫大な利益が転がり込んだことでしょう。しかし敢えてそうしなかったのです。

人間には他人から認められたい、有名になりたい、金持ちになりたいなどの欲望が内在しています。これは決して悪ではなく、自己研鑽や努力に結びつき、社会生活をしていく上で不可欠な要素です。

ではレオナルドにはそういう欲望が欠落していたのかと言えば、これも否でしょう。ただその欲望の発動を抑える強い「何か」があったのに違いありません。その「何か」は、恐らく彼の心を占領している「知ることへの興味」だったのではないでしょうか。

レオナルドは、「You Must Compete With Nature（あなた方は自然と競わなければならない）」と言っています。Nature が出発点です。すべての画家、彫刻家、詩人、科学者はこの掟に従うべきだと主張し、生涯この標語に忠実に生きました。

人体解剖をすることで、筋肉の動きや骨格、腱の働きを知り、内臓を観察して、健康な肉体の成り立ちが理解でき、それらの知識を絵や彫刻の上で表現しようとしたのです。

自然というのは形、釣り合い、色彩など、すべてにおいて、真似のできないほど素晴らしいやり方で調和していると考えました。画家は絵を描くにあたり、こういういろいろな要素が調和するように配合する方法を、学ばなければならないと考えています。彫刻家も同様です。

レオナルドは自然の不思議に魅了され、ますますのめり込んでいくのです。それが彼を広範な科学探求へと導きました。そしてその探求から得たアイディアを手稿に残し、頭の整理をして、さらに次のテーマへと移っていきます。まさにT型人材の見本です。「知ることへの興味」があまりにも強すぎ、他の世俗的な欲望など、重要度が低いのです。どうでもいいと考えたのに違いありません。

絵画にしてもそうです。当代一流の画家と評価されているにもかかわらず、金儲けをしたいという素振りはありません。いいパトロンに取り入ろうとか、どんどん絵を描いて売ろうなどと、夢にも思いません。だから注文をもらった絵も、どうしても納得できずに気に入らなかったら、ポンと途中で投げ出してしまいます。気まぐれで飽きっぽい性格というのはあたりません。むしろ生真面目で自分に正直すぎるのです。

世俗的欲望をあっさり捨てて、ひたすら真実を知りたいという自己の興味を追い求めました。そんなレオナルドの潔い人生は、グローバリゼーションという資本主義の欲望が渦巻く現代において、我々に「ああ、そういう生き方もあるのか」と、羨ましさを超えて、すがすがしい涼風を感じさせます。

レオナルドが生きた時代は、ヨーロッパ各地で領地をめぐる戦乱が多発していました。せっかく見つけたパトロンが戦いに敗れてしまえば、即、路頭に迷うのです。いくらレオナルドが金に執着しないと言っても、弟子たちを食べさせるための最低限の収入は必要です。だから仕方なく彼は居所を変え、都市から都市へと、転々と移り住んだのでした。

ただレオナルドは芸術家としての評判は高く、同時に科学や軍事に関する知見には誰もが一目を置いていました。だから失職しても、すぐにパトロンが好条件で招聘してくれるという幸運が舞い降ります。

とは言っても、絶えず戦争が行われ、自分の居場所の心配をしながら、絵を描き、解剖に熱中し、科学実験をして、同時に軍事技術者としても抜きん出た力を発揮し、そしてそれらを手稿に記録するなんて、普通の神経ではとても出来っこありません。参ってしまいます。集中できず、手を抜いたり、怠けるのが落ちです。ところがレオナルドは、死の最後の瞬間まで、どんなことにも全力で真剣に取り組みました。

そして遺言状を残し、貧者も含めた身近な人たち全員に財産を分け与える優しい配慮も見せています。人生の短さを知っているからこそ、私利私欲や名声、権力などに一顧の価値をも見出さず、ひたすら自分が満足する絵画と自然の探求にだけ生涯を捧げました。

レオナルドが生前に残した名言の一つに、「充実した一日が幸せな眠りをもたらすように、充実した一生は幸福な死をもたらす」というのがあります。まさにこの心境でこの世からあの世へと旅立ったのだと思います。

確かに最後の短い期間、フランソワ一世から十分な年金と居城を与えられ、何不自由ない生活の中で優雅に没したことを考えれば、誰の眼にも幸福な晩年だったと映ります。しかしそうだからと言って、人生の「成功者」と言えるのかどうか。

明確なことは、レオナルドの頭の中には「成功」という言葉は存在していなかったし、関心もありませんでした。大きな混乱と矛盾の中で苦しんだ一生だったと思われます。現にそれを暗示するような、自身の心の闇を垣間見せるメモが数多く残っています。

「教えてくれ、今までにやり遂げた仕事があるのか」

という趣旨のものです。世間からあれほどまでに高い評価を得ていたのに、常に自身について悩みを抱えながら生きていたのが人間レオナルド・ダ・ヴィンチでした。これほどの大天才でさえ自己を卑下する心の叫びを持ち続けていたのです。

ましてや凡人である我々が、才能の乏しさや成し遂げた成果の低さに失望したとしても、或いは劣等感にまといつかれたとしても、嘆き悲しむほどのことではありません。その手の感情はどんな人間にでもあることを、レオナルドは教えてくれています。

第四章　松尾芭蕉（一六四四〜一六九四）　五十一歳没

伊賀上野（現三重県伊賀市）に生まれた江戸時代前期の俳諧師。俳諧（連句）の芸術的完成者であり、蕉風と呼ばれる芸術性の極めて高い句風を確立しました。「笈《おい》の小文《こぶみ》」や「奥の細道」などの紀行文を著しています。

若いころ、低い身分ながら仕官を志し、出世欲もあったようですが、途中で見切りをつけ、俳諧の道に転身します。江戸へ下り、孤独と参禅を実践して、自分を厳しく追求。西行法師（平安時代末期〜鎌倉時代初期にかけての武士・僧侶・歌人）や宗祇《そうぎ》（室町時代の連歌師）の生き方に共感します。

西行は心の赴くまま諸所に草庵（藁《わら》や萱《かや》で築いた小さな家）を持ち、しばしば諸国を巡る漂泊の旅に出て、多くの和歌を残しました。また宗祇も生涯を通じて各地を旅し、弟子に伴われて越後から美濃に向かう途中、箱根湯本の宿屋で没しています。

芭蕉もそんな彼らのように、自分も風狂の旅人として生きようと、名誉も富も求めず、さすらいの旅に出て句を詠むことに生涯の生きがいを求めたのです。独身を通しましたが、その理由として、孤独と貧寒の生活を堅持したいという気持ちが強かったからかもしれません。

晩年に九州へ向かう旅の途中の大阪で、激しい下痢を患い、風邪と過労も重なって、五十一歳で次の世界へと旅立つのです。死の床にいても、旅への憧憬に胸を焦がしていました。

なお芭蕉は名前や俳号を目まぐるしく変えていますが、その一つである「芭蕉」で、本稿を進めることとします。俳号の中では宗房、桃青、芭蕉がよく使われていました。

［藤堂藩の新七郎家に出仕］

江戸幕府成立から四十一年後の一六四四年、芭蕉は伊賀上野で、松尾与左衛門の次男として出生。兄一人、姉一人、妹三人の六人兄弟です。与左衛門の身分は低く、藤堂藩に仕える無足人でした。無足人というのは帯刀を許される軽輩を指し、農業が生業《なりわい》の準士分・上級百姓です。無俸禄で主に庄屋や年寄、組頭などの村役人を務め、彼らの子供の中には伊賀上野へ出て、士家に奉公する者もいました。

芭蕉もその一人です。十三歳の時に父が死去して兄の半左衛門が家督を継ぎますが、その生活は苦しかったようです。

次男の芭蕉は好むと好まざるにかかわらず、自分の居場所を外に求めざるを得ません。一六六二年、十九歳のとき、出世の志を抱いて藤堂藩の新七郎家に出仕し、二歳上の良忠に仕えます。しかし身分のハンディは如何ともしがたく、仕事は「御台所御用人」を超えませんでした。

ところが運命の女神は思いがけない幸運を用意してくれていたのです。良忠はかねてから俳諧をたしなみ、京都を代表する俳人で後に将軍綱吉の歌学の師となる北村季吟《きぎん》に師事して、蝉吟《せんぎん》の号を持っていました。その関係で芭蕉も蝉吟の供をして季吟のところへ出入りするようになり、俳諧に接する機会が出来ます。

当時、上野の町人たちが俳諧を愛好したのを考えると、彼らと同じように、芭蕉も子供時分から多少なりとも俳諧に触れていたのでしょう。そうでなければ、出仕とほとんど同時に主君の供をして俳諧の場へ出ることは不自然だからです。

蝉吟を通じて俳諧との縁が出来たのがきっかけで、芭蕉は主君が学ぶ万葉集や古今集、謡曲、源氏物語、伊勢物語、狭衣物語《さごろももがたり》、中国の漢詩文などに興味を抱き、下座で拝聴するのを許されました。蝉吟もそんな勉強好きの芭蕉に好感を抱き、季吟のところはもちろん、どこへ行くにも、まるで近仕《きんじ》のように連れて歩いたといいます。

蝉吟は句が出来るたび、或いは新しい俳書が届くたび、台所にいる芭蕉を呼び、二人で読み合いました。若い二人は主従であるとともに、風雅の友でもあったのです。

芭蕉の最古の句は十九歳の立春の日に詠んだ作がありますが、実に平凡な作で、まだ才能のかけらも見られません。しかし俳諧に対する熱意は持ち続けていました。

「主君の死」

順調なスタートを切った芭蕉でしたが、出仕から四年後の一六六六年、思わぬ不幸に見舞われます。頼りにしていた蝉吟が二十五歳の若さで病死してしまったのです。芭蕉は低い身分ながら、生前、蝉吟から信頼されていたためか、位牌を高野山へ納める使者の供として赴いたといいます。

そして暫くは職にとどまるものの、主を失った喪失感が癒えず、自身の前途が真っ暗になった悲観の気持ちもあって、やがて致仕（官職を退くこと）を願い出、兄の家に戻りました。

居候の身となり、周りへの気遣いは仕方がないとして、句づくりには真面目に取り組んでいて、多くの発句《ほっく》を残しています。伊賀上野を本拠として、時々京にも上り、俳人たちとの交わりを深めました。和学、漢学、書道、詩などにも一層深入りしていきます。

ただ度々京へ上ったのには相変わらず仕官の道を探し求めていたこともあったようです。俳諧に傾倒しながらも、将来への模索を続ける日々でした。出来ることなら公に仕え、俳諧は趣味として続けたいというのが本音でした。

しかし分家して財産を分け与えられるほどの裕福な家ではないし、妻帯も出来ずに部屋住みの身の上です。仕官の方も思うようにはいかない現実。一方、俳諧はすこぶる順風で、新知識にあふれた秀才として、世間の評価は着実に上がっていくのです。勢い俳諧への傾斜が深まっていきました。

年月の経つのは早いもので、あれやこれや暗中模索し、前途について悩むうち、三十歳が目の前に迫ってきました。ここにきて次第に俳諧で世に立つ以外の道はないと、その思いを強めていきます。

一六七二年、二十九歳のとき、芭蕉は自身の内部に燃える熱情に押され、「貝おほひ」という俳諧集を処女出版し、文運祈願を込めて上野の天満宮に奉納しました。これは新味にあふれ、今日、俳諧史上で驚嘆される作品と評価されています。この時期は大阪の談林《だんりん》新風の俳諧師井原西鶴が生國魂神社で万句俳諧の興行をし、「生玉万句」として出版する一年前で、その時には場所は違えど、すでに芭蕉も俳壇で頭角を現していたのです。

［江戸へ下る］

「貝おほひ」を奉納した同じ年、芭蕉は故郷上野を発ち、江戸へ下りました。もう二十九歳。武家奉公への迷いは消えて、かくなる上は俳諧師として世に立とうと、冒険をするには遅すぎる歳を承知の上で、悲壮なまでの固い決意を秘めて出府したのです。

　ではなぜ京・大阪ではなく江戸を選んだのでしょうか。それは師である季吟の芸風が伝統的かつ保守的であり、彼がいる京では自分が目指す新しい俳諧の道を切り開くことが難しいと考えたからです。それに江戸は新興都市で、伝統や門閥などのしがらみがないのが魅力的でした。

　とは言っても、江戸は未知の地です。希望を帳消しにするほどの不安が胸を覆うのは否定できません。しかしもう決めたのだという開き直りと、さあこれから自らの運命を開拓するのだという意気込みが、江戸への道を急がせました。

　それに芭蕉には意外に手堅いところがあって、ただやみくもに旅立ったのではありません。前もって、名主で俳諧にたしなみのある江戸船町の小沢太郎兵衛（俳号卜尺《ぼくせき》）や、魚問屋の杉山杉風《さんぷう》らの手づるを求め、手を打っています。兄をはじめ、親類・縁者の後援も得て、さらには季吟との良好な関係を保ちながら、心細さを封印して単身、新天地へと向かったのでした。

　日本橋小田原町（現室町一丁目）の卜尺の借家に落ち着き、その後、杉風の家に近い日本橋船町へ移り、計八年間ほど日本橋に住みます。むろん家賃はなしです。

　江戸では多くの俳人たちと交流を持つ中、何とかして早く世に出たいと焦るのですが、なかなかそうはいきません。そのためにも携えてきた「貝おほひ」の原稿を、期待をもって自費で出版しました。ところがあれほど京では好評だったのに、あまり反響がなく、それでもしつこく二度にわたって印行しています。上方で流行ったといっても、江戸では興味を持たれなかったのを知り、きのう新しかった技法も今日は古びてしまうのだと、痛感させられました。

この間、京にいる師の季吟から連俳秘書「埋木《うもれぎ》」の伝授を受けています。これは芭蕉が俳諧師として立つ上での卒業免状にあたる重要な証書で、殺風景な狭い部屋の壁に大事に飾りました。

俳壇に地歩を築くための地道な努力は徐々に実り、かなり名を知られるようになりました。

幸い江戸の俳諧人口は増大し、芭蕉に追い風が吹きます。芭蕉を慕う弟子も増え、活気が出てきました。俳壇的地位がかなり安定してきたこともあり、錦を飾るというのとはほど遠いですが、三十三歳のとき、十日あまり帰郷しています。故郷や京都で多くの俳席に出て、旧交を温め、帰りには姉の子供で十六歳になる甥の桃印《とういん》を引き取って、江戸へ連れ帰りました。

しかし相変わらず生活は不安定で、というよりは貧しく、杉風ら弟子たちからの食べ物の恵みで暮らす日々です。そのため今でいうアルバイトに手を染めて、日銭を稼いでいます。

生活に余裕のある俳人高野幽山の記録係を務めたり、卜尺が雇っている人足の帳簿付けの手伝いもしました。また神田上水道の一部である小石川水道工事でも、人足管理などで卜尺から仕事を紹介してもらい、これは四年間ほど続いたといいます。

この頃にはすでに芭蕉は新進の職業的俳諧宗主として弟子を持ち、盛んに活躍をしていました。卜尺や杉風、楊水、嵐蘭、嵐雪、其角らの門人を擁し、俳壇での地位を確立。交際範囲は広く、流派の違ういろいろな俳諧グループからも認められていました。

それなのになぜこんなに貧乏暮らしをしていたのかというと、単純な理由です。一般的に俳諧師としての地位が満足する収入に結びつかないということもありますが、むしろ芭蕉の俳諧に対する信念がそうさせたのです。

当時、ほとんどの俳諧師は点取《てんとり》俳諧に明け暮れ、金を稼いでいました。点者として句の採点をし、参加者はその点の多さを競う即吟即点が流行していました。一流の宗匠には作品の可否を判断し、点料を取って批点する資格が与えられています。しかし芭蕉は、手っ取り早く稼ぐそんな点取俳諧を邪道と考え、手を染めないために経済的に困窮していたのです。意地っ張りというのではなく、彼の矜持《きょうじ》でしょう。

この頃、結婚ではありませんが、一時、寿貞という女性と同居していました。その後、寿貞は芭蕉のもとを去り、別の男性と、まさ・おふう・治郎兵衛の三人の子供を産んでから、また別れています。

[深川へ退隠]

三十七歳も半ばを超え、俳諧師としての地位が高まるのに反比例して、芭蕉は自分の俳諧に虚しさを感じるのを抑えられなくなっていました。俳諧といえば、誰しもが談林派俳諧を思い浮かべますが、あれほど一世を風靡した談林派なのに今や飽きられ、行き詰まりを見せています。読者の意表をつく新奇さと自由奔放な表現で無心所著《むしんしょじゃく》（まとまった意味をなさない歌）の「おかしみ」を与えるのが売りでした。

自身もそのような談林的遊びの句づくりをしてきたのですが、考えてみれば、それは単なる言葉の遊戯であり、人間不在の文学ではないのか。むしろ富や栄誉などの実利からきっぱり離れて、自分の心、人間性に正直に向き合う歌を詠まねばならないのではないかと、そんな心境になっていました。

確かに今の日本橋にいると、何かと便利である。宗匠として活発な活動ができるし、門人たちも出入りしやすい。多くの俳席を持ち、一門の句集を発行するなど、これほど恵まれた環境はあるだろうか。

しかしそんな安定した宗匠の生活に、芭蕉は疑問を覚え、苦悩するのです。加えて、出張指導や添削指導、有力者に対する太鼓持ち的な対応など、座敷乞食と揶揄される生活にも嫌気がさしていました。

こういうことが積もり重なり、とうとう三十七歳の一六八〇年、思いきった行動に出ます。八年間住んでいた日本橋から、新興住宅地として開発されたばかりの深川六間堀の草庵へ転居し、退隠したのです。周りはひっそりと寂れた草原や泥土、畑地です。ここで孤独に浸り、新しい俳諧である「風雅の誠」を悟りたいと、考えたのでした。目の前には悠然と流れる隅田川の出船、入船が浮かび、遠く目をやると富士山、筑波山が望め、上野や浅草の桜の花も見えます。何と眺望の素晴らしいことか。しかし日本橋界隈に比べれば、誰も住みたがらない僻地で場末の地でした。そんなところだからこそ芭蕉がここを選び、隠遁したといえます。

門人の漁商杉風がこの庵《いおり》を用意してくれたのですが、場所は今の隅田川の万年橋東側付近で、このあたりには魚介類を飼育する杉風の生《い》け簀《す》がありました。そこに番小屋が二つあって、その一つを草庵に改築したのです。

草案に入居して翌年の春、門人の李下《りか》が庭に「芭蕉」の株を植えてくれ、これが立派な葉をつけて茂りました。芭蕉はたいそう気に入って、以後、草庵を「芭蕉庵」と呼ぶようになり、その後、俳号も「芭蕉」としたほどです。草庵の周りは粗末な垣で囲まれ、庭には小さな古池と井戸があり、芭蕉お気に入りの石の蛙が鎮座していました。草庵の天井からは雨漏りがして、隙間風がひどいので、いつも腰屏風（立っている人の腰の高さくらいの丈が低い屏風）を置いていました。

生活は実に質素でした。八畳一間しかなく、調度品といっても、文机《ふづくえ》、布団、行灯《あんどん》、茶碗十枚、包丁一丁くらいのものです。壁には米を入れるための瓢簞《ひょうたん》が掛けてあり、門人たちが米を絶やさないようにいつも補給していました。他にも味噌、野菜、酒などの現物の施しがありましたが、ただ金銭の報酬は断っていたそうです。芭蕉は乞《こつ》食僧《じきそう》の生き方をよしとしていたからです。

「こうて食らい、もらって食らい、かろうじて飢えもせず、年の暮を迎えた」と言っています。どうやら自分も年を越すことができるのだから、人並みの仕合わせ者の数に入ることになるのだろうと、自嘲しながらも決然として乞食《こつじき》の僧を生きるのです。

このころ深川臨川庵の仏頂和尚のもとへ通い、禅を学んでいます。一介の俳諧師の身で禅に志すのは異例です。新しい俳諧への転機を求めて、暗中模索し、もがいていたのでした。

世俗的な生き方を捨てて遁世し、新境地で俳諧の再起にかけたのです。なにものにも執着せず、物にも固執せず、捨てる生き方を実践しました。まさに乞食です。

そんな中、親友の山口素堂からも漢詩や老荘思想を深く学び、杜甫や白楽天に心酔します。その影響を受けて、談林風からの脱皮と、独自の俳境を生み出そうと苦闘するのです。禅的生活態度は俳諧的生活態度に通じ、その志が極貧生活の芭蕉を生き生きとさせていました。

通俗的な生活を捨てて真の隠者となり、それによって純粋な人間性が回復できる。そうすることで文学と人間との一体化が可能になり、高雅な文学が生まれる。それを実践したのが中国の詩人たちである。芭蕉はまだそこまで明確に意識していたわけではありませんが、彼らの生き方を真似ることが自分を導いてくれるのだと、そんな心境になっていました。

後で振り返ってみれば、こうした厳しい修行を思わせる深川隠棲を生き抜いたことが、後世に「俳聖」といわれるまでの芭蕉を誕生させたのだと言えるでしょう。

三十九歳の年の暮れ、江戸に大火が起こります。駒込の大円寺から出火して、芭蕉庵も焼けました。俗にいう八百屋お七の「お七火事」です。

あわただしい日々が続く中、六月に郷里の母が没しましたが、芭蕉は帰郷していません。そして木枯らしが吹き始めた初冬、杉風や卜尺の援助に加え、知人や門人たちの喜捨をもとに、旧庵からはそれほど遠くないところに新芭蕉庵が再建されて、そこに転居しました。

この頃、門弟の其角《きかく》が編集した俳諧撰集「虚栗《みなしぐり》」に跋文《ばつぶん》（あとがき）を書いています。そこでは李白や杜甫の高邁な詩的味わい、寒山の禅的雰囲気、白楽天の恋情、西行の閑寂の美などを背景としており、古人にならう心情を述べました。

また室町時代の連歌師宗祇《そうぎ》の影響も受けていました。多くの旅をして旅に死んだ歌人ですが、その旅中吟に、「世にふるもさらに時雨《しぐれ》のやどりかな」という句があります。芭蕉はこれに啓発され、「世にふるもさらに宗祇のやどりかな」と詠んでいます。旅の宗祇をしのび、冷え切った庵で黙々と旅笠と草鞋を編んでいる芭蕉の姿が目に浮かびます。心の中に旅心が激しく動いていたのに違いありません。

自分は世俗を捨て、そろそろ風狂の人となってきているのはうれしい自覚でした。乞食の僧として、芸術に献身する覚悟は気負いもなく静かに心の中に沈潜しています。宗祇や西行のように旅人となり、路傍で朽ちても悔いはないと、しだいに旅への憧憬が募ってくるのでした。

［野ざらし紀行の旅］

四十一歳の一六八四年八月、芭蕉は門人の千里《ちり》を連れて江戸を発ち、後に「野ざらし紀行」と呼ばれる長い帰郷の旅に出ました。その紀行の冒頭の一節「千里に旅立ちて路粮《みちかて》をつゝまず、三更《さんこう》月下無何《むか》に入るといひけむ……野ざらしを心にしむ身かな（道に行き倒れて白骨を野辺にさらしてもと、覚悟を決めて旅立つ身に、ひとしお秋風が身に染みることよ）」に芭蕉の覚悟のほどが現れています。

野ざらしというのは野に捨てられた髑髏《どくろ》の意味で、野に我が身を晒すことがあってもと、必死の覚悟で旅を始めたのが分かります。

その後、句作を続けながら旅を続けるのですが、やがて伊勢を経て上野に入り、兄の家で念願の母の年忌に出席。遺髪を拝みました。

四、五日滞在したあと、あちこち回り、それから一人で吉野山の奥に分け入りました。奥の院からさらに行った所にある西行の草庵跡を見て、深い感慨に浸ります。西行の「とくとくと落つる谷間《いはま》の苔清水、汲《く》みほすほどもなき住居《すまい》かな」という歌を思い出し、

「露とくとくこころみに浮世すすがばや」（とくとくと流れ落ちるこの雫《しずく》で、俗世間の塵を洗いすすいでみたいものだなあ）と詠みました。仏法の有難みを感じるとともに、世俗のけがれを清めたいという芭蕉の願いが込められています。旅人として生きた西行への憧れと、自分もそれに習いたいという願望が心を波立たせました。

山城、近江路を経て美濃に入り、不破（関ケ原）の小関村の跡で、旅立ちの時の思いに寄せて一句。「死にもせぬ旅寝の果《はて》よ秋の暮」（野ざらしを覚悟の旅だったが、長い旅路を辿って秋も果てようとする今、どうやら死にもせず、やっとここまで辿り着いたことよ）

道中、俳諧仲間と、時には貴人も交えた連歌などの俳席をもち、多くの句を詠んでいます。この旅は芭蕉の俳諧に大きな変化をもたらしました。次第に漢詩の文調が減り、幽玄と閑寂の境地を求めて、寂《さび》・撓《しお》り・細み・軽みを重んじ、また連句の付合《つけあい》には、移り・響き・匂《にお》い・位《くらい》などの手法が用いられ、俳諧を詩文芸として発展させる蕉風俳諧の特徴が見られるようになりました。

一六八五年（四十二歳）四月末、ようやく八ヵ月にわたる旅路を終え、江戸へ帰着しました。衣服はボロボロ、

異様な臭いがします。その時の芭蕉庵での一句「夏衣《なつごろも》いまだ虱《しらみ》をとりつくさず」。帰着してからもう何日も経っているのに、何だかんだと忙しい毎日で、まだ虱をとる暇がないのです。

しかしだんだん落ち着き、その年の暮れ、己の貧乏ぶりに、こんな句を楽しんで詠む心の余裕が出ました。

「もらうてくらひ、こふてくらひ、やをらかつゑもしなず、としのくれければ、

めでたき人のかずにも入らむ老のくれ」

今や芭蕉について、風雅の人という評判は高まり、門人も増え続けて、乞食の生活ながらも芭蕉の身辺は順風です。世間通常の俳諧師とは異なり、無欲で高雅隠棲の詩人として評価され、注目を集めました。「野ざらし紀行」の執筆を進めるかたわら、門人たちと語らって風雅の交わりを深め、連句を巻き、蕉風俳諧を前進させます。

翌年一六八六年、芭蕉庵で衆議判による蛙の句の二十番句合わせをもち、かの名句「古池や蛙《かわず》とびこむ水の音」「名月や池をめぐりて夜もすがら」などが生まれました。

そういう生活を送っているあいだにも、旅への思いは日増しに募り、とうとう翌一六八七年（四十四歳）の八月、曽良と宗波を伴って鹿島・潮来に紀行し、各地で俳席を重ねて風流三昧の日々を過ごしました。鹿島の根本寺には禅の師である仏頂和尚がいました。

そして鹿島から戻ってまだ日も経たない一六八七年十月の終わりころ、今度は上方方面へ「笈《おい》の小文《こぶみ》」の旅に出るのです。東海・関西の各地で俳席をもって多くの連句を巻き、蕉風を広めることになりました。

伊勢を参宮し、故郷にも帰って父の三十回忌に列席。吉野・高野山・和歌浦・奈良を経て大阪へ出、須磨・明石から京都へ入ります。ちなみに江戸を発ってここまでの紀行を「笈の小文」と呼んでいます。

それから美濃に下り、大垣・岐阜、鳴海・名古屋、信州の善光寺を参詣してから一六八八年八月末、江戸へ戻りました。この紀行を「更科紀行」といいます。

[奥の細道の旅]

更科紀行から戻って四ヵ月しか経っていない元禄二年（一六八九年・四十六歳）の年頭、また芭蕉の旅心が激しくうずき、先の信州更科（田毎）の旅を思い出して、「元旦は田ごとの日こそ恋しけれ」と詠みました。

そんな高まる気持ちを抑えられず、翌二月には故郷の猿雖《えんすい》へ手紙を出し、奥羽・北陸へ旅をしたいと告げました。「一鉢《ぱつ》境界乞食の身こそたふとけれ」と、質素な行脚僧の境涯に入る覚悟を披歴し、桐葉にも旅に出る旨を知らせています。その間、準備は怠っていません。句会を開きながらも、三月に入ると、二度と帰れない旅ということもありますが、草庵を人に売って旅費をつくり、近くにある杉風の別宅へ移りました。

あとは出発を待つばかりです。そして桜の花が咲き始める三月二十日、いよいよ決行。門人の曽良を伴い奥の細道六百里（二千四百キロ）の旅に出たのです。約五ヵ月かけて日光路、奥州路、出羽路、北陸路を行き、その未知の国々を巡る旅には西行、能因らの歌枕（和歌に詠まれた言葉・題材）や名所旧跡を辿る目的があり、多くの名句が詠まれました。

出発するに際しては、笈の小文の時のような盛大な送別を望まず、世俗にさらに背を向け、自然と風雅だけに沈潜する心境はまさに求道者を思わせるものでした。

この旅に期するそんな芭蕉の思いが、紀行文「奥の細道」の書き出しに表れています。「月日は百代《はくだい》の過客《くわかく》にして、行《ゆき》かふ年も又旅人也《なり》……」という旅立ちの一節から「奥の細道」は始まります。この冒頭部分だけを口語に抄訳してみましょう。

「月日は永遠に旅をする旅人であり、去ってはまたやって来る年も、また同じように旅人である。船頭として舟の上に身を浮かべて一生を過ごし、或いは馬子として旅人や荷物を乗せる馬をひいて一生を過ごし、そのようにして年老いていく者は、毎日が旅であって、旅を住みかとしているのだ。風雅の道の古人たちも、大勢、旅をしながら死んでいる」

と記して、白河の関所を越えてみたいとの思いで旅立ったのです。

［深川を出船］

陸奥《むつ》には古来の歌枕や名所、旧跡が多くあります。曽良は事前に芭蕉と旅程を相談し、それらを調べ上げていました。また行く先々の宿や行きたい場所、会いたい人、食べたいものなど、あらかじめ俳諧仲間や有力者に手紙を出して手筈を整えるほか、しかるべき紹介状なども幾つか準備し、手落ちのない段取りをする緻密さです。

二人は先ず隅田川を船でさかのぼり、千住《せんじゅ》（東京都足立区）で上陸。そこで見送りの人々と別れて、あとは歩くに任せ、七日後、春日部に泊まっています。

この時の芭蕉の旅装束ですが、「刀を差さず、数珠を持って僧侶の恰好をしているが、俗世間の塵にまみれている。世俗に生きてはいるが、髪はない。僧形にして僧にあらず」と自分で言い、聖と俗とのあいだを逍遥しています。

行く先々では大いに歓迎されました。日光に着いたとき、江戸浅草にある清水寺の紹介状をもって養源院を訪ねます。念願の東照宮の拝観を許され、その壮大さに息をのみました。その日は手配してあった麓にある五左衛門の屋敷に宿泊。

その後、旅を続け、農夫に馬を借りたりして、途中、雨にも降られながら、那須湯本に到着し、そこで数日、留まり、見物や骨休めをしました。

蘆野では西行が詠んだ歌、「道のべに　清水流る柳かげ　しばしとてこそ立ちどまりつれ」を思い出し、その歌枕の柳が今も田のあぜ道に残っているのが目に入って、一句。

「田一枚植えて立ち去る柳かな」と、これが西行の立ち寄った柳かと、古歌人の境涯を追慕し、謡曲の「遊行柳」を重ねながら感慨にふけったのでした。

ここから白川の関まではもうすぐで、その先は陸奥です。阿武隈川の流れに沿って、仙台・松島へ向かいました。徒歩、時には馬に乗り、俳人仲間や弟子の親類宅など、曽良の手配通りに宿泊を重ねます。

飯坂では持病に苦しみました。裂肛（切れ痔）と疝気《せんき》（腹部の疼痛）の激痛で、「持病さへおこりて、消入計《きえいるばかり》になむ」と詠んでいます。たびたび起こっていたようです。

塩竃に到着し、仙台の加右衛門の紹介状を頼りに、法蓮寺門前の宿に投宿しました。翌朝早く塩竃神社に参詣して、伊達政宗公が再建した社殿のきらびやかな美しさと太い宮柱、朝日が朱塗りの垣根を輝かせている様に感嘆。こんな片田舎にまで神々の霊験があらたかな、立派な宮が造られているのかと実感して、これが我が国の風俗なのだと、たいそう有難く思いました。

そして、ふとその横に目を向けると、古い灯籠があり、「文治三年和泉三郎寄進」と彫り込んであります。五百年も前の和泉三郎（藤原秀衡の子で徳の厚い忠孝の武士）の様子が目に浮かび、暫く動けませんでした。

そのあとは船に乗って松島へ渡り、湾を織りなす風景を言葉を尽くして称美しました。

しかしここではその美しさに感動するあまり句を詠めず、代わりに曾良が「松島や　鶴に身をかれほととぎす」と詠んでいます。

松島から平泉へ向かう矢本で喉が渇いて困り果て、どの家に頼んでも湯をくれません。ようやく途中で会った源太左衛門という人が世話をしてくれて、喉を癒すことができました。

石巻を経て、平安時代末期に藤原氏三代（清衡《きよひら》・基衡《もとひら》・秀衡《ひでひら》）が栄華を極めた平泉に到着。しかし目にした光景は一面、廃墟です。秀衡の館の跡は田野となり、庭の築山《つきやま》にあたる金鶏山だけが昔の形を残しています。

義経がこもって、秀衡の子泰衡と戦ったという高館《たかだち》（義経の居館）に上り、しばし昔に思いを馳せました。泰衡は源頼朝の側に立ち、ここに逃れてきていた義経主従を高館に攻め滅ぼしたのですが、その後、今度は自分が頼朝に滅ぼされてしまったのです。

義経はよりすぐった正義の士たちとここに立てこもって華々しく戦いました。しかしその功名もただ一時の短い間のことで、今はその跡はただ草むらだけ。まさに杜甫の詩「国破れて山河あり、城春にして草青みたり」だと、芭蕉はいつまでも旧懐の涙にくれたといいます。

そんな義経主従の滅亡の跡を悲しみ、詠んだ一句。「夏草《なつくさ》や　兵《つわもの》どもが夢の跡」

奥羽の哀史を残す平泉。栄華の後に残ったのは経堂《きょうどう》と光堂《ひかりどう》だけでした。かねてから耳にし、それだけでも驚嘆していたこれらの内部を、幸いにも見ることが出来ました。経堂には清衡・基衡・秀衡三代の将軍たちの像があり、一方、光堂にはこの三代の棺が納められています。本来なら何もかも崩れ落ちて空しい草むらとなってしまうところを、四方を新しく囲い、屋根に瓦を葺いて風雨をしのぐことができ、華やかな昔のさまを残しているのです。

さて、この平泉ですが、ここは奥のほそ道紀行の折り返し地点にあたります。芭蕉はこのあと、出羽、越後、越中、加賀、越前、近江へと向かうのです。

途中、山形領にある立石寺《りゅうしゃくじ》という山寺を訪れ、見学。一〇一五段もある石段をのぼるのは一苦労です。岩また岩が重なって山となり、生い茂る松や檜も老木で、土や石も古びて、苔がなめらかに覆っています。物音一つ聞こえず、ひっそり静まり返って、心も澄みわたるようです。思わず「閑《しずか》さや岩にしみ入《いる》蝉《せみ》の声」と、詠みました。

日本海の酒田では、「荒海や佐渡によこたふ天河《あまのがは》」

そして名古屋から大垣へ入り、ここで長かった奥の細道の旅はようやく終わるのです。

その後、曽良と共に長島（三重県桑名郡）の大智院へと向かいます。そこで泊まったあと、伊勢神宮外宮の遷宮を拝し、道中、風邪をひいたりして体調を崩しますが、奈良を経て京に出、故郷上野に帰りました。二、三ヵ月そこに留まったあと、膳所の幻住庵に入り、半年後の秋、木曽義仲の墓がある大津の義仲寺、無名庵に移ります。

そもそもこの時点から五百年ほど前、木曽義仲（三十一歳）が源範頼・義経の軍勢と雌雄を決する宇治川の戦いと六条河原の戦いで敗れ、態勢を立て直すためにわずかの忠臣と共に北陸へ逃れる途中、近江国粟津《あわづ》に追い詰められて討ち死にしました。義仲の亡骸は近くの義仲寺に葬られるのですが、彼の死後、愛妾であった巴御前がこの墓所近くに草庵を建て、「われは名も無き女性《にょしょう》」と称して、日々供養したといいます。この草庵は無名庵と呼ばれ、戦国時代に荒廃したあと、室町時代末期に再建されました。

義と情に厚く直線的な生き方をした不遇の武将義仲。そんな彼に芭蕉の胸は熱く打たれ、義仲寺に特別の思いを抱くのです。ここで句会を盛んに催したといいます。

そんな秋が深まるころ、芭蕉は桃隣、支考を伴って江戸へ戻る旅に出、湖南の無名庵を出立。東海道を下って、元禄四年の一六九二年十月二十九日（四十八歳）に無事、帰着したのでした。

［新芭蕉庵へ移る］

江戸へ戻ったものの、深川の芭蕉庵は人に譲っていたので、しばらく日本橋の商人方の借家に仮住まいしました。芭蕉自身は意図していなくても人気はうなぎ上りで、声望は高まる一方。大勢の人たちの来訪を受け、多忙な毎日です。

体は弱っていますが、長旅から無事に帰れた安堵を正直に詠み、彼らの好意に答えました。

「ともかくもならでや雪の枯尾花」（長い旅路の果てに、どうやら死にもせずに生き長らえて帰ったことよ。雪の中でもどうにか倒れずに生え残っているこの枯尾花のような姿で）。「枯れ尾花」の生命力は大変強く、どうやらこれと同じように自分もしぶとく生き延びたというのです。

和漢の古人の跡を慕い、名所・旧跡をたどる奥の細道の旅路で、自分が求める俳諧の道を見つけ、身に着けたい。そんな旅空での死を覚悟した芭蕉の願いは、旅中に詠まれた数々の句を見れば達成されたのが分かります。それは理論や技術を捨て、飾らない平易な言葉で鮮烈に風景を切り取る「軽み」であり、芭蕉が求めた芸術としての俳諧の極意でもありました。さび・しおり・細みで示される幽玄閑寂の蕉風俳諧を確立しています。

さて帰着した翌年の五月、仮住まいから、杉風らの世話で新築された芭蕉庵へ移りました。少年だった甥の桃印は今ではもう三十三歳で、重い結核を患い、臥せっています。

そんな桃印を草庵に引き取って間もなくのこと、昔、同棲したことのある寿貞が、突然、まさ・おふう・治郎兵衛という三人の子供を連れて、おどおどした様子で目の前に現れたのです。これにはさすがに芭蕉も驚きましたが、すぐに近くの借家を世話して住まわせました。快く受け入れたのには、彼の心の奥に寿貞への愛情が残っていたからかもしれません。

時と共に門人の出入りはいっそう激しくなります。芭蕉は乞食の生活を相変わらず維持し、むしろそれを楽しみながら、多くの句会を開いたり、遠くや近くの友人・知人を草庵に受け入れたりして、旺盛な創作活動をしています。

そんな中、江戸へ戻って数年経った頃ですが、「奥の細道」を書き始めるのです。元禄六年（一六九三）後半には書き上げ、それからさらに翌七年の始め頃まで推敲を続けて完成させます。しかし「奥の細道」が出版されるのは芭蕉の没後八年が経ってからです。彼の頭の中には出版して世に問う気持ちがなかったのでしょう。ただ伊賀上野に帰ったとき、清書版を兄に渡しています。

なお奥の細道が脱稿したころ、闘病していた桃印の最後の力が尽き、芭蕉に見守られながら静かに次の世界へ旅立ちました。芭蕉の悲しみはいかばかりだったか。

［芭蕉は幕府隠密だったのか？］

さてこの時代、江戸へ通じる主要道路や港、幕府の直轄領などには関所が置かれていました。そんな中、一介の俳諧師に過ぎない芭蕉が全国を旅し、自由に移動できたのには、何か理由があるのではないか。幕府の隠密か密偵の役割を担っていたからこそ、出来たのではないか。その疑問がないわけではありません。

実は芭蕉の母方の祖父は伊賀流忍者の祖の百地丹波であり、芭蕉はその孫です。幕府は仙台藩伊達家が謀犯しないかと危惧して、芭蕉に目を付け、密偵として仙台まで俳句の創作活動を大義名分に旅をさせ、潜入調査するよう任務を与えたというのです。幕府の後ろ盾があって、関所の通過や旅費調達などが可能になったと言われれば、そうかなと思わせせられます。

しかしこの説には無理があります。結論的に言うなら、芭蕉は隠密でも密偵でもありません。関所は簡単に超えられたのです。

確かに江戸時代初期の頃は関所の検問は厳しかったのですが、芭蕉の頃になると、庶民の生活にも余裕が出来て、大山参りや伊勢参りの名目の旅がはやり、人々の往来が激しくなりました。

寺社か役人から通行手形を貰わなければなりませんが、関所の役人などが小遣い稼ぎをしているのは公然の秘密で、関所近くの茶店や宿屋などで、金を出せば簡単に手形を書いてくれたりしています。旅先の役人に、そっと金を渡せば書いてもらえるようになりました。旅費さえあれば自由に旅行に出られたわけです。

芭蕉の場合、旅立つ前に、知り合いの武士たちの伝手《つて》を頼りに通行手形を手に入れるようにしています。しかし完璧だったのではありません。漏れがあります。ただ芭蕉は俳諧師として非常に高名で、諸国にいる一門の弟子たちには地位の高い人や富のある商人らが大勢いました。芭蕉は行く先々で彼らと連歌を巻いて句会を催すのですが、食事や宿を提供されるだけでなく、通行手形の面倒も見てくれたのです。

その意味で旅の費用はそれほどかからなかったと言えるでしょう。もちろんいつも宿や食物が提供されたわけではなく、百姓の藁屋に泊めてもらったり、物乞いで食べ物を調達したことも数えきれません。

【死への旅立ち】

元禄七年、（一六九三年、五十一歳）の年明け、芭蕉は伊賀蕉門の意専に宛てた書面で、抑えがたいほどにふくらんできた旅心を伝えています。続けて二月には近江の曲水宛てに、年内に西上の旅に出たいと具体的に述べました。持病と根気よく付き合いながらも、「奥の細道」がようやく出来たので、五月十一日、寿貞の子次郎兵衛を連れて江戸を発ち、故郷の伊賀上野に向かいました。目指すは四国、九州です。このとき芭蕉は、近所で遠慮がちに住んでいた寿貞親子を草庵へ迎え入れています。

道中、芭蕉の声望は高く、引っ張りだこで、あちこちで歌仙を巻きました。名古屋を経て二十八日には上野へ着いています。そして翌月の閏五月半ばに大津へ出、下旬に嵯峨の落柿舎に入って、六月十五日まで滞在しました。

そんな折、芭蕉の甥の猪兵衛から、月初めに江戸の寿貞が死去したとの手紙を受け取りました。その時の芭蕉の深い嘆きは猪兵衛宛ての書簡に込められています。

「寿貞は無仕合《むしあわせ》もの、まさ・おふう同じく不仕合、とかく難申尽《もうしつくしがたく》候……何事も何事も夢まぼろしの世界、一言理くつは無之《これなく》候」。そう言って、急きょ次郎兵衛を江戸へ戻しました。

そのあと兄の招きで一時、伊賀に戻り、松尾家の盆会に出席。もちろん寿貞の位牌はありません。芭蕉は仏前にぬかずき、心の中で寿貞に優しく話しかけ、こんな句を詠みました。
「数《かず》ならぬ身となおもひそ玉祭り」
玉祭りは魂祭りと同意で、秋の季語です。芭蕉に迷惑をかけてすまないと思っている寿貞に対し、（お前は、自分などは物の数にも入らないつまらない人間だと卑下して、小さくなって片隅で生きてきたが、そんなに卑下しなくてもいいのだよ。立派に成仏できるのだよ）と冥福を祈り、励ましているのです。寿貞への切ない思いが伝わってきます。

九月八日朝早く、風邪気味なのをひきずりながら上野を発ち、日暮れに奈良の猿沢の池のほとりに宿をとりました。その後、支考に勧められた伊勢行きを後回しにして、彼を含む門人たちと、江戸から帰ってきた次郎兵衛とともに、体の不調を振り切り大阪へ向かいます。理由は大阪道修町《どしょうまち》の之道と前年に膳所から転入してきた酒堂との仲がうまくいかず、そんな空気を和らげたいと思ったからです。

大阪では十日夜の発熱はひとまず収まって、連日のように歌仙を巻き、句会を催しました。そして肝心の仲直りの方ですが、之道・酒堂の合同句会を催せたものの、うまく取り持てなかったようです。

二十八日の夜、畦止方で弟子たちと七種の恋の句を詠み合い、翌日の夜には芝柏方に招かれているので、「秋深き隣は何をする人ぞ」と詠んで送ったのですが、二十九日から急に下痢が始まってしまったのです。これは食べ物が原因ではなく、持病の痔疾と胃腸病に加え、このところの風邪と過労が重なったのではないかと考えられます。

容体は悪化の一途を辿り、また熱が出てきました。十月五日には狭い之道宅から南御堂筋の花屋仁左衛門の貸座敷に病床が移され、門人たちの懸命の看病を受けますが、悪化する一方です。各地の門人に重体の知らせが発せられました。

十月八日の深更、芭蕉は低いかすれた声で、病床に侍していた呑舟を呼び、深く息を吸ったあと、
「病中吟　旅に病《や》んで夢は枯野をかけ廻《めぐ》る（旅の途中で病床に臥しているけれど、夢の中ではなお枯野をかけめぐっている）」
と詠んで、書きとらせました。病に倒れた自分はもう旅に出ることもできないというのですが、これは未練など

ではなく、むしろ多くの古人がそうしたように、「旅に死す」の本望が達成されそうな、安らぎと満足感が込められた辞世の句です。

　自分に命の先がほとんど残されていないのを冷静に自覚しつつ、澄んだ気持ちで風雅を求めた俳諧人生を振り返っていました。しかしそれでも死の瞬間まで、俳諧への熱情を失うまいという激しい執念が垣間見えます。

　一般的に俳諧師は辞世の句を残すものとされ、世上多くの俳人がこの慣習に従っています。それなのに「辞世句」と言わずに、わざわざ「病中吟」と断っているのはなぜなのか。まだまだ自分は生きて旅をするから辞世句ではないと考えているのではないかと、そんな疑問が生じても不思議ではありません。しかし芭蕉にとっては、これまで毎日毎日の句は辞世の覚悟で詠むべきものと考え、実行してきました。だから臨終の時だからといって、詠む必要があると考えなかったのです。

　体は極度に衰弱して死の世界へ渡る直前だというのに、まだ意識ははっきりしていました。その翌日に自分の句に類想があるとして推敲を行なっており、支考らと句について議論を交わしています。「なほかけ廻る夢心」や「枯野を廻るゆめ心」とすべきかと思案するなど、語る語調は極端に弱くなっていますが、句を高めたい情熱は減じていません。

　十日は夕方から発熱し、いよいよ容体が悪化。夜中、死に際を悟った芭蕉は、兄半左衛門宛に自らの手で遺書を認めた後、門人たちへの遺書を支考に代筆させました。その後も深更に及んで、俳話をしています。

　十一日はいっさい飲食を受け付けず、高熱にうなされながら、時々、薄目を開け、うなずくような仕草をしていました。夕方、たまたま上方を行脚中だった其角が急を聞いて駆けつけてき、変わり果てた芭蕉を見て、涙したといいます。

　そして元禄七年十月十二日（一六九四年）午後四時ころ、芭蕉は五十一歳で、多くの門人に敬愛をこめて看取られながら永眠したのです。寿貞の死から四ヵ月後のことでした。

　その夜、遺骸は長櫃《ながびつ》に収められ、其角・去来らの門人や次郎兵衛ら十余人が乗った淀川の川船に載せて出航。いったん伏見へ送られたあと、翌十三日朝、大津の義仲寺へと運ばれました。ここは芭蕉がたいそう気に入っていた地で、埋葬は義仲寺にとの遺言があったからです。

十四日夜、子《ね》の刻（午後十二時）寺の境内に埋葬されましたが、門人の焼香者は八十人、「招かれざるにはせ来る者」が三百余人だったといいます。

［名言］

・物言へば唇寒し秋の風（口は災いのもとであり、黙っているのがいい）。
・他の短を挙げて、己が長を顕《あらわ》すことなかれ。人を譏《そし》りておのれに誇るは甚だいやし。
・松のことは松に習え、竹のことは竹に習え（物事の本質は直接にその対象に向き合ったほうが見えてくるものだ）。
・古人の跡を求めず、古人の求めたる所を求めよ。（過去の偉大な人物を真似るのではなく、偉大な人物の目指していた境地や思いや本質を学ぶことである）。
・夕を思い旦を思うべし（日々のプランをよく立てなさい。行き当たりばったりはよくない）。
・好みて酒を飲むべからず、饗応により固辞しがたくとも微醺《びくん》にして止《や》むべし、乱に及ばずの禁あり。（好んで酒を飲んではいけない。もてなしで断れない場合であっても、ほろ酔い程度でやめること。そうすれば、争いやもめ事に至ることもなくなる）。

［芭蕉と現代］

運命というのは自分の意志で切り開いていくことができるのか、それとも外部から一方的に与えられるだけで、抵抗できないものなのか。あるいはその両者の混合の産物なのか。その疑問に芭蕉の生き方がひとつのヒントを与えてくれます。

芭蕉は次男に生まれた宿命で、家督を継ぐことは出来ません（与えられた運命＝1）。そこで十九歳のとき出世の志を抱いて藤堂藩の新七郎家に出仕し、二歳上の主君良忠に仕えるのですが（自分で切り開く運命＝2）、身分が低いため御台所御用人止まりでした。

ところが良忠が俳諧をたしなんでいた関係で、命により芭蕉も供をしてその道に入ります（1）。しかし出仕から四年後、自分を引き立ててくれていたその良忠が病死し（1）を生かす、芭蕉は未練を残しながらも致仕しました（2）。そして思い悩んだ末、興味のある俳諧の道を極めようと決心するのです（2）。その後は世俗を捨て、乞食の生活に入って自分を追い込み、新しい俳諧である「風雅の誠」を悟りたいと努力します（2）。こうして日本の俳諧史に名を残す松尾芭蕉が誕生したのでした。

もともと芭蕉は武士として出世し勇義忠孝を尽す、そんな生き方をしたかったと思われます。しかし結果的には、俳諧一筋の道を歩むことになり、人生に成功しました（もっとも芭蕉自身は成功・不成功などの意識をみじんも持っていませんでしたが）。

もし良忠が早死にしていなければ、封建身分制社会に縛られて、単に俳諧をたしなむ勇義忠孝の下級武士として、平凡な生涯で終っていたのに違いありません。歴史に名を残すことはあり得なかったでしょう。

このように見てくると、芭蕉の偉大なところは、数ある選択肢の中から俳諧の道を選んだことです。ただこの一点で、彼は以後の運命を見事に操縦することが出来ました。

ひるがえって今日の我々には、多くの「与えられた運命1」が次々と襲ってき、それらに翻弄されます。文明が発展すればするほど、運命1の種類が増え、しかも強度を増し、複雑になり、それらへの対応で心身がくたくたになってしまいます。実にストレスだらけです。

そこで重要になってくるのは、「自分で切り開く運命2」をどう選択するかです。そのチャンスは誰にでも必ず訪れます。これさえ的確に行えば、運命の波に負かされるのではなく、自分が運命の支配者になって、人生航路を乗り切ることが出来るかもしれません。

その場合の判断の基準は何かというと、「好き」かどうか、「そうしたい」のかどうかということです。成功の確率を考える必要はありません。ゼロ％でも一％でもいいのです。

芭蕉の場合は、好きな俳諧の道に進みました。好きこそものの上手なれ、と言いますが、才能ある芭蕉でさえ、筆舌に尽くしがたい努力を続け、目標に到達できました。的確な選択とともに、不断の努力の継続が必要なのです。

血のにじむような努力を避けて、しかも過酷な運命からのがれたい。その上で成功をつかみたい。それは誰しもが望むところですが、そうはいかないということを芭蕉は教えてくれます。

芭蕉の晩年は全国に名がとどろき、武士や商人、百姓にまで、多くの門人をかかえていました。もし彼が富を望もうと思えば、実にたやすいことです。ところがそれを惜しげもなく捨てました。逆に、乞食の生活にいっそうのめりこみ、貧乏の中で新しい俳諧の芸風を求め続け、旅空の下でひっそりと死ぬことを渇望するのです。

レオナルド・ダ・ヴィンチもそうでしたが、現世での物欲には無関心で、新しい芸術の創造に命を懸けていました。絵画にせよ音楽にせよ小説にせよ、何事もその価値を金に換算する現代の我々に、痛烈な暗黙の批判を放っているような気がします。昔の先人は金の多寡が人間の価値を決めるのではないということを、熟知していました。

第五章　カント（一七二四〜一八〇四）　八十歳没

近代哲学の祖と呼ばれ、ドイツ領東プロイセンの首都にあるケーニヒスベルク大学の哲学教授を務めました。「純粋理性批判」「実践理性批判」「判断力批判」を著して、「批判」という形で事物の本質や存在の根本原理を根源的に「吟味」し、これによって形而上学《けいじじょうがく》の体系を築き上げた人物です。

フィヒテ、シェリング、ヘーゲルらのドイツ観念論者に多大の影響を与えました。ちなみに後にヘーゲルは弁証法を唱え、反弁証法的思考を「形而上学的《けいじじょうがくてき》」と呼んでいます。

カントの哲学書は、西洋哲学の中でも屈指の難解さといわれ、同時代人のほとんどが理解できなかったそうです。例えば「すべての分析判断は、まったく矛盾律にもとづいており、また判断の材料となる概念が経験的であると否とを問わず、その本性上ア・プリオリな認識である……」というふうに、全てがこの調子で書かれています。

一七二四年、カントはバルト海沿岸のケーニヒスベルクで、革ひも職人の四男として生まれました。兄弟姉妹を十一人も抱える一家の家計は苦しく、カントは苦学の人でした。二十二歳でケーニヒスベルク大学を卒業したものの大学に職が見つからず、家庭教師をして生計を立るフリーター生活を余儀なくされます。やっと三十一歳のとき同大学の私講師となるも、念願の教授になるのは遅れに遅れて、何と卒業から二十四年後の四十六歳の時でした。実に辛抱強い性格なのです。

この頃は乳幼児の死亡率が高いので平均寿命は短く、三十歳代前半。平均余命で見ると、四十五歳くらいだから、もういつ死んでもおかしくない年齢で、遅咲きもいいところです。

その彼が八十歳まで生きました。そして驚くことに、亡くなるまで生地のケーニヒスベルクから一歩も外へ出ていません。嘘のようですが、これは事実です。それでいて大学で世界地理の講座を持ち、学生たちに人気を博していたのですから、カントの知識収集力には舌を巻きます。

［ケーニヒスベルク大学で学ぶ］

カントの父親は皮ひもの裁断工で、馬の手綱を作っていました。この様子を子供のカントは面白がって、いつまでも眺めていたといいます。子だくさんの貧乏家庭ですが、この父親をカントは生涯、尊敬していました。

しかし、カントに影響を与えたのはむしろ母親の方です。両親ともルター派の敬虔主義を厚く信仰し、母は一切教育を受けていませんが、「自然が与えてくれた英知」（カントの言葉）に恵まれた賢明な女性でした。幼いカントをしょっちゅう散歩に連れ出し、田舎道を並んで歩くとき、草花の名前を教えたり、夜になれば空を見上げて、星や星座の名前を教えたりして、スキンシップ豊かな育て方をしました。

カントは後に母のことを、「愛情に富み、感情が豊かで、敬虔で正直な女性であり、また子供たちを敬虔な教えと道徳的な模範とによって敬神に導いてくれた、優しい母親だった」と語っています。

またこうも言いました。

「思いをめぐらし考えを深める毎《ごと》、いや増して大きく、かつ絶えざる新たな賛嘆と畏敬の念で、我が上なる星辰《せいしん》と我が内なる道徳律」（熟考すればするほどますます新たな驚きと畏敬の念をもって心を満たすものがある。それは我が頭上にある星々の天空と、我が内なる道徳法則である）

謹厳実直な母の生き方は、以後のカントの道徳観に強い影響を与えたのでした。事実をありのまま見、道徳的な義務に忠実であろうとした彼の一生、そして彼の哲学。それに向かって一貫して導いていくことになるのです。

八歳になると敬虔派宿泊施設であるフリードリヒ校に通うのですが、授業には失望しました。来る日も来る日も、決まりきった宗教の教えを詰め込まれるだけで、内面にみなぎっている知性と知的好奇心が音を上げ、不満が高まるばかりです。

だから死ぬまで公式的な宗教には嫌悪感を持ち続けましたし、成人して以降、あまり教会に通わなかったと言われています。とはいえ、敬虔主義の生き方は堅持していて、生活は簡素で、厳格な道徳に服する努力は変わりません。

嫌な授業科目が並ぶなか、ラテン語とラテン作家の古典は好きでした。齢をとってからでも、ローマの古典作家たちの長い章句を、やすやすと暗誦していたと言われています。

十三歳のとき、カントを頭とする五人の子供を残して、突然母親が亡くなりました。チフスに罹った友人の息子を看病し、数日後に自分も感染したのです。貧乏のため埋葬するのに僧侶を呼べず、いたって簡素なもので、公費で取り行われました。

カントは勉強が出来たので大学へは進学しています。地元の敬虔主義の教会から経済的援助を得て、一七四〇年、ケーニヒスベルク大学へ十六歳で入学し、神学を専攻しました。

ところがほどなくしてニュートン（一六四二〜一七二七）の著作と出会ったことから、興味が神学から数学・物理学・天文学・動物学へと移り、自然科学へと傾斜していくのです。広い科学のすべての分野で何と飛躍的な進歩がなし遂げられたことかと、その事実に驚嘆して、その科学的発見が持つ哲学的意味を考えるようになります。

これら自然科学の発見は実験に基づいており、それと折り合える哲学は経験主義であるべきだ。従い人間が持つ知識は経験に由来するものでなければならないと、そんなふうに考えました。

［家庭教師時代］

一七四六年、二十二歳のとき、父親が死亡し、一家の収入が途絶えました。兄弟姉妹は幼い妹たちが教会関係者の家に引き取られる一方、他の妹たちはメイドとして働きに出ます。

学位取得を目指していたカントは、藁にもすがる思いでどこか地元の学校での職を探すのですが、どうしても見つかりません。そのためやむなく大学を去らざるを得ず、フリーター生活を余儀なくされました。家庭教師となって一家を金銭的に支えるのです。

大学を去るとき、これまで温めてきた研究内容を「活力測定考」という論文にまとめ、無念さを追い払うように、思い切って処女作として自費出版しています。靴匠をしている母方の伯父リヒターが資金援助をしてくれたのです。

リヒターはカントがフリードリヒ校に在学中から後に学位を取得する頃まで、学費の援助をしていたと言われています。

家庭教師生活は九年間に及び、郊外にある二、三の良家に住み込んで、子弟たちに勉強を教えました。自身では自分ほど拙劣な家庭教師はいないだろうと述べていますが、これは謙遜で、実際はそうではなかったようです。教え方がうまく、子供たちにも好かれました。その家庭にまるで家族の一員であるかのように、陽気でウィットに富んだきさくな社交家として溶け込んでいました。

ただ家庭教師だからといって、裕福になったわけではありません。生活するだけで精一杯で、その家庭では「下男」とほとんど変わらないのが実態です。

その一方で、この静かな環境はカントに多くの書を読み、思索・勉強する十分な時間を与えてくれたのでした。晩年、世間をあっと言わせる論文を矢継ぎ早に発表しますが、その根幹はこの時期にほぼ出来上がったようです。

そんな社交的なカントなのに、同じケーニヒスベルクに住む妹たちに対しては、意外な対応をしています。付き合おうという意思はなく、ほとんど関係を持ちませんでした。

それは相手の教養のなさを軽蔑するとか、冷淡だというのがあるからかもしれませんが、むしろカント自身の生来の気質のせいだと思われます。常に物事から一歩距離を置こうとする、あまりにも客観的で冷静な気質です。感情や情緒をコントロールする自制の力が働きすぎるのです。しかし心底では妹たちへの思いは持ち続けていて、その証拠に苦しい中でも絶えずいくらかの金を送っていました。

[マギスター（修士学位）を取得]

カント三十一歳の一七五五年三月、いよいよ動き出します。論文「天界の一般的自然史と理論」を刊行するのですが、印刷中に出版社が倒産したため、極く少数だけが公刊されました。この論文は、太陽系が星雲から生成されたとする内容です。

そして翌四月にはケーニヒスベルク大学哲学部に、ラテン語の論文「火について」を提出し、六月、マギスター

（修士学位）を取得。しかし大学の教職にありつくにはさらに就職資格論文を提出して、合格しなければなりません。九月に「形而上学的認識の第一原理」が認められ、私講師として職業的哲学者の生活に入ることができたのです。徐々に科目は増え、数学・物理学・天文学・論理学・認識論・倫理学・形而上学を講義します。その後、自然地理学も加わりました。

この私講師というのは、聴講する学生から直接授業料を受け取る非常勤講師をいい、学生の聴講料だけが収入源なので、すこぶる身分が不安定です。授業を受ける学生の数がそのまま収入に直結します。だから聴講生の学問的な関心や知的欲求を満足させなければならず、高度で表現力豊かな内容の講義が自ずと求められるのです。

この点、カントの授業は完璧でした。人気があり、鋭い着想や博識で聴講生を魅了しました。書いた文章は難解ですが、話し言葉は面白く、ウィットも交えた分かりやすいものでした。彼の容貌や難解な論文からは想像できないほど柔軟、快活で、社交的です。とりわけ地理学の講義には、学外からも大勢の聴講生が押しかけたといいます。

この地理学ですが、カントは生涯を通じて、ケーニヒスベルクから出たことはありません。山も外海も見ていないのです。馬車で三十キロほど行けば見られるのに、そうしないのがカントの不思議なところ。世界の自然地理に関するすべての知識は書物から得たのでした。ただ当時、ほとんどの一般市民も旅行には無関心で、カントがとりたてて変わり者だったというのではなさそうです。

さてマギスターの学位を得るまでの九年間の家庭教師生活を終え、ようやく三十一歳でケーニヒスベルク大学私講師の地位を得たものの、教授のポストはその後、四十六歳まで十五年も待たなければなりませんでした。これは当時の人間の寿命から見ると、平均余命が尽き、いつ死んでもおかしくない齢です。これほどまで彼は辛抱強く、じっと昇進を待ち続けたのです。

ただ正確に言うなら、実はそれまでに二度、教授になりそこなっています。最初は私講師になって三年後、論理学と形而上学の教授職が空席になったのですが、最終選考で別の私講師に負けました。二度目はそれから六年後、詩学の教授ポストを提案されましたが、今度は興味がないと、カントの方から断っています。

しかし、もうこの頃は私講師とはいえカントの名声は広く知れ渡り、ケーニヒスベルク以外の地からも招聘状が届きます。エアランゲン大学やイエナ大学などは極めて好条件でしたが、これもカントはすげなく断りました。あくまでも生地であるケーニヒスベルクを離れたくないのです。

そしてようやく一七七〇年、四十六歳のとき、母校の論理学・形而上学の正教授になったのでした。その後、「純粋理性批判」を出版するまで十年ほどのあいだ、講義と研究に没頭します。

[日常生活はシンプルライフをエンジョイ]

六十三歳の一七八三年、教授職に就いて収入も安定したことから、これまでの転々としていた借家住まいをやめ、貯金をはたいて現金で中古の一戸建てを購入しました。市の中心部に位置する城の近くにあり、一見、閑静なところです。

ただ、外観はいかにも古びてみすぼらしく、入り口のドアは粗末な木製で、すっかり風化していました。難点は近くに監獄があって、昼頃、囚人が歌う流行歌の声がうるさいことですが、以後、死ぬまでここに住みつきます。

部屋は八つ。一階には講義室、炊事婦の部屋、客間、二階にはカントが使う食堂、書斎、書庫、寝室、屋根裏には召使い用の部屋がありました。なんだか余裕のある家に見えますが、当時の社会風潮からすれば、これがぎりぎりなのです。大学教授は自宅で講義をせねばならず、また教授が自分で食事を作るわけにはいきません。炊事婦や召使が住み込む部屋もあります。

教授になると私講師と違い、国から給与が支払われます。しかしケーニヒスベルク大学は他大学に比べて低く、相変わらず自宅で講義をして、学生から聴講料を徴収して生活の足しにしなければなりません。

彼の暮らしぶりは一風変わっていました。部屋の壁は白一色のむきだしで、それも煙草の煙で日ごとに薄汚れていくのですが、壁掛けや装飾品などは一切なく、客間と食堂に鏡が一枚あるだけ。家具は生活に直接必要なものだけしか置かれていません。数個のテーブルと椅子、小さなソファーが一つという簡素さです。まさに必要最小限のモノだけで暮らす現代のシンプルライフ、ミニマルライフを、二百数十年も前に実践していたのです。

書斎も質素そのもの。机とその上に置かれた小物入れ、書物や原稿を置くためのサイドテーブル、そして唯一の装飾としてルソーの銅版の肖像画が机の上方に飾られていました。カントは自分に影響を与えた人物として、ニュートン、ライプニッツ、ヒューム、ルソーの四人を挙げていて、銅版の肖像画は、このことを知っている友人から贈られたというだけの理由です。家とはただ住むだけのものと考え、そんな簡素な住環境の中で思索することに幸せを感じていました。シンプル・イズ・ベストなのです。

〔一日の時間割〕

カントの時間の使い方は定規のようにきちっと型にはまっていました。毎朝四時四十五分に召使のランペが、「お時間です」と、起こしに来ます。

それにしぶしぶこたえ、カントは十五分ほどぐずぐずしますが、五時になるころ、眠い目をこすりながらナイトキャップを脱ぎ、三角にとがった帽子を頭に載せると、部屋着姿のまま書斎へ移動。そこで朝食をとるのです。サイドテーブルにはお茶が用意されていて、ゆっくりと一口ずつ飲むのですが、朝は何も食べません。そうすることで、これから始まる講義に備え、理性を研ぎ澄まそうとしました。

その間、パイプをくゆらせながら、講義用に思いついたことをメモに走り書きします。ただパイプは健康に悪いからと、一回限りと決めていて、そのくせ嗅ぎ煙草は授業の時を除いて、頻繁に鼻にあてがっているのですから、何を基準に決めていたのでしょうか。

七時少し前に寝室へ戻り、着替えをして、スリッパから靴に履き替えます。といっても服は着古しです。そして七時きっかりに階下の講義室へ移り、待機している聴講生たちに陽気で愛想のいい言葉をかけました。すでに部屋はぎっしり埋まって、熱気があふれています。

授業内容は抽象的・観念的な概念があふれますが、論文で読むような難解さはありません。機知に富んだ冗談を交えて笑わせ、短く切って話すので分かりやすく、その博識には誰もが魅了されました。この教える技術は秀逸で、生来の明るさに加え、長い家庭教師時代に培われたものでした。

授業料の徴収では、ほとんどの教授が「ただ聴き」を許さず、払えない者を締め出しますが、カントは寛大でした。ただ席数が限られているので、二回目からは許していません。
七時から始まった講義はたいてい十時までに終了。それから再び部屋着に着替えてスリッパを履くと、一息つく暇も惜しいかのように書斎で著作の仕事に没頭します。それはきっかり十二時四十五分まで続くのですが、途中で決まって古城の方角から歌声が流れてきます。そこには監獄があり、囚人たちが退屈しのぎに流行歌を歌っているのです。カントは何度も看守長にクレームをつけるのですが、埒があかず、諦めざるを得ませんでした。

さて仕事が終わると、次は昼食をとる準備です。正装に着替え、頭には身だしなみとして、流行の「袋カツラ」を着用。後ろ髪を束ね、絹袋に入れて背中に垂らしておくのです。貧相な体格に加え、背中がやや曲がっているので、おかしな格好になりますが、本人は至極真面目で上機嫌なのです。

それから書斎に戻り、待機。一時ちょうどに、昼食の招待客を迎えて食堂へ案内します。テーブルにはすでに料理が並んでいて、いよいよこれから恒例の食卓談話が始まるのです。なにしろカントは何事もきちんと決まった手順に従わなければ気が済まない質《たち》だから、召使のランペや炊事婦らは気が休まりません。しかしカントにとってはこの方がリラックスします。

カントにはヘンな信念があり、「一人で食事をすることは哲学する学者にとっては不健康である」と宣言しています。だから昼食は午後一時から四時、時には六時ころまで、たっぷり時間をかけて食べ、招待客と談じました。

カントという著名な哲学教授との昼食ですから、食卓に招かれるのを望む人は大勢います。常連客もいれば、時には新参者も加わります。とはいえ、食器の数が意識して六人分しかないので、最高でも五人しか招きませんでした。しかし一人か二人の少人数で談笑するのが常でした。

ではなぜカントは毎日、昼食に人を招いていたのでしょうか。それは談話の内容を見れば分かります。国内のみならず、世界中の政治、経済、文化、教育、風俗習慣、民族などを談じ、意見交換をする場だったのです。カントは書物以外からも貪欲に学ぼうと、食卓は実利的な情報収集の場だと考えていました。

そのため基本的に女性を招待していません。当時のヨーロッパには、今日ではとても考えられないほどの男尊女卑の風潮が根付いていて、カントも例外ではなく、女性の存在をたわいのない話の相手としてしか認めていませんでした。

とはいえ、カントは女性との会話は得意で、さまざまな食卓に招かれるのですが、いつも人気を博していました。女性に対し、ちょっとふざけた感じの、しかし決して恥をかかせることのない程度の軽い攻撃を浴びせたり、さりげなく自尊心をくすぐったりして、関心と好感を抱かせるのです。「理性批判」で人間の本質を喝破したカントですが、男女平等という観点ではとても先進的とは言えませんでした。

よく訪れた客には、枢密・行政・刑事・軍事などの顧問官たちや、いろいろな分野の博士や教授たち、銀行頭取、牧師、有力商人などがいます。

談話の進め方には誰もが従わねばならない順序が決められていて、それに従い、食事をしながら進行します。哲学と学術的問題を論じないことを前提に、先ずニュースを含む世間話から始め、これで各自の欲望が満たされて活気が出ると、次に意見の違いを取り上げて、穏やかな雰囲気で各自が論争し、理屈を戦わせます。そして最後にウィットの効いた冗談を言い合って、お開きにするのです。

カントは美食家ではなく、普通の家庭料理を好みました。出される料理ですが、いつも三皿から成ります。最初の皿は米か麦粉、またはうどん入りの牛肉スープです。二皿めは種々のあしらい付きの干した果物、煮た莢豆《さやまめ》類や魚肉類が、交互に変わって出されました。そして第三の皿は焼肉です。バターとチーズ、コーヒーはカントにとって必須のデザートでした。ビールは飲まず、赤ワインを好みました。

食卓での談話についての規則はきっちりと定めていますが、食べるマナーには極めて寛大だったといいます。カント自身、歯が弱ってきたせいなのか、嚙みこなせなかった肉片を皿に戻したり、時にはパンくずがあったりと、当時の社交マナーでは鼻つまみですが、ことカントに限っては、その偉大さと年齢、ウィットに富んだ饒舌さから、皆は気にせず、むしろ好意でもって受け止めていたようです。

四時に客が帰ると、帽子を被ってステッキを手に、必ず散歩に出かけます。決まった道を決まった時刻に歩くのです。それが毎日あまりにも正確なので、付近の住民は自分の時計を合わせたほどです。

夕食はパンとチーズ、コーヒーで簡単にすませ、あとは十時まで自由時間です。書斎にこもり、思索や執筆の仕事に没頭します。夜は囚人の歌も聞こえてこず、物音一つしない静寂さでした。

十時ぴったりに床に入り、毛布を体に巻き付けて眠りにつきます。こうしてカントの二十四時間が終わるのです。前の日も、この日も、そして次の日も、同じ時間が流れます。


カントは自分の服装には注意を払っていました。当時のオーソドックスな枠を守りながら、自分なりの趣味を生かした色彩を取り入れて、流行に乗り遅れまいとしていたようです。

カントの正装について、弟子のヤッハマンが残した記録よると、小さな三角帽と金髪のカツラ、黒ネクタイ、黒・茶・黄三色混合の上等な毛の生地の上衣、それに合わせたチョッキとズボン、短剣が流行していた頃は短剣、後には普通の藤のステッキ、ボタンは金糸または絹糸で紡いだそうです。身なりには結構、金をかけていたのです。

そうした背景には、少しでも見た目の容貌をよくしたいのではと邪推しがちですが、カントには容貌を気にするような意識はありません。ケーニヒスベルク大学教授としての誇りと、情報収集を兼ねた昼食談話や社交界との交わりを重視していたからではないでしょうか。

[金を貯める]

幼少時代から金で苦労してきたカントは、金は人生で大事なものだと考えていました。しかし決してケチというのではありません。

家庭教師から私講師になってからでも生活は苦しく、そんな中でも時折、妹にわずかながらも送金をする傍ら、家の中に二十フリードリッヒ・ドールのお金を蓄えておき、厳重に管理して、万が一の病気への備えをしていました。教授になってからでも、戸建てを買ってからでも、この貯蓄の習慣は続けています。

というのは、自分は病弱だというのを知っていたからです。体も貧相ですし、絶えず便秘に悩まされ、いつ不幸が訪れるかもしれないという恐れから離れられませんでした。

何事も規則規則で融通の利かなそうなカントですが、意外にも利殖にはたけていて、倹約に倹約を重ねる一方で、しっかりと財産を増やしていたのです。資産の一部を商人で友人でもあるグリーンやマザビーに六分の利子で預け、その利子を絶えず元本に繰り入れる仕方で着実に増やしたのでした。現在の金額に換算すれば、亡くなった時の資産は十億円を超えると言われています。

貪欲だから貯め込んだというのではありません。資産がどれだけ増えたかなどには関心がなく、ただひたすら律義に節約し、かつ利殖をしたという、辛抱の継続がその結果を生んだのでした。

カントは生涯独身で通しました。哲学の道に入る契機となったニュートンも独身でしたが、ニュートンの場合は、仕事に忙殺され、恋愛する暇がなかったそうです。カントの場合も同じ理由だと思われます。それに彼の性格もあるでしょう。何事にも冷静・沈着・理性が心の中をくまなく支配し、そのため無意識のうちに女性と距離を置いていたのに違いありません。

ただ真偽のほどは不明ですが、カントは二度ほど真剣に結婚を考えたことがあると言われています。しかし二度とも考え過ぎてしまい、実現していません。結論を出すまでに長い時間がかかり、その間、一人は他の男性と結婚していました。またもう一人の方は、ケーニヒスベルクから離れて遠くへ引っ越していったそうです。

なんだか冗談めいた話ですが、カントならあり得ることだとつい思ってしまいます。彼は即断即決の人ではなく、何事にもじっくりと考えて結論を出す超冷静人間なのです。

友情については、もっともらしくこう述べています。

「友情とは（それが完成した形において見られる限り）、二つの人格が相互に等しい愛と尊敬によって一つに結びつくことである」

しかしその舌の乾かないうちに、「純粋あるいは完璧な友情に到達しうると考えるのは、小説家の十八番《おはこ》である」と断じます。高邁な友情論という理念の一方で、現実にはそれは存在しないのだと、皮肉っぽく浴びせるのです。

カントは心の中では孤独であり、むしろそれを好み、その方が気持ちが落ち着きました。

［異常なほどの体調管理］

カントは自身の健康に異常に気を使いました。病気への恐れは年を経るにつれ、とりわけ六十歳を超えた頃からひどくなっていきます。ヒポコンデリー（健康に異常なほど気を配る病気）にとりつかれ、絶えず系統的に体調管理をしていきました。

その一つにカントには妙な習慣があり、風邪を引かないようにするのに、息は鼻から吸い込むのがよいと考え、それを実行するのです。特に寒い日の散歩のとき、口をあけず、鼻だけから息を吸おうとします。だから路上で誰かがカントに声をかけても、たびたび返事をしない事態が起こりました。

実際、カントは持ち前の研究熱心ぶりを発揮し、ありとあらゆる文献を調べ、医学部のありきたりの教授たちよりも、いろいろな病気のことをはるかに詳しく知っていました。便秘は頭の働きを鈍らすと心配し、研究室の戸棚にいつも下剤を保管して常用していました。

またケーニヒスベルクの警察長官から毎月、最新の死亡統計を入手して、自分の余命を計算するのです。

ここまで来ると、やはりヒポコンデリーかと納得しそうになりますが、果たしてそうなのか。六十を超えたもうこの齢になると、当時の平均寿命の三十歳代前半はおろか、平均余命の四十五歳をはるかに超えて、今日か明日に死んでも不思議ではない年齢です。

しかしカントにとっては、どうしてもまだ死ねないのです。自己の哲学を完成させなければなりません。今はまだその途中であり、この時間との競争に何としても勝たねばと、その思いがいっそう体調管理に走らせるのでした。

このような日常生活を送る中で、六十三歳のとき、八百ページにも及ぶ「純粋理性批判」を書き上げ、そして以後「実践理性批判」（六十四歳）「判断力批判」（六十六歳）と、画期的な論文を発表することになります。

［カント哲学］

カントの時代、西洋哲学には二つの立場がありました。どちらも理論的に欠陥があるのですが、それをカントが統合することに成功したことで、近代哲学の祖と呼ばれています。二つの立場というのは、一つは「理性で考えることは正しい」というのと、もう一つは「経験されないものは存在しない」というものです。

前者の「理性で考えることは正しい」を突き詰めていくと、どんな考えにも関わらず「考えたことは何でも正しい」となってしまいます。一方、後者の「経験されないものは存在しない」という立場を突き詰めると、人が経験できることはほんの一部ですから、「全てはあるとも、ないともいえない」となってしまうのです。

カントは、「人は何を知り得るのか」、「何を望むことが許されるのか」と思索を推し進めました。「純粋理性批判」で、「正しい認識とは何か。どうすればそれを獲得できるのか」をテーマにし、理性を批判することで新しい認識論を提示し、「実践理性批判」では、道徳とは何かという問題に切り込んでいます。「判断力批判」では、人が美的判断をする場合、どのような意識や判断力を用いているのか、そしてそれらは何に起因するのかなどに言及しました。

急に砕けた話に移りますが、カントは虚栄心と自惚れを区別しました。虚栄心は「いくぶん尊敬する」相手からの称賛を求める渇望であり、相手から賞賛されたいと求めます。一方、自惚れはすでに称賛を完全に得てしまっていると思って満足している状態で、したがって称賛を得るための努力を少しもしないので、得ることもないのです。ちなみに虚栄心と名誉欲との違いについて、古代ギリシャの哲学者でアリストテレスの同僚であるテオフラストスは、「虚栄とは卑俗なる名誉欲である」と言っています。

次に嫉妬ですが、カントはこれに関してはほとんど触れていません。そもそも嫉妬というのは、「羨ましい」という思いの発動ですが、これは相手に対する条件があります。

例えば長者番付に載るソフトバンクやユニクロの社長には一般の人は嫉妬を感じません。しかし隣に住む人が一億円の宝くじを当てた場合、「羨ましい」と嫉妬を覚えます。誰かが芥川賞を受賞しても嫉妬しませんが、同人仲間が受賞したら、羨ましく思うのです。遠い人と近しい人との違いです。

ではカントはどうだったのでしょうか。彼には全く嫉妬心が欠如していました。それは道徳心が強かったこともありますが、いかなる他者も「自分に親しい」「自分に近い」というふうな、自分の世界の中に置かなかったからです。友人がいなくても、自分一人でやっていける強い意志力がそうさせたのだと思います。

[晩年]

哲学論争の渦中にいる晩年のカントでしたが、学者人生は順調でした。一七八六年にはケーニヒスベルク大学総長を務め、大学機構のマネジメントで卓越した能力を発揮するとともに、学者としても三つの批判書を含めて次々と論文を発表していきます。小柄で貧相な体のどこにそんなエネルギーが潜んでいるのか、不思議なくらいです。しかし齢を重ねるにつれ、肉体を過度に気にする趣味は、ますます進行していきました。そして孤独感と厭世観が次第に頭をもたげ、次のような言葉を漏らしたと言います。

「人生が重荷になった。もううんざりだよ。もし今晩、死の天使がやってきて、私を連れ去ろうとしたなら、私は『ありがたいことだ』と言うに違いない」

この頃、すでに認知症の兆候が現れ始めていました。日常の時間割は時計のように規則正しく守っているのですが、講義中でも集中度が切れるのです。そのうち体の疲れを自覚して、カントは自らの筆跡で、「高齢と体調不良のため講義なし」と、評議会へ休講を申し入れます。

やがてこの「カント教授欠席」は定例になっていき、同じ言葉の繰り返しや物忘れなどが顕著になってきました。「まだら認知症」の状態です。そして遂に脳に圧迫感を覚えるようになって、その原因を空中に漂う電波のようなものだと結論付けました。この「電気的な力」への言及は、精神分裂病を想起させますが、カントの場合、決して狂気に陥ったのではありません。これまでの彼の人生を縛り付けてきた強固な理性の力、道徳、倫理観、自制心などが、老衰の進行と共に緩み始めたと言うべきでしょう。

いっそうの消化不良や視力減退、目まいなど、周囲の人たちは日々衰えていくカントを見て、憐れみと悲しみのあまり言葉を失いました。鋭い切れ味の弁舌はもう過去のものとなり、偉大な才能が日ごと失われていくのを見るのは、華々しい時期を知っているだけに、耐えられないことです。

カント自身は同じケーニヒスベルクに住む妹に会おうとしませんでした。しかし会うことを拒まれてきた妹は、事情を知ってすぐさま行動します。兄カントのもとへ身を寄せ、何十年ものあいだ続けてくれた金銭の仕送りに感謝しつつ、彼が死ぬまでの二年ほど親身の看病をしました。

一八〇一年十一月、七十七歳のカントは意識が明瞭なとき、重大な決心をしています。生涯で最後となる公式の言明をして、愛すべきケーニヒスベルク大学評議会会員を辞したのでした。当時の大学法では教授に定年はなく、どんなに高齢になっても講義が出来ました。評議員であれば、その特権は自分の意思で退職するか、それとも死亡するまで保証されていたのです。

一八〇三年十月八日、久しぶりに気分がよく、大好物の「イギリス・チーズ」を食べ過ぎてしまいます。そのあと、それが原因なのかは不明ですが、軽い脳卒中を起こしました。

これを機に衰弱は一気に加速し、四ヵ月後の一八〇四年二月十二日、容体が急変。急きょ医師が駆け付けて注射を打つも、誰もが最後の瞬間が迫っているのを知りました。

カントは穏やかな表情で薄目を開け、末期の水がわりに砂糖水で薄めたぶどう酒を口に含んだあと、「Es ist gut（これでよし）」という言葉を残し、八十年の生涯を閉じたのでした。

遺体は大聖堂に埋葬され、墓石にはカントの以下の言葉が刻まれました。

「思いをめぐらし考えを深める毎、いや増して大きく、かつ絶えざる新たな賛嘆と畏敬の念で、我が上なる星辰と我が内なる道徳律」

[名言]

- 科学とは体系化された知識で、知恵とは整理された生活である。
- 高慢な人は常に心の底では卑劣である。
- 法律においては、他人の権利を侵害する時には罰せられる。道徳においては、侵害しようと考えるだけで罪である。

・モラルある政治家は、国にとってなにが最善かをモラルを踏まえて考える。モラルを説く政治家は、自分の政治のためにモラルを利用しようとする。
・理論のない経験は盲目である。しかし、経験のない理論は単なる知的ゲームに過ぎない。
・善行は義務です。
・内容のない思考は空虚であり、概念のない直観は盲目である。

[カントと現代]

人間というのは意思の弱い生き物です。いついつからこういうことを実行しようと綿密な計画表を作っても、せいぜい実行するのは一日くらい。二日目からはすっかり放り投げてしまいます。小学校や中学校時代の学習計画表がそうでした。

嫉妬は醜いと分かりながら、近しい人が得をしたのを知ると、口にはしなくても心中では羨ましくなります。あまつさえ、その相手が不幸になればいいと願うことさえあります。嘘は悪いと知りながら、数えきれないほどの嘘をついて、これまでの人生を乗り切ってきました。人には言えない悪いことも、どれほどしてきたことか。

それなのに、行った善行は数えるほどしかありません。人により、多い少ないの違いはあるでしょうが、恥ずかしながら、これが私たちの実態なのです。

ところがその例外人物がいました。カントです。いろいろなことを口で言うだけでなく、自分自身がそれらを日々、信じられないほどの意志力で、真面目に、着実に実行したのです。理性的で純粋、謹厳実直、簡素な生活。自分を律するのに厳しく、感情や情緒をしっかりコントロールする自制の力があり、道徳的な義務に忠実でした。そして立てた一日の行動スケジュールを確実に実行しました。

こんな生活を私たちがすれば、プレッシャーに圧倒されて、一日か二日で気がおかしくなってしまいます。しかし驚くべきことに、カントは何の違和感も葛藤もなしに、普通のことのようにやすやすと実行しました。同じ人間でも、こういう人物がいたのだということは、たとえ遠い存在だったとしても、問題まみれの私たち現代人にとって、何か励ましに似た救いを与えてくれます。

低身長で顔にあばたがあり、頭がばかでかく、背筋がやや曲がった貧相な体格なのに、おしゃれときています。しかも舌はなめらかで社交的。その博識とウィットの効いた饒舌で、人々を魅了しました。大学での講義だけでなく、著名人や政治家、高貴の人たちが、こぞってカントを自宅に招きたがるほどの人気者なのです。

人の価値は容姿だけで決まるものではないことを、カントは身をもって示してくれています。「人は見た目が九割」ではないことを教えてくれました。

そんなカントは、貧乏な家に生まれた上に、早くに両親に死に別れ、苦学するのです。その一方でコツコツと貯蓄をし、妹たちに仕送りしながら、できた資金を利殖に回して、死ぬ時までに現在価値で十億円を超える財産を築きます。

それは金銭への執着からではなく、貧乏時代に身に付いた倹約の精神をただ実行し続けた結果だったのです。得てして私たちは、「儲けてやろう」と一攫千金を夢見がちですが、そんな卑しい根性に鋭い警鐘を鳴らしてくれているのではないでしょうか。

ところでカントの出世の話ですが、哲学理論の難しさはさて置き、彼の生き方は私たちに勇気を与えてくれます。出世があまりにも遅すぎるのです。三十一歳で私講師の地位を得てから四十六歳で教授になるのですが、それまで十五年間もじっと待ち続けました。決してあきらめないこの性格。

四十六歳といえば、当時の寿命からすると、もうポンコツと言ってもよく、いつ死んでも、というより、もう死んでいてもおかしくない年齢です。まさにカントは辛抱の人、ひたすら耐える人でした。

それからさらに十七年も経った六十三歳のとき、歴史的な名著「純粋理性批判」を著し、「実践理性批判」（六十四歳）、「判断力批判」（六十六歳）と、次々に　大仕事をしていきます。

翻って今の日本では、平均寿命は上がって、人生百歳時代と叫ばれるようになり、会社生活でも七十歳定年が間近に迫っています。そう見れば、カントと比較するのはおこがましいですが、何事かを成し遂げるのに、遅すぎるということはありません。

七十歳まで十分に時間があります。四、五十代で悲観したり、あきらめたり、くよくよすることはないのです。七十歳の人も同様。何かを成し遂げるのに、百歳まで三十年もあります。これからです。そんなことをカントの生き方は暗に教えてくれているのではないでしょうか。

第六章　ベートーヴェン（一七七〇～一八二七）

五十七歳没

一七七〇年十二月十六日、ルートヴィヒ・ヴァン・ベートーヴェンは、選帝侯マクシミリアン・フリートリヒ（神聖ローマ皇帝の選挙権を有するドイツの有力諸侯）の宮廷音楽家ヨーハンを父とし、母マリア・マグダレーナとの第二子として、ライン河畔ボンの貧しい家に生まれました。その後、ウィーンに移り住んで波乱に満ちた生涯を送ります。

慢性の腹痛、肝臓病、耳鳴り、さらには音楽家にとって最も重要な聴力の減退と難聴、そして遂にはそれの進行により耳が聞こえなくなる聾《ろう》と、まさに致命的な病を患うのです。

そうした襲いくる運命の黒雲と先の見えない絶望を相手に日夜闘いながら、大作曲家、そしてピアニストとして、交響曲第三番「英雄」、第五番「運命」、第六番「田園」、第九番「合唱」、ピアノソナタ第八番「悲愴」など、数々の名曲をつくりました。

運命を呪い、運命にあがき、運命に打ちのめされ、何度、命を断とうとしたことか。しかしその度、芸術のために生きるのだという心の深奥からの激励を支えに、辛うじて思いとどまり、後世の人類に音楽の至宝を残した悲劇の天才でした。

［ボンでの音楽修行］

両親は五人の男児と二人の女児を生みましたが、無事に成人したのはベートーヴェンと弟のカール、ヨハンの三人だけでした。

ベートーヴェンが三歳になったばかりのとき、宮廷楽長だった祖父が突然脳卒中で死去。これを境に父ヨーハンの生活が荒れ始めます。しだいに深酒に溺れるようになり、稼ぎはほとんど酒代に使われるようになったのです。

そんなある日、ヨーハンは息子のベートーヴェンに音楽の才能があるのに気づきます。四歳になると、日に何時間もピアノやバイオリンを弾かせました。嫌がって泣く子供を一室に閉じ込め、時には暴力をふるってでも練習させます。あわよくば息子をモーツァルト（一七五六〜一七九一）のように神童に仕立てて、売り込もうと考えたのです。酒代稼ぎのためには四の五の言っておられませんでした。

やがて息子の音楽的才能が周囲の人々に知られるようになります。ベートーヴェンは十歳の一七八〇年、教会の早朝ミサでオルガン奏者を務め、十二歳では師ネーフェの代理として貴人の葬儀でオルガン演奏をしています。その二年後の十四歳で、俸給をもらえる正式な宮廷楽師である第二オルガニストに任命されました。

ところで彼の学校生活はどうだったのかというと、実は散々です。人並みに初級学校へ入学するものの、勉強は苦手でした。怠け者で通っていて、音楽に専念するために、上の学校ギムナジウムへは進んでいません。

[幸運なネーフェとの出会い]

ベートーヴェンは一〇歳のとき、侯邸付音楽師ネーフェ（一七四八〜一七九八）に出会いますが、このことは以後、作曲家としてのキャリアを形成していく上で実に幸運な第一歩となりました。ネーフェはベートーヴェンを一目見て、彼の作曲に対する天賦の才能を見抜き、基礎から徹底的に鍛えようと決心します。

オルガンやチェンバロなどの楽器演奏を教えるだけでなく、大バッハ（ヨハン・ゼバスティアン・バッハ、作曲家・オルガン奏者、一六八五〜一七五〇）の「平均律クラヴィーア曲集」を教材として与え、しつこいほど繰り返し練習させて基本をたたき込みました。

こうしてベートーヴェンは作曲家としての正道を歩み始めたのです。後年、大作曲家として成功してからも、新しい表現法で壁に突き当たった時にはバッハに戻り、繰り返し研究しています。この姿勢の源はここにさかのぼると言っていいでしょう。

ネーフェは様々な任務を抱えていたのでボンを留守にすることが多く、その間の宗教儀式などの代役を少年ベートーヴェンにやらせました。それ以外にも彼に「オーケストラ付チェンバロ奏者」の任に就かせています。これは実に責任の重いポジションで、通奏低音付のスコアで、即興的に和声をつけてチェンバロを弾きながら、オーケストラを指揮するのです。

後年になってベートーヴェンは、入り組んだ複雑なスコアを初見で見事に演奏して驚かせるのですが、その卓越した能力はこの頃に培われたものと思われます。

ネーフェはベートーヴェンに教えるだけでなく、積極的に彼の売り込みもしていました。ベートーヴェンの初めての作曲を資金援助して出版させたり、翌年には音楽雑誌にルポルタージュを寄稿して、ベートーヴェンは第二のモーツァルトになるだろうと紹介しています。

後にベートーヴェンは二十二歳のとき、ボンの派遣留学生としてウィーンへ留学するのですが、ネーフェの尽力が大きかったようです。ネーフェに出会っていなければ、大作曲家ベートーヴェンは存在しなかったと言えるでしょう。

[恵まれた交友関係]

少年期のベートーヴェンは健康そのもので、酒浸りの父に頭を悩ませながらも、未来への希望を胸に厳しい音楽修行に耐える一方、生涯の友となるヴェーゲラーやブロイニング家と交際するなど、交友関係には恵まれていました。

ボン大学医学部教授から学長になったヴェーゲラーは、医学生時代、自身が親しく出入りしていたブロイニング家に、五歳年少だった友人のベートーヴェンを紹介しています。そこは未亡人のブロイニング夫人と、ベートーヴェンと同じ年頃の長女、その下に男児三人がいて、彼らの友人たちも含めた若者の楽しい溜まり場になっていました。ベートーヴェンがそこを気に入り、団欒の仲間に入るのに時間はかかりませんでした。

ブロイニング夫人もベートーヴェンを息子のように可愛がり、下の男児二人にピアノを教えるように頼んでいます。また食事のマナーや服装などについても、あまりにも無頓着だった彼に、その都度率直に注意して、彼の方も「夫人のお小言《こごと》」（後年のベートーヴェンの回想言葉）とユーモラスに受け止め、素直に従ったといいます。

ベートーヴェンがこの溜まり場に惹きつけられたもう一つの理由に、本棚に並べられた多くの書物がありました。由緒あるフリーメーソン系騎士の一門という家柄だけに、図書室には古典はいうに及ばず、現代的なカント、ヘルダー、ゲーテ、シラーなどの哲学書、小説、詩などがびっしり揃えられていて、圧倒されました。

初級学校時代は勉強は嫌いで無縁でしたが、まるで人が変わったように片っ端から読み漁り、そこで得た知識がさらに次の知識欲へとつながって、読書に埋没するのです。数年前に刊行されたカントの純粋理性批判やゲーテの詩、小説など、どれもが彼の若い魂を震わせ、深い感動を伴って思索の森を逍遥し、情操の海を泳ぐのでした。

満足な学校教育を受けなかったベートーヴェンなのに、後年、その思想の壮大さ、知識の広さ、教養の豊かさで人々を驚かせますが、それはブロイニング家の図書室があったからこそなのです。

【一家の大黒柱を余儀なくさせられる】

十七歳のとき、四十歳になる母のマリア・マグダレーナが肺結核で亡くなりました。彼女は親切、謙虚で、辛抱強い人だったようです。飲んだくれでほとんど給料を入れない夫を立ち直らせようと努力する一方、パン代にもこと欠く貧しさの中で七人の子を出産し、生き残った三人の男児を育てていました。

そんな母の苦労をベートーヴェンはよく知っていて、十歳くらいからピアノの出稽古というアルバイトで小銭を稼ぎ、母に渡しています。

マリアの死は、ベートーヴェンに立ち直れないほどの心的打撃を与えましたが、それ以上に衝撃をうけたのは彼女の夫であり、自分の父であるヨーハンです。ヨーハンのアルコール中毒に拍車がかかり、鬱病も併発して、給料をまったく家に入れなくなりました。

家には育ち盛りの弟二人と一歳余りの妹がいます。彼らを食べさせなければならず、十九歳を目前にしたベートーヴェンの肩に、一家の主としての責任がずっしりのしかかってきました。しかしその妹は母の後を追うようにマリアの死から四ヵ月後に亡くなっています。

困り果てたベートーヴェンは宮廷に事情を話し、強引に父ヨーハンを引退させて、以後は自分が家長の役を引き受けることを願い出ました。父の年金の半分が直接自分に支払われるようにしたのです。

今やベートーヴェンは一家の大黒柱として、日々のパンを得なければなりません。宮廷楽師を務めるかたわら、副収入を得るためにあちこち掛け持ちで貴族の子弟へのレッスンに励み、懸命に働くのでした。二人の弟を教育する責務をしっかりと背負い、社会的・経済的責任を負いながら、その一方で、自身も将来の作曲家を目指して、精進の道を怒涛の勢いで邁進していきます。それは二十歳代後半に発症した聴力の弱体化以後も続くのです。

そんな中、ヴェーゲラーやブロイニング家の人たちとの友情は消えることはなく、彼らは難聴のために時として落ち込み、自殺まで考えるベートーヴェンを励まし、支えるのでした。

［モーツァルトを訪ねる］

母マリアが亡くなる直前の一七八七年（十七歳）の春、ベートーヴェンは尊敬するモーツアルトを訪ねてウィーンへ行っています。旅費はネーフェの尽力で宮廷が負担してくれました。あわよくばモーツアルトに認めてもらって弟子になりたかったのかもしれません。

二週間ほど滞在していたある日のことです。大小の絵画で飾られた、彫刻の置かれた豪華な部屋で待っていると、小柄なモーツァルトが現れ、挨拶もそこそこにピアノを演奏するよう求めました。待ちに待ったその時が来たのです。

ベートーヴェンは前方をにらんで瞬時沈黙したあと、すっと指を動かし、張り詰めた空気を切り裂くかのように、力強く輝かしいメロディーを奏でます。大音楽家を前にし、失敗は許されないという極度の緊張が正気を狂わせそうになる中、このチャンスを与えてくれた歓喜を意識的に胸にあふれさせながら、一曲を弾きました。

そして終わった時のことでした。モーツァルトはこの曲をあらかじめ準備してきた模範作品とみなしたのか、一応、褒めはしたのですが、やや冷ややかな口調です。敏感にそれを察知したベートーヴェンは、咄嗟に即興演奏のテーマを与えてくれるように頼み、感情豊かで堂々とした見事な演奏で応えます。

その間、モーツァルトは二重の大きな目を見開き、やや腰を曲げ、端正な顔を演奏者に近づけて、関心の高さを隠そうとしません。そして途中、何を思ったのか、ふっと隣室へ移動して、そこにいた友人たちのもとに近づき、「彼に注目したまえ。いつの日にか彼は、語るに足るものを世界に与えるだろう」と言ったのでした。おそらく本能的に自分の演奏流儀にはない異質なものを見出し、音楽の新しい将来の可能性を感知したのでしょう。

ところがベートーヴェンはそんな誉め言葉があったのを知らないうちに急遽、ボンへ帰ることになるのです。母危篤との知らせで家に呼び戻されたのでした。母マリアの存命には間に合いましたが、彼女は大変な痛みと苦しみに耐えたあと、一ヵ月半ほどで他界しました。

ベートーヴェンが憧れの巨匠モーツァルトに会ったのはこれが最初にして最後となりました。それから四年後にモーツァルトは連鎖球菌性咽頭炎による合併症のため、三十五歳で天国へ旅立っています。ベートーヴェンは彼に終生、変わらぬ敬愛の念を持ち続けたといいます。

[希望あふれる最後のボン時代]

この頃のベートーヴェンは健康そのもので、病気を知りません。生きることの希望に満ちた毎日でした。一家を維持するのは大変なことですが、そんな所帯じみたしんどさを吹き飛ばすほどの若さの特権を謳歌していました。ピアノ演奏や作曲の勉強、数々の恋など、忙しければ忙しいほど張り合いが出ます。

作曲ではピアノ曲や歌曲以外に二曲のカンタータを書き上げています。この二曲により、オーケストラ仲間からの信頼を得ただけでなく、ベートーヴェン自身も音楽家としてやっていく上での自信を得ることが出来ました。

一方プライベートでは、数々の恋をしたといっても、どれもまだ好意に近い恋愛感情であり、結果として皆から振られるのですが、それほど気にしていません。むしろそんな女性交友を楽しんでいるふうで、すぐに次の女性にアプローチしています。ほとんどの相手は音楽を愛する美しい貴族の娘でした。しかし身分が違いすぎて、ある線まで行っても、結局は逃げられてしまいます。

少年期から青年期にかけてのベートーヴェンは、ここボンで多くのすぐれた人たちに接触して、以後の知的生活のバックボーンを形作りました。音楽関係者や貴族たちと日常的に会うだけでなく、夜になるとよく居酒屋やサロンへ通い、進歩的な大学教授を始め、階級・地位・年齢に関係なく集まってくる知的な人たちと、世相や哲学、人生などを議論するのを好んだといいます。

そんな中でいつも話題にのぼるのはカントの哲学です。彼の道徳的・倫理的な生き方は、まだ頭の柔らかい青年期のベートーヴェンに強い影響を及ぼしました。

後世の歴史家や伝記作家の中には、ベートーヴェンが次々と異なる女性を好きになることから、軽薄で無責任な男と蔑む人がいます。しかしこれは正しくありません。ベートーヴェンは何をする時でも、徳、倫理、善を心の中の柱に据えていて、恥ずべきことは一切していないと生涯、語っています。

［ハイドンへ弟子入り］

一七九二年七月、ハイドン（一七三二〜一八〇九、七十七歳没）が一年半に及んだロンドン滞在からウィーンへ帰る途中、ボンに立ち寄り、選帝侯の邸を表敬訪問しました。これはベートーヴェンの音楽人生にとって、まさに天の恵みだったといえます。

ハイドンは先にロンドンへ行く時にも邸を訪れていて、ネーフェからベートーヴェンのカンタータを見せられて感銘を受け、高く評価していました。そして今回の訪問で、ベートーヴェンを弟子にしてもらえないかという選帝侯の頼みに応えたのです。ウィーン留学については、ベートーヴェンはもとより、ネーフェや友人のヴァルトシュタインなど、彼を支える人たち皆が切望していたところです。

こうしてベートーヴェンは宮廷の給費留学生として、期待を一身に背負い、ウィーンで研鑽を積むことになりました。勉強が終わったらボンへ戻り、音楽界の指導者になるという構想があって、ベートーヴェンもそれを望んでいました。しかし物事は思い通りにはいかないものです。これは実現しなかったし、彼がボンを再び見ることも、あれほど望んでいた生誕の地と両親の墓地を訪れることもありませんでした。

ところで、当時のウィーンの状況ですが、ハプスブルク家が直轄し、ロンドン、パリに続く人口三十万人の政治・

外交の拠点たる国際都市でした。外国の役人や武官、それに辺境の大貴族たちがひしめき合い、その一方では文化の街を形成し、音楽の都でもあったのです。

しかし世相でみると、ちょうど三年前、一七八九年のバスティーユ襲撃を契機として起こったフランス革命後、ボンを含めたヨーロッパ諸国は、次々と戦乱に巻き込まれていきました。ボンもあと三、四ヵ月後にはその運命にあり、そんなぎりぎりの切羽詰まった時期にベートーヴェンのウィーン留学が決まったのでした。ハイドンのボン立ち寄りがもう少し遅れていたら、ベートーヴェンの運命は大きく変わっていたことでしょう。

さて、ベートーヴェンが駅馬車でウィーンへ出発したのは、一七九二年十一月の寒風が吹く早朝でした。その時すでにフランス軍が国境を越えてドイツ領内に進攻していて、戦闘が始まっていました。危険を承知の上で出発したのですが、途中でフランス軍を迎え撃つために移動中の味方のヘッセン軍に、運悪く遭遇してしまいます。兵士たちは皆、殺気立っていて、何をしでかすか分からず、銃で撃たれはしなくても、こん棒で殴り倒されるかもしれません。或いは荷物を略奪される可能性もあります。ベートーヴェンは狼狽し、焦りました。

御者は鬼のような形相で馬に鞭を当て、その真っただ中を死に物狂いで疾走しました。そしてひたすらライン川沿いを南下し続け、コブレンツ近くで母の出身地エーレンブライトシュタインへと渡河し、一週間余りで無事、ウィーンに着きました。後でベートーヴェンは金銭出納帳用の備忘手帳に、頑張った御者に飲み代としてチップ一ターラーを支出したと記入しています。

ウィーン到着からひと月半ほどして、父のヨーハンが心不全で亡くなったのを知りましたが、ボンへは戻りませんでした。

[頭角を現す]

五年ぶりに見るウィーンは革命や戦争とは無縁の別世界でした。前の時から何ら変わっていません。貴族たちは夜ともなれば舞踏会や夜会で忙しく、音楽も盛んで、街は栄華・享楽の雰囲気に満ちていました。音楽は哲学や文学と並ぶ教養の一つなのです。この環境はこれから作曲修行を目指すベートーヴェンにとって、真に幸運な贈り物でした。

ウィーン到着後、まっ先に取りかかったのが住居探しです。先ずはアルザー街にある建物の屋根裏部屋に落ち着きますが、その後しばらくして、同じ建物の一階にあるリヒノフスキー侯爵夫妻の自宅へ引っ越しています。

リヒノフスキー侯は著名な弦楽器奏者を抱えていて、毎週邸内でサロン演奏会を開くほどの音楽好きでした。時には著名な音楽家や愛好家、文化人を招き、ここが音楽情報の重要な発信地ともなっていたのです。

ベートーヴェンは入居するやここで直ぐにピアノ演奏の機会を得ます。そして、その力強く輝かしく生き生きとした独創的な演奏表現と抒情性の豊さは、人々を驚嘆させるのに十分でした。たちまち彼の名が知れ渡ります。その場で主題を与えられて即興演奏をするのが得意でした。

貴族が頻繁に催す園遊会や夜会には音楽が欠かせません。ベートーヴェンはこれらの貴族たちからも声がかかり、そのたびに聴衆に感動を与え、それがさらに活躍の場を広げていきます。人々は亡くなったばかりのモーツァルトの代わりを若きベートーヴェンに求めたのです。こうして資金的にベートーヴェンを支えるパトロンの輪が波のように広がっていくのですが、そうなった根底には、ハイドンの尽力によるところが大きかったことは否めません。

しかしサロンなどでピアノの名演奏家として成功はしても、目標はあくまで作曲家として大成することです。片時もそれを忘れたことはありません。多忙の中でも時間をつくり、作曲の勉強に熱心に取り組みました。

ウィーンへ来てアルザー街の屋根裏部屋に落ち着くと、間を置かずハイドンを訪ねて弟子入りを果たし、その日から一年あまりのあいだ教えを乞うています。厳格対位法を学ぶのですが、そのやり方は課題を出してもらって曲を展開し、それをハイドンが見て誤りを正すという基礎的な教育でした。

数年間というもの、作曲技法に対する学習意欲には並々ならぬものがありました。ハイドン、シェンク、アルブレヒツベルガー以外にも、フェリスターから弦楽四重奏曲の作曲技法を、シュパンツィヒからバイオリン奏法を学んでいます。

またイタリアオペラを得意とするウィーン楽友協会指導者で宮廷楽長のサリエリには、一八〇二年までの九年間も師事し、イタリア・オペラや声楽を教えてもらいました。当時、大作曲家といわれるためにはオペラで成功しなければなりませんでした。

ベートーヴェンといえば、すでに社交界でスターの座を手に入れた、誰もが認める大音楽家です。有力なパトロンがつき、自らもピアノの弟子を抱えていたそんな高名な音楽家が、その陰で専門の大家たちから、頭を低くしてコツコツと音楽理論や基礎的な作曲技法を学んでいたのですから、その涙ぐましい努力には頭が下がります。作曲に役立つものは貪欲に吸収しました。作曲家を目指す意気込みの前では自尊心やプライドなどどうでもよく、ひたすら目的に向かって進むのです。

［ボン陥落］

勢いに乗ったベートーヴェンは次々にピアノ作品を発表していきます。出版した楽譜も順調に売れ、貴族子弟の家庭教師の口も引く手あまたで、経済的には多少のゆとりが出てきました。

そのころ故郷のボンは戦争のさなかでした。フランス軍がライン河畔へますます頻繁に攻めてくるようになり、防戦一方の選帝侯は苦境に陥ります。財政的にも苦しく、これまでベートーヴェンに支給されていた留学費用は、ウィーンへ来て一年半も経たないうちに中止されました。

さらにそれから半年あまり後に最悪の事態が起こります。選帝侯がボンからの脱出を余儀なくされ、遂にベートーヴェンの故郷はフランス軍に占領されてしまったのです。ボンの宮廷はあっけなく消滅し、ボンを学問と芸術の中心地にしようとした選帝侯の夢がついえたのでした。選帝侯が再びこの地に戻ることはありませんでした。

故郷の喪失はベートーヴェンにとって悲しい出来事ですが、これによりいずれ宮廷音楽家で戻る構想も消えたことになり、それはある意味、気持ちが固まる効果をもたらしました。今ならウィーンという大都会で自分の未来を自力で切り開いていけるのではないか。そんな自信のようなものを確かな感覚で得ていることに気づいたのです。

その自信の内容はまだ具体的な絵にはなっていませんが、これまでのような宮廷に付属した、やや一段低い封建的身分の音楽家ではなく、直接、聴衆と結びついた新たな関係構築を模索していく方向に向かうのです。漠然とした意識の中で、音楽界の革命を目指した別の人生への歩み、と言っていいかもしれません。

ボン陥落を受け、ベートーヴェンは迷うことなく二人の弟をウィーンへ呼び寄せました。なにがしかの経済的援助を与えるだけでなく、次弟のカールには貴族の子弟たちを紹介し、ピアノ教師として生計を立てさせ、また末弟のヨハンには薬剤師の知識を生かす形で薬局へ就職させています。あふれんばかりの家族愛と、一家の大黒柱という父親的な責任感がそうさせたのでした。

カールは兄ベートーヴェンの秘書的な役割を一時、果たすのですが、後に政府の下級役人になり、ヨハンの方はリンツで薬局経営者となって、そこそこに豊かな生涯を終えています。

［順風満帆］

ベートーヴェンがウィーンへ来てめざましい成功をおさめたといっても、それには限界がありました。活動の場が貴族のサロンという半ば私的な範囲に限られていて、公共の場でのデビューがなかったからです。名実ともに大家と呼ばれるには、公共の劇場で演奏して好評を得なければなりません。これは願ったからといって実現できるものではなく、なかなか困難なことです。

しかしそのまたとない機会がベートーヴェンにやってきました。幸運にも師サリエリの計らいで公共のブルク劇場での慈善演奏会への出演が実現したのです。

失敗は許されません。この公開演奏デビューを成功させ、それを活路として新たな未来を開いていこうと、全身全霊で臨みました。初日は自作の「ピアノ協奏曲第二番」を弾き、二日目には即興演奏を行って万雷の拍手を受けています。

また三日目にはモーツァルトの未亡人が企画した演奏会に共演し、オペラの幕間でモーツァルトへの敬意をこめて、彼が作曲したピアノ協奏曲を演奏しました。聴衆は愛すべきモーツァルトを慕う若き音楽家を目の当たりにして、親近感あふれる好意を抱くとともに、その比類のない才能に熱狂したといいます。演奏会は大成功でした。

二十六歳の一七九六年に家主のリヒノウスキー侯に誘われて、約半年にも及ぶ生涯で唯一の大演奏旅行に出ました。成功裏に終えてウィーンに帰着してからも、その勢いで精力的に活動しています。ピアノソナタやバイオリンソナタ、弦楽三重奏曲、弦楽四重奏曲などの作曲は言うに及ばず、演奏、出版など、頑健な体力と内面からあふれ出て躍動する想像力を駆使し、音楽活動にひた走るのです。

［活発な女性関係］

青年期におけるベートーヴェンの順風満帆で幸福な生活は、女性関係にも現れています。歌曲の作曲に励んでいたころ、多くの女性歌手と次から次へと交際していました。ボンのソプラノ宮廷歌手だったマグダレーナ・ヴィルマ、十九歳のソプラノ美人歌手でマンドリン奏者でもあるクラリー伯爵令嬢ヨゼフィーネ、ソプラノ歌手クリスティーネ・ゲルハルディらをはじめ、多くの女性の名が浮かびます。

ところが、そのほとんどの人がベートーヴェンと別れ、他の男性と結婚しました。後世の伝記作家たちはそれをもって、ベートーヴェンの愛が相手から冷たく拒絶されたのだと言い、彼の異性に対する移り気、道徳的なだらしなさを指摘しています。

しかし果たしてそうでしょうか。彼はそんなに浮気性で不道徳だったのでしょうか。答えは否と断言できます。彼は哲学者カントの倫理的・道徳的な生き方に深く共鳴していて、自らの欲望の発動を制御する強い意思力をもち、良心に照らして行動する人物でした。

その証拠に前述の三人が結婚したあとも、舞台で仲良く共演したり、夫妻と肩を抱くようにして再会を喜び合ったりと、これまでと同様に仲良く交際を続けているのです。もし友情を超えた異性愛が絡んでいたなら、そんなふうにはいかないでしょう。

ではなぜいつもベートーヴェンが恋をして振られたと、世間から悪しざまに言われるのでしょうか。実はそれには仕方のない面もあるのです。彼女たちは皆、音楽について一家言を持ち、劇場や社交界で尊敬を得て活躍していました。ベートーヴェンにとって、音楽を愛する者は誰もが同志であり、対等だという意識が強くあります。だから異性であっても、同志的な友人と思うところがあって、対等に付き合うのです。

ところが当時の社会習慣として、男性が若い女性と親しくするのは、恋人ないし求婚者の場合に限ります。そうでないなら、距離を保って恭しい態度で接しなければいけません。一対一で会ったり、手紙をやりとりするなど、誤解するなと言う方が無理です。そんな目からすれば、ベートーヴェンの振る舞いはまったく破天荒で、恋の相手を次々と変える気まぐれ男と見られました。

しかし当のベートーヴェンは、そんなことをまったく気にしないから厄介です。知らないからそうするのではなく、知った上で次々と異性と付き合いました。

良心に照らした克己的・倫理的な自分なりの生き方を貫こうとするベートーヴェンの強い意思が現れています。今日の社会では男女が自由に語らい、対等に交友するのは変哲もない普通のことですが、当時は異端的で、ベートーヴェンの意識は二百年、早過ぎたと言えるでしょう。

さて気力・体力が充実し、順風満帆の絶頂を謳歌していた青年ベートーヴェンの運命ですが、突如、変転します。悪意に満ちた災いの黒雲が猛スピードで近づいて来るのです。

[襲い来る難聴]

もともとベートーヴェンは腹部に持病がありました。ボンを出る前から不快感があったのですが、ウィーンへ来てから下痢気味になり、それが年々、悪くなっていく一方です。

しかし、若さがもつエネルギーと音楽への情熱が体調不良を忘れさせ、演奏に作曲にと没頭して張りのある忙しい毎日を送っていました。そんな二十七歳の或る日、耳の異変に気づきます。どうも人の声が聞きづらくなっていることに気がついたのです。

音楽家にとって、聴力が衰えるというのは致命的な打撃です。まさかという思いと、そうであってほしくないという願いを胸に、何度か確かめるのですが、そのたびに高音が明瞭に聞き取れないことを思い知らされました。人の声も、ピアノもバイオリンもチェロも、その部分の音域だけが極端に弱いのです。

ベートーヴェンは愕然として、原因が分からないだけに不安が募り、前途が真っ暗になります。あらゆる希望が一気に吹き飛んで絶望の淵に沈みました。しかし賢明なことに素早く防衛本能が働いて、肉体の欠陥を人から隠すことを決心するのです。作曲家として大成したいという熱望をまだまだ失っていませんでした。

その日から人との折衝には細心の注意を払いました。劇場では役者がしゃべる言葉を理解するため、奏楽席にぴったりと寄り添わなければなりません。まかり間違っても、耳に手を当てるような動作をするのは禁物です。人との会話は、たとえ単語の全体が聞こえなくても、勘を働かせて意味を理解するように努めました。

仕事には表向き大きな支障はないものの、職業がら難聴というのは何と恐ろしく、憂鬱なことか。どうして神が、あろうことか音楽を使命とする自分を狙い撃ちにして、呪われた運命の鉄槌を下したのかと、創造主を恨みました。

このまま自分は人生に負けてしまうのだろうか。いやいや、そうではない、負け犬にはならないぞと、反射的に反論し、自問自答します。自分にはそれに打ち克つ勇気があるはずだ。体のすべての弱点にもかかわらず、しかもなお我が精神は君臨し、明るい未来をこの手にすることができるはずだと言い聞かせるのでした。

しかし、そんな奮起の励ましをあざ笑うかのように、病気は時とともにますます悪化する一方で、止まりそうにありません。ベートーヴェンはそれでもくじけず、何とか治したいと、友人も含めて、信頼できそうな何人かの医師に診てもらいます。が適切な処方が見つからず、時間を浪費するだけでした。ただ、ほぼ皆に共通していたのは難聴の原因が恐らく下痢からくるのではないかという見立てです。

ベートーヴェンは無力感にさいなまれました。不治としか思えない病のことが心を重くし、終始、頭から離れません。作曲に没頭している時でさえ、ふっと頭をもたげてきます。一年が過ぎ、二年が過ぎ、三年が過ぎるにつれ、下痢はますますひどくなり、耳の方もどんどん聴く力を失っていきました。

ところが驚くべきことに、ベートーヴェンは渾身の力で失意のどん底から這い上がり、そんな逆境に敢然と立ち向かうのです。もちろん難聴を隠しながらですが、多くの演奏会に出演してピアノ演奏をこなし、数々の作曲をし、楽譜出版にも精を出しました。深い悲観と、治癒を願うかすかな前途への楽観を交錯させながら、ともかく前へ前へと生き抜いていきます。

その感情の交錯は目まぐるしく、日々、というより時間単位で揺れ動く不安定さで、実際、舞台に出演中でもそれは起こりました。しかしそんなときコツを心得ていて、むりやり悲観よりも楽観の方に自分を引っ張り上げます。そして、たとえ一筋の光でも見出したいと、藁にも縋る思いで医者のもとへ通って治療を受け続けるのです。

常習的な下痢を治すために強壮剤を毎日一本飲むほか、耳に扁桃油を塗って木綿の綿を詰めたり、耳用の丸薬を飲んだり、冷水浴をしたりと、いろいろ試すのですが、まったく効果がありません。

そのうち耳の奥が昼夜をわかたず、ざわざわとざわめき出しました。楽器の音も歌う声も、少し遠く離れると、高いものはまったく聞こえません。相手が小声で話す時など殆ど聞こえず、そんなことがたびたびあります。音そのものは確かに聞こえるのですが、言葉としては聞こえないのです。それなのに誰かが大声を張り上げると、耳の奥がガーンと鳴り、耐えられなくなるのでした。

新たな治療として両腕に樹皮でできた発泡剤を塗ったり、薬草を腹に当てたり、微妙な温度の微温湯浴などをしました。このように超多忙の中でわずかでも時間を作り出し、弱っていく体に希望を見出そうと、本心ではそれが裏切られるだろうことを知りながら、それでも懸命の努力を続けるのです。

他人に秘密を知られないようにするため、人前にはできるだけ出ないように心がけました。人を避け、人間嫌いだと見られるようにしなければなりません。幸いその効果は徐々に現れ、人々は自分を人付き合いの悪い、傲慢で無礼でぶっきらぼうなヤツだとみなし、目的がかなえられます。自分でもたまげるほどうまくだませるのです。

が同時にそれはベートーヴェンにとって、悲しく寂しいことでもありました。本心ではもっと社交界に出て大勢の人と交わり、作曲のインスピレーションに不可欠な多くのヒントを得たいと、どれほど願望していることか。人並みに恋人をもち、幸せな結婚をして心の安息を求める気持ちは誰にも劣らないと、心の中で痛いほど叫び続けているのです。それなのに、若くしてそれらの希望を放棄するのに耐えねばなりませんでした。

ますます悪化する下痢症状のために、栄養素を十分消化、吸収できず、体力は日に日に弱まっていきました。そして肝心の難聴は留まるところを知らず、耳の奥が昼も夜もブンブン鳴りどおしで、時々、疼痛さえ起こります。早晩、最悪の聾に至るのではないかと、そんな確信に近い危惧さえ抱くのです。

その一方で、まだよくなる可能性もあるかもしれない、いや、そうしたいという一抹の希望にすがりつき、彼の理性と感情はまるで荒波に浮かぶ木の葉のように激しく翻弄されました。いっそのこと、死んで消えてしまえば何もかも解決するのにと、ふとそんな不遜な思いに誘われることは一度や二度ではありません。その方法について真剣に考えることもありました。

しかし、この土壇場に落ち込むたびに、ベートーヴェンは不屈の精神力を発揮して、負けてなるものかと死の誘惑に対決し、追い払うのです。気持ちの急反転というべきか、むしろ生きることの素晴らしさ、人間への賛歌が心の中に満ち溢れます。死に対する願望から、その対極である人間賛歌へと気持ちが昇華し、生き抜く決心を固めます。

それがかないそうにない夢だからこそ、そうありたいという本物の憧れとして、高らかに心の中で宣言するのかもしれません。この哀しいまでの心情の高まりが、後に作曲した、人間の自由と兄弟愛を歌い上げた交響曲第九番「合唱」などの傑作に結実するのです。

［友人に告白する］

ベートーヴェンの悲観に追い打ちをかける出来事がありました。友人と森を散歩していた時のことでした。友人が遠くから響いてくるフルートの音を聞き、何気なくそのことを脇のベートーヴェンに伝えたのですが、彼にはまったく聞こえなかったのです。

これにはとどめに近い衝撃を受け、彼は自分の運命を呪いました。創造主と自分の存在を呪い、そのたびに運命に反抗したい気持ちを奮い立たせてその場は立ち直るのですが、次の日にはまた絶望の底に沈みます。毎日がこれの繰り返しなのです。

そんな苦しさに耐え切れなくなり、自分の心情や耳の病気、治療のことなど、なにもかもを包み隠さず、親友で医師のヴェーゲラーに手紙で打ち明けています。三十一歳の一八〇一年六月と十一月の長文の手紙が二通、残っていて、

「いったいこれからどうなるのか、天のみぞ知るだ」と不安を吐露し、「できることなら僕は運命を対手に戦って

勝ちたい。しかし、僕の生活の中では、自身を神の造った者の中の最も惨めな者と感じる瞬間がたびたび来る……。僕がどれほど孤独な悲しい生活をしてきたかは、君には信じられないくらいだ。僕の病気は僕の行く先々にまるで幽霊みたいに立ちふさがって、僕は人間を逃げていた。僕は厭人家と見なされるようにするより他に仕様がなかった――実は少しも人間嫌いでは無い僕が！」と、邪悪な運命への挑戦と敗北感を語っています。

そして、「僕はまだうんと働かなければならない。耳さえこんなでなかったら地球の半分をとっくの昔歩き尽していたろうに……僕は運命の喉元を締めつけてやりたい。どんなことがあっても運命に打ち負かされたままにはならないぞ。――おお、生命を千倍生きることはまったくすばらしい！」

と、運命に打ち勝って、「自分の音楽を世に示したい」と、高らかに宣言するのです。

ヴェーゲラー以外にもう一人の男性の友人、神学者でヴァイオリニストのアメンダにも、ほぼ同じ時期に手紙で悩みを告白しています。以下は「ベートーヴェンの生涯」（岩波文庫　ロマン・ロラン著　片山敏彦訳）からの抜粋です。

「君のベートーヴェンは、自然と創造主とを対手に格闘しながら、非常に不幸に暮らしているのだからね……思ってもみてくれ、僕の一番大切な部分、僕の聴覚がひどく衰えたのだ。君がまだ僕といっしょにいたあの頃、すでにその兆候を感じていたが僕はそれを隠していた。ところで病状はだんだん悪化するばかりだ」

「ああ、今僕の聴力が少しもそこなわれていないとしたら、僕はどんなにか幸福だろうに！　……しかし僕はすべてから隠れて生きることを余儀なくさせられている。僕の最も美しい歳月がむなしく流れ去る。天分と力とが命ずるだけの仕事を僕が果たしもしないうちに！――悲しいあきらめ、それを僕は隠れ家としなければならないのだ！もちろんこれら一切を超えたところへ自分を高めようと僕は努めて来たが、しかしそれは出来ることなのだろうか？」

と、この手紙でも悲観と創造主に対する闘争心を訴え、そして一転して、課せられた崇高な使命を達成したい熱望を逆説的に表明しています。

[ハイリゲンシュタットの遺書]

一八〇二年十月、三十二歳のとき、ベートーヴェンは難聴の温泉治療も兼ね、作曲の仕事でウィーン郊外の村ハイリゲンシュタットに滞在しました。そのとき二人の弟たちに宛てた手紙形式の遺書を書いています。しかし投函されることはなく、死後に机の中で発見されました。

自分は病弱の身で早死にするかもしれず、それに備えて死後に弟たちに読んでもらおうと考えて書いた遺言書です。ところが中身を見ると、確かにその目的はありますが、むしろ自分自身に対する激励の書であり、死の日が来るまでは芸術家としての使命を全うしたいという強い決意表明の書でもあります。新たな生への宣言といえるでしょう。投函する意思はなかったのです。

遺書では最初の部分で弟に語りかけます。自分が強情で人間嫌いだと思っているだろうが、それは秘密の原因、つまり難聴のことを知らないからだと、病気のことを初めて伝えます。そして難聴を秘密にして、わざと人嫌いの演技をしてきたことと、その苦しさを訴え、詫びています。

「私には人々との社交で気晴らしをやったり、愉快なお喋りをしたり、お互いに気持ちを述べあったりするのは許されない。まったく孤独といってよいほどだ。どうしても必要がある時に限り、私は人中に出ていくことにしている。まるで流刑人のように生きなければならないのだ」

そして、人に聞こえるものが自分に聞こえないというのが、音楽家としてどれほど辛いものかを切々と訴え、「それは何たる屈辱だろう。そんな出来事が私を絶望の瀬戸際まで押しつめ、我と我が命を終わらせる危機一髪のところまでいった」と、自殺の寸前にまで追い詰められたことを告白します。しかしそれを押しとどめたのは音楽という芸術でした。

「彼女、芸術だけが私をひきとめた。ああ、自分に負わされていると思われるすべてのものを生み出してしまうまでは、私はこの世を去ることはできない、という気がしたのだった。そんな具合で私はこのみじめな人生を、生きながらえてきた」

続けて「忍耐」を道案内にしてこれからの生を持ちこたえたいと、明確に意思表明をしています。「忍耐――それを今や私は道案内に選ばなければならないということだ。私はそれを持っている――そして無情なパルツェ女神（ローマ神話の運命の女神）たちが運命の撚り糸を断ち切る気になるまで持ちこたえてゆくことが、私の決心であるべきだと、引き続き願っているのだ。ひょっとすると良くなる、いや良くはならぬだろう。覚悟はできている。――二十八歳でもう私は哲学者になるよう強制されるなんて容易なことではない。芸術家にとっては、ほかの誰よりもつらいことだ」（筆者…二十八歳とあるのは三十二歳の間違い）。

このようにベートーヴェンは、自分の生に決別する遺書としてではなく、たとえ限られた命であっても芸術家としての使命をまっとうしたいのだと、自分自身への励ましの信条告白をここでしているのです。そしてこのハイリゲンシュタットの秋の出来事を契機として、彼の楽譜の筆致はいっそう充実し、来るべき大作曲家時代へと突き進んでいきます。

ただ留意すべきは、ベートーヴェンがこの遺書作成でもって、運命に葛藤する過去の弱い自分から解放されたのかどうかという点です。今日の歴史家・批評家のあいだでは、解放され、決別したからこそ強くなり、後の大交響曲が生まれたというのが通説です。

しかしそうでしょうか。彼が抱える深刻な難聴問題の葛藤が、文章による一度の自問自答だけで解消したとはとても思えません。長いあいだ自殺したいほどの苦しみに耐えてき、その苦悶が極まる中で、血が噴き出るほどの痛みを覚悟の上で、弱い自分を問いただし、追いつめたのです。そして究極、自分は何を望むのかと、本心を吐かせて綴ったというのが真相ではないでしょうか。

ベートーヴェンは強い男です。しかし同時に弱い一人の人間です。遺書作成後、矢継ぎ早に名曲を発表していきますが、その間にも何度も運命に負けそうになる自分に直面したはずです。そのたびに机の引き出しの奥からそっと遺書を取り出し、それを読んで自分を勇気づけたのに違いありません。その行為は恐らく死の瞬間まで続いたことでしょう。

[去り行く恋人たち]

ベートーヴェンは短い生涯のうちに多くの女性に恋し、愛し、愛され、しかし最後は拒絶されるのが常でした。前述しましたが、それをもって現代の評論家たちから移り気な多情の男だと思われています。しかしそれは彼のうわべの行為だけを見た軽率な判断だと言わざるを得ません。

難聴が不治の症状を呈し、もはや医学には頼れずに死の淵をさまよう絶望の中で、ずたずたに引き裂かれたベートーヴェンの心は、無意識のうちに異性への愛にすがろうとしていました。芸術に生きるためにも、死の淵から這い上がる触媒として、異性を必要としていたと言っても過言ではありません。

彼は五十七歳で没しますが、青年期から晩年に至るまで、恋し、愛し、愛されることが絶望を希望に変えてくれる最後の支えだと、理性より先に感情と体が考えていたのです。実際、それは重圧のかかる現実生活からの脱出を可能にしてくれる万能の力でした。

彼にとって恋の陶酔は逃げではありません。それに浸っているあいだは、たとえ短い時間、期間であっても耳のことを忘れさせ、健常者であった時と同様、多くの聴衆に喜んでもらえるだろうという期待のもとに、疑念のない幸福感と充実感を覚えながら作曲活動に専念できたのです。

しかし、いつも悲劇が彼を待っていました。愛し、愛されても、二人のあいだには目に見えないバリアーが横たわり、遅かれ早かれ彼は捨てられるのです。相手はまるでさあ恋愛期間が終わったとばかりにあっさりと未練を残さずに去るか、或は深い愛を大事に心の奥に秘匿し、プラトニックのまま引きずられるようにして、去っていきます。

その理由の一つに身分の違いがあります。彼が恋した相手はほとんどが音楽を愛する貴族の令嬢であり、時には未亡人でした。当時は身分制度が非常に厳しく、結婚するに当たって、男の方が貴族で女が平民なら問題はありませんが、その逆は考えられません。貴族でないベートーヴェンとの結婚は、家族はもちろん親戚中が反対しました。

また彼が相手を無条件に全人間的に愛したのに対し、相手は彼の音楽に魅せられるとともに、人間としての道徳的な素晴らしさや善良さという、ある意味、限定された範囲で魅了され、恋していたのです。いわば留保付きだったのです。全員がそうだとは言いませんが、多くの女性がそうでした。

更には彼の難聴も障害になっていたことでしょう。或る時期から彼は耳のことを隠そうとせず、正確に言うなら、もはや隠すことが出来なくなり、時には補聴器さえ使っていましたし、筆談で会話することもありました。場合によっては自ら進んで告白しています。これは相手に幻滅を与えるだけでなく、結婚して家庭を持つということにためらいを生じさせたかもしれません。

そういう女性たちに比べ、彼の方はその時々の恋人を、純粋に一点の曇りもなく、心の底から愛しています。ひょっとしたらというかすかな希望と、捨てられるのではないかという確信めいた覚悟を併存させながら、一途に愛するのです。

そんな彼の熱い思いを、恋人に宛てた手紙から拾ってみましょう。

［恋文　ヨゼフィーネ・フォン・ダイム伯爵夫人に片思い］

ベートーヴェンは三十歳代のとき、四人の子供をもつ未亡人のヨゼフィーネ・フォン・ダイム伯爵夫人を愛するようになります。心を込めた恋文を書いていますが、そのうち十三通が百五十年近くを経て発見されました。その中から断片的に抜き出してみたいと思います。

ヨゼフィーネには一八〇四年から〇七年の四年間にわたりピアノを教えるうち、互いに愛が育ち、やがて先方の親たちから交際することに妨害を受けるのですが、それでも愛は途絶えませんでした。

或る手紙で、自分の耳の病気のことを語ったあと、

「いつかもう一度、私たちが妨げられずに会えるとき、すぐに私の本当の苦悩について、また、ここしばらくの間やりとりしてきた、私自身との死ぬか生きるかの闘いについて、貴方にお話ししなければなりません……」と続け、一転、愛していることを高らかに謳い上げます。

「おお愛するヨゼフィーネ、私が貴方に心惹かれているのは、決して異性の魅力などからではありません。貴方の

すべてを、あらゆる特徴を含めての貴方全体を私は尊敬しています。すべての私の感情が、私の全感受能力が貴方に縛りつけられてしまったのです。貴方にお会いしたとき、私は愛の火花のひとかけらも自分のうちに芽生えさせまいと、固く決心していました。しかし貴方は私を征服してしまったのです」

結局ヨゼフィーネはシュタッケルベルク男爵と再婚し、ベートーヴェンとの愛は破局します。

［不滅の恋人　アントーニア・ブレンターノとの恋愛］

ベートーヴェンが亡くなった翌日、彼の秘密の引き出しの奥から、遺言書に記載されていた七枚の銀行株券のほか、「私の天使、私のすべて、私自身よ」という呼びかけで始まる恋文が見つかりました。書かれた年月日と肝心の恋人が誰なのかは不明で、ただ「不滅の恋人」と書かれているだけです。

しかし後年の研究により、手紙は彼が四十二歳の一八一二年七月六日に、テプリッツでアントーニア・ブレンターノ宛てに認《したた》めたものだと判明しました。いったん彼女に出された、第一信、第二信、第三信と三回に分けて書いた手紙が、どういうわけかは分かりませんが、差出人の彼の手元へ戻され、保管されていたのです。

この三通はベートーヴェンにより、同時に封入されて投函されました。小さな便せん十枚から成る手紙です。

アントーニアは一七八〇年にウィーンで生まれました。美術品コレクターとして有名なビルケンシュトック伯爵を父にもつ貴族です。英語・フランス語・ラテン語に通じ、ピアノやギターの演奏に秀でた教養豊かな女性でした。商業都市フランクフルトのザントガッセに住む大富豪フランツ・ブレンターノに見初められ、彼を知る父ビルケンシュトック伯爵の意向により、一七九八年、十八歳でフランツの許に嫁いでいます。

彼女より十五歳年長の商人フランツは、貴族の出ではありませんが、勤勉な働き手で、富を鼻にかけることもなく、妻を愛する高人格者でした。

アントーニアはそんな夫を受け入れ、尊敬するのですが、あまりにも違いすぎる環境にどうしてもなじめません。イタリア式大家族経営の家長の妻として、荷が重すぎました。広大な館で大勢の親族、使用人たちと接しなければならず、それが精神的な負担になって、ストレスを溜めます。

年月の経過と共に次第に頭痛やイライラが昂じ、見るからに元気がなくなりました。一刻も早く館から逃げ出したい衝動に駆られる毎日でした。そんな頃の一八〇九年六月、父の命が危ういという知らせを受け取ります。彼女は上の子供を連れてウィーンへ帰り、父の最後を看取ったのですが、その後もザントガッセへ戻る気にならず、実家に居続けました。

表向きの正当な理由は、彼女が唯一の財産相続人であり、膨大な骨董品や美術品など、遺産の整理をするのに時間がかかるからというのです。それに第五子を出産した一八〇六年以降のこの時までの三年間、出産していません。これらの事情と心身症のことも合わせると、恐らく長年に亘って二人の関係、端的に言えば、夫婦関係が破綻していたのではないかと推察されます。

ところでフランツの妹にベッティーナ・ブレンターノという聡明な二十五歳の女性がいました。彼女は旅の途次、ウィーンに立ち寄って、義姉アントーニアが住むビルケンシュトック邸に宿泊していました。そこでたまたまベートーヴェン作曲の音楽を聴き、激しく魂を揺り動かされるのです。感動のあまり、ぜひこの音楽家に会いたいと、強引に知人を通じてアポイントを取り、ある朝、その知人と共にベートーヴェンの家を訪ねます。

極度の難聴の彼を見て驚きますが、懸命に意思疎通を図るうち、この天才の創造世界にみるみる引き込まれていく自分に興奮と喜びを覚えました。話題の弾みで、ふと自分はゲーテと仲が良いことを口にしたとき、ベートーヴェンは大変驚いた様子で、もじゃもじゃの髪の毛を掻きむしりながら、「偉大なゲーテ」と前置きした上で、彼の詩と小説はすべて読んでいますよと、力のこもった感嘆の声で応じ、一部朗読さえしました。

意気投合という言葉は正にこの二人を指すのでしょうか。話題は弾み、あっという間に時間が過ぎました。会ったその日だというのに、ベートーヴェンはベッティーナをビルケンシュトック邸に送っていきます。

そこでは昼食会がまだ続いていて、集まった人々はベートーヴェンの姿を見て、驚きの目を見張りました。このとき初めて彼はアントーニアを紹介されましたが、後に彼女と相思相愛の仲になるとは夢にも思っていませんでした。

ベッティーナに好意を抱いたベートーヴェンは、毎日のように散歩や音楽会の練習場などへ招き、またアントーニアのいる邸を訪れたりして、親密度を深めます。しかしこれは彼の一方的な片思いだったようで、やがてベッティーナは義兄と一緒に次の目的地ボヘミアへ向けて出発するのです。

彼女はウィーンを離れたあと、ベートーヴェンの望みをかなえようと、ゲーテ宛に、誠意を込めて彼を褒め上げた紹介の手紙を書きます。これを機に、後にベートーヴェンはゲーテを訪ねることになり、感激の対面をするのです。

後に残されたベートーヴェンは、別れたベッティーナのことがなかなか忘れられません。その残り香を求めて、たびたびビルケンシュトック邸を訪れました。夫のブレンターノが不在なのは、その理由は彼にはよく分かりませんが、彼を来やすくしていたようです。それに子供がなついてくれているのが何よりの安らぎで、ピアノを教えたり、遊んだりして、ボンの子供時代の懐かしい過去に記憶を引き戻してくれるのでした。そのうちベッティーナから受けた傷跡も徐々に癒えていきます。

アントーニアはベートーヴェンの来訪を歓迎しました。回復の兆しを見せない自身の心の病気に耐えつつ骨董品の競売に精を出し、一方、ベートーヴェンも、買い手探しに協力して自分の友達や知り合いを紹介するなど、労を惜しまずに手伝います。

そんな彼が邸のどこかにいると、アントーニアは言葉をかけられなくても心が不思議と落ち着き、励まされました。絶望的な難聴に苦しみながら、それにも負けずに次々と野心的な曲を世に送り出し、生に向かって勇敢に一人、立ち向かうベートーヴェンの姿を見ると、感銘のマレット（バチ）で胸を心地よく乱打されるのでした。

自分は日に日に体が弱り、今日どう生きて行こうかと、消極的な気分で、ただ無駄に時間を消化しているだけです。同じ苦しみをもつベートーヴェンなら、そんな気持ちを分かってもらえるのではないかと、アントーニアは甘えに似た救いを求める感情を抱くようになります。

そしてそれが時間とともに、いつの間にか愛情へと変わっていくのでした。難聴による彼との会話での苦労と献身は、かえって彼女の内面に喜びとやり甲斐の母性愛を呼び起こしました。

　自分はまだ二十九歳。新しい人生を始める最後の齢かもしれない。夫のフランツの誠実さは今も変わらず、こんな自分を一途に愛してくれているが、しかしだからこそ彼を裏切るようで、内面の苦しみを夫に打ち明けられずに悩みます。そういった何もかもが何重もの苦しみとなって、アントーニアを追い詰め、次第にベートーヴェンへの愛にすがりたい思いが募っていくのです。

　一方、ベートーヴェンにとっても邸に来ると自然と心が安らぎ、苦しい日常から逃れる安息の場になっていました。互いの病気のことを話しあったり、或いはコーヒーを飲みながら何気なく言葉を交わしているとき、冷静に抑えていた友情が、ふとした拍子に急に密度の高い愛情へと高まるのを意識させられることがあります。しかし相手が既婚女性だという事実のために、彼の道徳的な倫理観がそうなることを許さず、かろうじて友情の域にとどまっていました。

　アントーニアが数週間も病臥していると、ベートーヴェンはほとんど毎日やってきて、黙々と隣の部屋で、即興で慰めの曲を弾き、そっと帰ったといいます。

　アントーニアは今や親しい仲となっているベッティーナに手紙を書いています。

「ベートーヴェンは、私の最も愛する人の一人になりました……彼の在り方すべてが、素朴で気高く善意に満ち、そして彼の優しさは、最も感じやすい女性のそれにも優るものです」

　それから間もなくの或る日、ベートーヴェンはアントーニアから愛を告白されるのです。こんな重い難聴の自分を受け入れてくれる女性がいることに、しかも最愛の相手から告白されたことに、幸せの絶頂を感じ、急速に相思相愛へと深化していきます。そして結婚の夢を身近に感じとるのです。にもかかわらずあくまでもプラトニックな段階にとどめていたのは、彼の矜持と強い意思力があったからでしょう。

　やがてフランツが仕事の関係で、下の子供たちを連れてウィーンへ来、邸にアントーニアと一緒に住むようになります。しかしベートーヴェンの行動に変わりはありません。普段通りに邸へやって来ますが、特別な感情を素ぶりや表情に出さず、あくまでも理性的でした。フランツの方も友人としての節度と親密さで彼に接していました。

しかし運命は残酷です。二人の愛を許さず、破局が訪れました。突然、何か運命的な出来事が起こって、瓦解するのです。ベートーヴェンが受けた衝撃の大きさは計り知れません。立ち直れないほどの動揺を、その直後に手紙に認めて別の保養地にいたアントーニアへ送っています。

[アントーニアへの手紙]

さてその手紙の文面がどうなっていたのかというと、「私の天使」「最愛の人よ」「不滅の恋人よ」と呼びかけているだけで、相手が誰なのか、いっさい触れていません。恐らくその理由は、手紙を書く際の留意点として、万が一、内容を他人に知られても問題がないようにと、示し合わせたからではないでしょうか。

また運命的な出来事が何なのかについても語られておらず、当時から現在までいろんな推測が行われてきました。しかし今日、それがアントーニア側で起こった出来事ではないかと、十分な傍証を経た推論が出ています。

それはアントーニアの性格です。純粋で正直な彼女は夫フランツの前で、いつまでもベートーヴェンとの愛を秘匿する苦しさに耐えられなくなっていたに違いありません。一点の曇りもなく愛してくれている夫に黙っているのがどれほど辛いことか。それに自分はベートーヴェンと結婚したいと望んでいる。そのことをフランツに打ち明けたのです。

賢明な彼は或る程度予想していたのか、冷静に聞き届けると、それでも自分の愛は変わらないと告げたに違いありません。そして夫婦のあいだの最後の別れの儀式をもったのではないかと推測されます。

しかし、このたった一度の儀式が、妊娠という予想もしなかった出来事をもたらし、ベートーヴェンとアントーニアとの愛を打ち砕くことになってしまったのです。当時、堕胎は許されるものではなく、死刑に値する罪でした。

妊娠の事実を知らされたベートーヴェンは目の前が真っ暗になり、慟哭のうちに、二人の愛が終わったことを悟ります。しかしすぐに、そんなことで壊れるくらいの弱い愛ではないぞと自分に言い聞かせ、相手にも訴え、希望の灯を見出そうとあがくのです。

以下はメイナード・ソロモン編「ベートーヴェンの日記」（青木やよひ・久光重光訳、岩波書店）からの抜粋です。

第一信は、「七月六日　朝――私の天使、わたしのすべて、私自身よ」という呼びかけで始まり、「今日はほんの一筆だけ、それも鉛筆で（あなたので）……」と続きます。

「この二、三日、自分の生活について考えたことを、今日もあなたにお伝えすることが出来ない――私たちの心がいつもぴったり触れ合っていれば、それはどうでもいいことなのですが。あれもこれもお話ししたいことで胸がいっぱいです。――ああ、言葉など何の役にも立たないと思うことがあります。――元気を出して――私の忠実なただ一人の大切な人、私のすべてでいてください、あなたにとって私がそうであるように。そのほかのこと、私たちがどうあらねばならないか、またどうなるかは、神々が教えてくれるでしょう」

続く第二信では、

「七月六日　月曜日　夜――　あなたは苦しんでおられる、最愛の人よ……あなたがどんなに私を愛していようと――でも私はそれ以上にあなたを愛している――私から決して逃げないで――おやすみ――湯治客らしく私も寝に行かねばなりません――おお、いっしょに、いっしょに行こう――ああ、神よ……私たちの愛こそは、天の殿堂そのものではないだろうか――そしてまた、天の砦のように堅固ではないだろうか」

第三信では、

「おはよう　七月七日　ベッドの中からすでにあなたへの思いがつのる、わが不滅の恋人よ、運命が私たちの願いをかなえてくれるのを待ちながら、私は喜びに満たされたり、また悲しみに沈んだりしています――完全にあなたと一緒か、或いはまったくそうでないか、いずれかでしか私は生きられない……おお、神よ、こんなに愛しているのに、なぜ離れていなければならないのでしょう……あなたの愛が、私をこの上なく幸せにすると同時に、この上なく不幸にしています……愛してほしい――今日も――昨日も――どんなにあなたへの憧れに涙したことか――あなたを――あなたを――私の命――私のすべて――元気でいて――おお、私を愛し続けてください――あなたの恋人のこの上なく誠実な心を、決して誤解しないで。

L（ルートヴィッヒ・ベートーヴェン）

永遠にあなたの　永遠に私の　永遠にわたしたちの」

ベートーヴェンはこの頃の心境を日記に次のように記しています。

「一八一二年
服従、おまえの運命への心底からの服従、それのみがおまえに犠牲を――献身としての犠牲を負わせ得るのだ――おお、きびしい戦い！……おまえは自分のための人間であってはならぬ、ひたすら他者のためだけに。おまえにとって幸福は、おまえ自身の中、おまえの芸術の中でしか得られないのだ――おお、神よ！　自分に打ち克つ力を与えたまえ、もはや私には、自分を人生につなぎとめる何ものもあってはならないのだ。――こうして、Aとのことはすべて崩壊にいたる――」

一方、身籠った、Aであるアントーニアは、未練を断ち切るようにして邸を引き払います。後悔と悲しみを胸の奥に沈殿させながら、夫、子供たちと共にひっそりとザントガッセの館へと旅立ちました。ベートーヴェンによる見送りや別れのパーティーがなかったのは、彼が自らの意思によりリンツで謹慎していたからだと思われます。

この悲恋はベートーヴェンの心を粉々に砕きましたが、彼の芸術家としての生涯を見渡すとき、違った見方が浮かび上がります。それは彼に生身の人間としての人生を諦めさせ、芸術のみに生きる使命をしっかりと自覚させたことです。悲しい結末は、偉大な作曲家の域に到達させるために、運命が仕組んだ試練だったのかもしれません。

そんな傷が癒えないなか、必死にもがき苦しみながら、交響曲「ウェリントンの勝利」を作曲して上演。大成功を収めるのです。翌年にはポロネーズ、ピアノソナタ、歌曲、四重唱曲、カンタータなどを矢継ぎ早に作曲していきます。

[宇宙観]

アントーニアとの悲劇的な別れに加え、難聴の悪化とも戦わねばならないベートーヴェンは、時には死の淵に沈みながらも、必死にこれからの生き方の再構築を模索しました。その相談相手として選んだのが、古典や同時代の作家や詩人たちの作品です。

カント哲学にはこれまでも親しんできましたが、とりわけ「一般自然史と天体の理論」は繰り返し読みました。宇宙との関連において人間というものを理解しようとしたのです。

広大な宇宙の中で、自分というたった一人の人間の存在など、無に等しいのではないか。それに永遠の時間を生きる不変の星々。彼らは何と絶対的な力をもち、強固な意志をもっているのだろう。耳がどうのと嘆いている自分が恥ずかしい。わずかに残された人生を、ただ音楽のためだけに捧げることが神から与えられた使命ではないのか。そう改めて自分に言い聞かせるのでした。

「絶えざる新たな賛嘆と畏敬の念で、我が上なる星辰《せいしん》と我が内なる道徳律」。そのカントの言葉を深く胸に刻み込み、作曲活動へと邁進していきます。

読書の範囲は広く、カント以外に、人間についての深い洞察力を備えたアドルフ・ミュルナー、ヨハン・ゴットフリート・ヘルダー、ツァハリアス・ヴェルナー、ゲーテ、さらには古代インドの叙事詩や宗教体系書、聖典「リグ・ヴェーダ」などにも親しみました。

その過程で、魂に響いた言葉をアットランダムに日記やメモに記しています。心の支えになる思想や詩、言葉を糧として、改めて一歩一歩、道徳的に生きていくことを固く誓い、同時にそれらから作曲の着想を得ようとしたのです。

一八一五年（四十五歳）に音楽教師のマリー・フォン・エルデーディ夫人に宛てた手紙の文面に、心境の一端が垣間見えます。

「私たちは無限の精神の体現者であると同時に有限の存在なのです。苦悩と歓喜の両方に耐えるように生まれついています。そして、私たちにとって最善のことは、苦悩を通じて歓喜を勝ち得ることだと言ってもよいでしょう」

［甥カール問題と作曲活動への邁進］

この頃から難聴は急速に悪化し、聾の段階に移り始めます。更にそれに追い打ちをかけるように、予期せぬ不幸が訪れました。一八一五年（四十五歳）、弟のカールが肺結核で亡くなったのです。

ベートーヴェンは死の床にある弟との約束で、甥のカール（父カールと同名）を引き取るのですが、未亡人となったヨハンナが親権をめぐってベートーヴェンと裁判で争い、彼は四年半にわたってこれに忙殺されます。しかしヨハンナのふしだらな生活が理由で最終的に勝訴し、正式に後見人となりました。

そして最高の教育を受けさせようと、名門の私立寄宿学校へ入学させ、また高名な家庭教師を雇ってピアノレッスンを受けさせるなど、理想の教育に乗り出すのです。授業料も目が飛び出るほどの高額です。

ところがカールにしてみれば、伯父の過度ともいえる教育熱が負担になって、次第に学ぶ意欲を失っていきます。そのうち授業を休んだり、反抗の態度を見せたりするので、ベートーヴェンは心配でたまりません。何とか立ち直らせなければと、自分で学校へ様子を見に行くだけでなく、環境を変えればよくなるかもと、寄宿先を変えています。

音楽活動の収入はあるのですが、年金は支給されたり中止されたりの不安定さ。高額の教育費を捻出するために生活を切り詰めざるを得ませんでした。家政婦が買う日常品の金額まで自らの手で細かく記録しています。また甥の将来の安定に備え、思いきって高額の銀行券八株を買ったのもこの時期です。これはベートーヴェンの死後、カールにとって貴重な経済的支えになりました。

恒常的な下痢と難聴に加え、カールのことで神経をすり減らす中、突然、喀血に見舞われます。その苦しみは一ヵ月半ほど続き、ベートーヴェンは母と弟の命を奪った結核ではないかと恐れました。結果的には重度の気管支炎だったのですが、その間、間近に迫った死について絶えず考え、人間の生命の有限性を身に染みて感じるのです。ズメスカルへ宛てた手紙に、「音楽もなしに、毎日墓場に近づく稽古をしています」と、暗い口調で書き送っています。

そして、結核ではなかったことを知った時、ひとまず安堵し、音楽家として残りの少ない人生をどう生きるべきか、日記にこう記しています。

「オペラや他のすべてを捨てて、お前のやり方だけで書け――そして、それから一着の僧服、この不幸な生涯を閉じるために」

前年に彼は生涯で唯一のオペラとなった「フィデリオ」を大成功させ、彼のもとにはオペラの台本が多数持ち込まれていました。彼もやる気でいたのですが、死を目前にして、今できることに残りの命をかけようと決意したのでした。以後、旺盛な創作力で音楽活動に励みます。連作歌曲「遥かなる恋人」をはじめ、矢継ぎ早に数々のピアノソナタなどを作曲していきます。

四十六歳頃には耳が極めて聞きづらくなりますが、もうこの時点では気持ちが吹っ切れたらしく、人の目を気にせずにラッパ型の補聴器を使い始めています。それから二年も経たないうちに、手元に会話帳をたずさえて、筆談で会話を交わすようになりました。

さて未亡人ヨハンナですが、いったん息子カールの養育権を諦めていたのに、再びベートーヴェンとの法廷闘争を蒸し返していました。彼はまたもやそれに翻弄されるのです。

一方、二十歳を目前にしたカールは、理想の人間像を押し付ける伯父の溺愛ぶりに辟易し、勉強する意欲をすっかり失くします。前年まで通っていたウィーン大学におれなくなり、中途退学して、今は自宅から商人になるための実業学校に通っていました。

ところがここでも授業内容についてゆけず、玉突きやかけ事に耽ったり、時には家出さえして、ベートーヴェンを悲しませます。彼は家庭教師をつけ、友人に行動を監視させるなど、いろいろ手を打つのですが、どれもこれもうまくいかず、心底から心配するのです。

そういう過干渉と溺愛が原因だという認識が彼にないことが問題なのに、自分の言動にいささかの疑問も抱いていません。カールを善と正義の道を歩む立派な人間に育てたい一心で、必死に教育を施し、そうすることが自分の義務だとさえ考えて、一方的な愛情を注ぎ続けるのでした。収入の方も途絶えがちで、授業料をひねり出すのがやっとのような節約生活です。

日ごとに悪化する病気に苦しむ一方で、そんなカール問題で翻弄されながらも、ベートーヴェンは残る力を振り絞って音楽の道をひたすら突き進みます。作曲活動は途絶えるどころか、ますますエンジンがかかるのです。

大宗教曲「ミサ・ソレムニス」を仕上げ、加えて多くのピアノソナタ、弦楽四重奏曲を作曲するのに並行して、死の三年前の一八二四年、五十四歳の時に、最高傑作である「交響曲第九番」を完成させました。九年ほど前から抱いていた構想がようやく実ったのです。

第九番第四楽章の主題「歓喜の歌」では、まさにベートーヴェンの生きざま、聾という運命を受け入れた苦悩を乗り越え、暗闇と混沌から抜け出して、湧き上がる力、明日への希望を与える歓喜を謳い上げました。シラーの詩「歓喜に寄す」に音楽をつけています。

最初にバリトン又はバスの歌手がすっくと立ちあがり、「おお友よ、このような音ではない！　そうではなく、もっと楽しい歌をうたおう。もっと喜びに満ちたものを」と、ベートーヴェン創作の歌詞を歌い、シラーの詩の独唱が続きます。やがて合唱団、ソリストたちへと引き継がれていくのです。

［死の訪れ］

第九を発表した年、さっそくロンドン・フィルハーモニー協会から新交響曲や協奏曲の委嘱と自作指揮の招聘が届き、ベートーヴェンは受け入れるのですが、健康状態が悪化して実現しませんでした。

それでも頑張って、翌年に入ると「弦楽四重奏曲第十二番変」を演奏しています。しかし四月半ばに体調を大きく崩して寝込み、食事療法と投薬でどうにか回復するものの、年が明けた一月下旬に腸炎が悪化。視力もかなり悪くなって、体力がいよいよ弱まっていきます。

そんなところに最愛のカールのピストルによる自殺未遂事件が起こりました。第九の発表から二年後の一八二六年七月、精神的に追い詰められた二十歳のカールが、期待の大きさに圧し潰されてピストル自殺を図ったのです。

幸いにも弾丸は頭蓋を貫通することなく、一命をとりとめました。

ベートーヴェンが受けた衝撃はあまりにも大きく、みるみるうちに体が衰弱し、痩せ衰えて息をするのさえ困難になるくらいでした。それでも残された気力を振り絞って、音楽の仕事に邁進するのです。

自殺未遂の傷で二ヵ月ほど病院に入院していたカールが、全快して九月に退院しました。ベートーヴェンは今度ばかりは本人の強い意思を尊重し、学校をやめて軍隊に入ることをしぶしぶ了承。そし入隊日までの間、カールとドナウ渓谷の田舎で過ごします。

そこでは久しぶりに野原を歩き回って昔の元気な頃を思い出したり、星空を眺めて神秘の世界を想像したりして、気持ちの上ではリフレッシュしました。しかし体の方はもうままなりません。見るからにやつれ、しきりに腹部の不調を訴えます。食欲がなく、無性に好きなワインを飲みたがりました。そんな中でも、この二ヵ月のあいだに最後の「ヘ長調四重奏曲」を仕上げています。

十二月に入ってのことでした。暮れの演奏会や新作の出版交渉がそろそろ気になり出し、またカールの軍隊入隊日にも間に合わせようと、ベートーヴェンは突然思い立ったように、帰途につくのです。凍えるような寒風が吹きすさぶ朝早く、馬車の手配がつかないまま、幌のない牛乳運搬馬車でカールとともに慌ただしく旅立ちました。

途中で一泊した宿には暖房がなく、悪寒と発熱に襲われますが、どうにかウィーンの自宅に戻りました。痩せた体はがくがく震え、ひどい肺炎を発症していて、しかも運悪く医師の往診を受けられたのは三日目になってからでした。

幸い医師は優秀で、手当てが功を奏し、七日目には死の危機を乗り越えられたのですが、翌日になって容体が急変。黄疸症状が現れ、腹水が溜まっていきます。両脚にも水腫が出て、肝硬変の進行が確認されました。

腹を切開して溜まった腹水の除去手術を行うことになったのですが、信じられないことに、ベートーヴェンは痛みを緩和するための麻酔薬の投与を断っています。麻酔が精神に悪影響を及ぼし、回復後の仕事に支障をきたすかもしれないと恐れたからです。そこからはまだまだ生きて作曲するぞという強い意思がうかがわれます。

大量に溜まった水を抜くとき、腹部に挿入された管から液体が流れ出ると、顔を苦しそうにゆがめながらも、口からは途切れがちなユーモアをこめて、「モーゼが……杖で岩を打った時のことを……思い出しますね」と、絞り出しました（モーセが杖で岩を二度打つと水がほとばしり出て人々や家畜が飲むことができたの意）。すると、すかさず医師が会話帳を手に取り、「あなたは騎士のように我慢されましたよ」と、敬意を込めて答えたといいます。この頃から食事や着替えなどの看病は末弟のヨハンが務めていました。

腹腔穿刺の治療はそれなりの効果があったのか、ベートーヴェンは弱々しくはありますが、一応の元気を取り戻しています。ロンドンのハープ製作者から贈られたヘンデルの楽譜全集四十巻を手に、ベッドの上で何時間もかけて一ページ一ページ、丁寧に目を通したといいます。もし健康が回復したら、オラトリオを書きたいと考えていたのです。

またハイドンの生家を描いた石版画が贈られてきた時は、「このちっぽけな家ときたらどうだ。この中であの偉大な人間が生まれたんだからな」と、脇にいた世話係の少年に軽口を飛ばしたほどです。

その間の一八二七年一月二日、カールが士官候補生として入隊し、赴任地のイグラウへ出発しています。ベートーヴェンは感極まり、その涙を悟られまいと肉のない顔にわざと笑顔をこしらえ、ヨハンの手を借りながらよろよろとベッドから起き上がって、ドアのところまで見送りました。ちなみにカールは除隊したあと結婚し、五人の子供の父親となって平穏な人生を送っています。

カールが出立した翌日、ベートーヴェンは彼を遺産相続人とする遺言書を作成しました。相当な価値を有する銀行券株七枚があり、常に金に窮していたベートーヴェンですが、カールのために、一枚だけを除いてずっと換金せずにいたのです。

病状はやや回復したかと思うと一層悪くなり、腹水手術を繰り返すうち、三月を過ぎると重体に陥ります。それでも意識ははっきりしていました。三月二十三日、額に浮かんだ汗を自分ではぬぐえないので、見舞に訪れたフンメル夫人がハンカチで何回も拭き取ると、感謝の瞳で見上げ、無言で二度、三度とうなずきました。

そろそろ臨終が近づいているのを知った友人たちが、方々から集まってきて、ベッドをとり囲んでいました。午後になるとベートーヴェンはいつになく体調を戻したらしく、やや首を持ち上げるようにして、誰に言うともなく、「喝采を。諸君、芝居は終わった！」と、弱々しいながらも明瞭な口調で発しました。

もうやれるだけのことはやり尽したという、いかにもベートーヴェンらしい、ユーモアのある達観した心境を感じさせます。この場に及んでもうろたえていないのは、あらゆる苦難に耐えて生き通したという自信がそうさせていたのかもしれません。そして翌二十四日には友人たちの勧めを素直に受け入れ、カトリックの様式に基づく終油の儀式（臨終時の病人に平安と恵みを受けさせるため、その体に香油を塗る儀式）を受けています。

そのあと、すべてをやり終えことからくる安堵からなのか、突然意識を失い、昏睡状態になったのです。終始、痛みを忘れたかのような穏やかな表情を保ち、それからも二日間生き抜きますが、二十六日夕方、ついに死の瞬間が訪れました。

そのとき驚くべき光景が現出したのです。まるで待っていたかのように、空一面を黒雲が覆ったかと思うと、突然激しい雷鳴がとどろき、雪とあられを伴った旋風が吹き荒れました。耳をつんざく雷の音がして、稲妻の光が室内を照らし出した刹那、瀕死の病人がかっと目を見開き、険しい表情で天空を凝視しながら、しばらくのあいだ右手のこぶしを高くかかげたのです。

人々はあっけにとられ、それが何を意味するのか吟味する余裕もないまま、数秒間激しい感動に胸を揺さぶられたのでした。やがてその手がベッドの上に落ちたとき、両眼も閉じられ、世紀を超えた大音楽家の芝居人生が終わったのです。こうして五十六歳と三ヵ月の命が幕を閉じたのでした。

ベートーヴェンが拳を突き出したことについて、当時、ベッドの横にいたシューベルトの友人ヒュッテンブレンナーは、後にこう述べています。

「それは豪胆な軍司令官が部下たちに、『元気を出せ！　前進せよ！　私に従え！　勝利は確実だ！』と呼びかけているようだった」と。或いはひょっとして右手の拳には、目に見えない指揮棒が握られ、次の世界でも音楽に生きるぞという意思表示だったのか……。

三日後の二十九日に行われた葬儀には、ウィーン在住のほとんどの音楽家や多くの著名人、貴族が参列しました。

二十七歳の若きシューベルトも、棺の横にたいまつを掲げてつき従っていました。

しかしもっと驚くべきことに、二万人とも三万人ともいわれるウィーン市民がどこからともなく駆けつけ、ヴェーリングの墓地まで赴いたのです。騎馬隊が懸命に交通整理をするのですが、葬列がわずか数ブロック先にある聖三位一体教会に到着するだけで、一時間半もかかったと記録されています。


ところでベートーヴェンの難聴・聾の原因ですが、これには当時から今日に至るまで諸説があります。中耳炎や耳硬化症のような器質障害、梅毒説、機械的な外傷、或いは作曲時に過度に内耳と聴覚中枢を酷使したために起こった充血が原因だという説など、入り乱れていました。しかしどれもが推論の域を出ていません。

ところが二〇〇〇年になって、新たな展開が見られました。アメリカでベートーヴェンの遺髪が見つかり、科学的検査の結果が公表されたのです。思いがけないことに、髪の毛から基準値の四十倍を超える大量の鉛が検出され、この鉛中毒が原因ではないかというのに説得力が出ています。また梅毒患者なら必ず検出されるはずの水銀が、定量計測が出来ないほど微量しかなく、このため梅毒説は消えました。

鉛中毒の症例としては、胃腸疾患や黄疸、視神経と聴覚神経の損傷などがあり、これらは正にベートーヴェンが患っていた腹痛、黄疸、肝硬変、それに難聴・聾が当てはまります。

では問題はなぜそんなに大量の鉛が体内に入り込んだのかという点です。ベートーヴェンは大のワイン好きでした。作曲中などは絶えずワイングラスを手にしていたほどです。彼が愛飲したのはハンガリーの銘柄トカイ・ワインで、当時のハンガリー製品には鉛が多く含まれていました。それが長年にわたって蓄積された可能性があり、どうやら鉛中毒というのが原因だと今では考えられています。

［名言］

・神がもし世界でもっとも不幸な人生を私に用意していたとしても、私は運命に立ち向かう。
・今、運命が私をつかむ。やるならやってみよ運命よ！　我々は自らを支配していない。始めから決定されてあることは、そうなる他はない。さあ、そうなるがよい！　そして私に出来ることは何か？　運命以上のものになることだ！

・私は何度も絶望し、もう少しで自殺するところだった。だが、彼女が…　芸術が…　引き止めてくれた。私は、自分に課せられていると思っている創造を全てやり遂げずに、この世を去るわけにはいかないのだ。

・出来る限り善を行い、何者にもまして自由を愛し、王座のもとであろうとも、断じて真理を裏切るまい。

・私は運命の喉首を締め上げてやるのだ。決して運命に圧倒されないぞ！　この人生を千倍も生きたなら、どんなに素敵だろう！

・勇気！　身体がどんなに弱っていようとも、精神で打ち克ってみせよう。

・優れた人間は、どんなに不幸で苦しい境遇でも、黙って耐え忍ぶ。

・大志ある才能と勤勉さの前に「ここより先は進入禁止」の柵は立てられない。

［ベートーヴェンと現代］

ベートーヴェンは日に日に進行する難聴・聾と闘いながら作曲に邁進し、偉大な業績を世に送り出しました。加えて肝硬変に至る慢性の腹痛も抱えていて、普通の人なら病で前途が真っ暗になり、学業や仕事が手につかないばかりか、悲観のあまり、生きていくのさえつらくなります。

とりわけ音楽家にとって、耳の病は致命的です。音が聞こえないのですから。或いは聞こえても、明瞭に聞き取れないのですから。

実際、彼自身も希望を失い、運命を呪い、絶望の果てに幾たび自殺の誘惑に駆られたことか。しかしその度に死の淵から生還して、過酷な運命に立ち向かう決心をするのです。

ただそれが出来たのは、女性への愛に必死にすがろうとした、或る意味、無意識の逃避があったからかもしれません。彼は多くの女性を愛しました。愛することで、たとえ瞬間的ではあっても、苦しみを忘れて希望の明かりを見出し、ひょっとしたら結婚できるかもしれないと、普通の男性並みに、生の喜びを実感したいと夢を描いたのです。

しかし恋する相手のほとんどがピアノを教える貴族の令嬢とか未亡人であり、いくら有名な音楽家とはいえ、平民の彼とは身分が違いすぎました。また難聴という不治の病持ちでもあり、親族の反対にあって恋は成就しません。だからといって、断られた相手にしつこく迫ることはなく、いずれ次の恋人を見つけ出します。ただ誰ともプラトニックな関係だったのは、ベートーヴェンの道徳観がそうさせたのでした。

そして四十二歳のとき、最後の不滅の恋人アントーニアと相思相愛になります。ところが突然、運命的な出来事が起こり、慟哭のうちに二人の愛が終わったことを悟るのです。

しかし再び立ち上がります。悲しみを乗り越え、自分は今や芸術だけに生きるのだと誓い、「交響曲第九番」を完成させます。暗闇と混沌から抜け出し、湧き上がる力、明日への希望を与える歓喜、人間讃歌を高らかに謳い上げるのです。

翻って私たち現代人は多くのストレス、悩みを抱えています。病気、容姿、貧困、対人関係、仕事、学業、自分の性格など何であれ、それに耐えきれずに心が折れそうになり、最悪、自から命を断ちたい衝動に駆られることさえあるかもしれません。

しかしそんなとき、ベートーヴェンの苦しみと比べてみたらどうでしょうか。その質、量は人間の理性を瞬時に破壊するほど深刻かつ強烈です。苦悩に重い軽いはないかもしれませんが、彼の苦悩に比し、自分の場合まだ少しは軽いかもしれないと、あえて考えてみてはどうでしょうか。

これほどまでのハンディキャップを抱え、重圧にさらされながら、敢然とそれに立ち向かい、死のう、生きようという淵のぎりぎりで踏み留まったベートーヴェンの生き方。そして明日への希望を与える歓喜を讃えた生き方。それらは私たちに何かを教えてくれそうな気がします。

歓喜……。それは死を前にした彼にとって、あまりにも遠い対極にあり、手にするのが不可能なことを知りながら、だからこそ心の底からの叫びとして、人類への熱い思いを謳い上げているのです。

人間の命は有限です。その間、運命は過酷な試練を情け容赦なくぶつけてきます。時にそれはあらゆる希望を抹殺する有無を言わさぬ力をもっていて、ついつい私たちは精神的に負けそうになり、命を投げ出したくなるほど追い詰められます。

しかし、命には限りがあるのです。急いで自分から投げ出さなくても、好む好まざるにかかわらず、すべての人は平等に必ず終える時を迎えます。あわてることはありません。それまでは運命の悪意に立ち向かい、精いっぱい抵抗し、耐え、人間としての希望を捨てずにいようではありませんか。そのことをベートーヴェンは身をもって教えてくれました。

第七章　ドストエフスキー（一八二一〜一八八一）　六十歳没

フョードル・ミハイロヴィチ・ドストエフスキーはトルストイ、ツルゲーネフと並ぶ十九世紀のロシアを代表する文豪です。代表作に「罪と罰」「白痴」「悪霊」「カラマーゾフの兄弟」などがあります。

モスクワのマリンスキイ慈善病院の軍医ミハイル・アンドレーヴィチ・ドストエフスキーの次男として生まれ、兄のミハイル（父と同名）を筆頭に七人兄弟で育ちます。しかし兄弟の多くは早死にしています。

陸軍中央工兵学校を卒業後、工兵隊に勤務するも一年で退職。以後、作家を目指します。そして一八四六年、二十五歳のとき処女作「貧しき人々」で華々しくデビューしたものの、後続の作品はまったく評価されず、ここから運命が暗転するのです。

[陸軍工科学校で学ぶ]

父ミハイルは官位が八等官で、家格としては貴族の最下層に属し、いわばブルジョワ中産階級相当です。裕福でもなく貧しくもない暮らしぶりでした。勤勉な父は倹約生活に徹したお陰である程度のまとまった金ができ、思いきって田舎に百人ほどの農奴をもつ小農園を買っていました。

こうして地主となって貴族の地位を手に入れたのですが、そこからの収入は一等軍医の面目を保つのが精いっぱいで、いつも家族に口やかましく倹約を強いています。

一八三四年、ドストエフスキー（十三歳）は一歳上の兄ミハイルとともに私立の寄宿学校へ入学。小遣い銭も与えられず、一日八時間の勉強を厳しくやらされました。父は息子たちには近衛士官か一流の工業技師になって欲しいと考えていたのですが、二人はそれらには関心がなく、教師の感化を受けてプーシキン（ロシアの詩人・作家）の著作を読み漁り、文学に目覚めるのです。

一八三八年に母が死亡。父は二人を連れてペテルブルクへ行き、エリート校の陸軍工科学校へ入れようと、先ず受験準備をさせるために寄宿舎へ預けました。

翌年早々、ドストエフスキーは無事合格できたのですが、兄ミハイルは身体検査ではねられ、別のレヴァルにある工科学校へ入ります。この別離は二人に文通の機会を与え、ドストエフスキーの若き頃の文学観について、手紙という形で後世に重要な資料を提供してくれています。

在学中、父は十分とはほど遠いけれど、欠かさず必要な金は仕送りしていました。ところがドストエフスキーは玉突きの賭けに凝ったり、余計な物を買ったりと、絶えず金に困り、弁舌巧みに手紙で父に送金の依頼をするだけでなく、友人らからも借金をするのです。後のルーレット狂いの兆しはこの頃からあったのかもしれません。

そんなところへ進級試験にも落ちるわで、心配した兄は弟に或るドイツ人女性医師との同棲を勧め、その通りにするのですが、すぐに別れています。ただ勉強はしなければと考え直したようで、微積分や幾何、物理、測地学など、「来る日も来る日もやりきれないほどの棒暗記」（兄ミハイルへの手紙）で時間を過ごし、以後は順調に進級を重ねます。

そんな中、突然父が他界しました。農園の収益を上げようと農奴たちをこき使い、その恨みを買って殺されたのです。しかし、このことについてドストエフスキーはほとんど語っていません。恐らく父のそんな苦労も知らないで、金の無心をしてきた自分の親不孝を悔いるあまり、言葉にするのもつらかったのでしょう。

一八四一年、少尉に任官し、翌年二十二歳のとき陸軍工科学校を卒業。ペテルブルクの工兵隊に勤務して製図局の所属となりましたが、長くは続きません。せっかく中尉に昇進したというのに、役所勤めはもうやりきれぬと、一年ほど勤めただけで辞めるのです。

［文学の道へ］

文壇に知人もなく、自費出版する資金もない二十四歳のドストエフスキーは、悲愴な決意で「貧しき人々」を書き始めます。これは下級官吏と若い女性との貧困をテーマにした往復書簡形式の処女作です。

当時、文壇随一の批評家だったベリンスキイがたまたまこれを読んで、「第二のゴーゴリ（一八〇九〜一八五二）が現れた」と激賞し、ドストエフスキーは華々しく作家デビューを果たします。ベリンスキイの激烈な賞賛に彼は狂喜しました。

ところが続けて発表した小説「二重人格」はベリンスキイらを大いに失望させ、酷評されたのです。ドストエフスキーはがっかりし、その後、「白夜」など数編を発表しますが、どれも評価は低く、パッとしません。

ドストエフスキーはミハイルに手紙でこうぼやいています。

「僕は相変わらず借金を払っている。冬中働いて借金をきれいにするのが僕の目的です。ああ、いつになったら自由になれるのか」と嘆いたあと、ジャーナリズムの労働者になっているのは実にみじめだと自嘲するのです。「作家どころか三文文士に成り下がるのが落ちでしょう……怪しげな名声は得たが、この地獄がいつまで続くのやら。文無しと注文仕事。ああ休息がほしい」

ドストエフスキーは自ら招いた結果とはいえ、ますます孤独感にとらわれます。そのくせ苛立たしいほどの自尊心を持て余して疲れ果て、自分の才能への自信が揺らぐのでした。作家としての将来への見通しを見出せず、そこへ健康状態も悪化し、精神的に行き詰まるのです。

しかし矛盾するようですが、突然、ふとした拍子に、何とかなるのではないかという楽観的な希望が心の隅に顔を出し、一時的な元気をとり戻すのでした。

［シベリアへ流刑される］

空想社会主義者のペトラシェフスキイは青年たちが自由に意見交換する場として、社会や政治を改革する運動などとは程遠い、緩やかな思想のサークルを主催していました。

ところがロシア政府は自分たちにやや批判的なこのサークルを見つけ出し、一八四九年四月、個別にですが一斉に仲間三十四人を逮捕し、内二十三人を留置したのです。

ドストエフスキーも自宅で寝ていたところ、サーベルをさげた警官に不意に起こされました。部屋中を探し回られて、それらしき本は一冊も見つからないまま逮捕され、ペトロパヴロフスク要塞へと曳きたてられました。ここに八ヵ月ものあいだ収監されるのです。

　事件の結末がどうなるのかさっぱり分からず、不安ばかりが募るそんな収監中の十二月二十二日未明のことです。被告二十一人は足枷《あしかせ》を付けられたままいきなり馬車に乗せられ、凍てつく寒さの中を、目的地も分からずに連れていかれました。七時半頃に馬車が止まり、着いた場所は何と刑場です。眼前には断頭台と柱が並び、何事もないいつものように、昇り始めた太陽の光を鈍くはじいています。

　刑は極刑でした。ドストエフスキーをはじめ、仲間の一人一人に死刑の判決文が言い渡されていきます。ドストエフスキーの場合、彼がサークルの会で、ゴーゴリに宛てたベリンスキイの手紙を朗読したからというのです。当時、ロシア社会の混乱を描いたゴーゴリの作品が、インテリゲンチャである急進分子の心を強く動かしたのですが、それが政府の気に食わなかったからでした。ドストエフスキーにすれば、単なる文学的好奇心から軽い気持ちで朗読したに過ぎないのだと、留置されていた時の尋問で陳述しています。

　それから十字架に接吻させられ、白いシャツの死装束を着せられました。こうして彼らは最後の仲間の名が読み上げられるまで、死を予期する極めて恐ろしい十分間を耐え忍んだのです。

　銃殺は三人一組で行われます。先ずペトラシェフスキイら三人が柱のそばに立たされ、兵士たちが銃を構えてまさに刑が執行されようとしたそのとき、劇的転回が起こります。皇帝ニコライ一世の使者が馬で駆けつけたかと思うと、退却命令の太鼓が鳴ったのです。柱に縛り付けられた三人が連れ戻されて、皇帝陛下が全員に生命を与える旨が読み上げられました。死刑判決却下の特赦を告げられ、シベリア流刑に減刑されたのでした。

　実はこの特赦は前もって仕組まれたもので、被告らは長年そのことを知りませんでした。ではなぜそんな手の込んだ芝居をしたのかですが、恐らく皇帝の仁慈を見せたかったのではないかと思われます。ペトラシェフスキイは終身懲役に、ドストエフスキーは四年の懲役と後の兵役勤務に減刑されましたが、どの判決も被告らには「シベリア流刑」としか告げられず、いっさい詳細は知らされなかったのです。シベリアへは何組かに別れて出発していきます。

［オムスクの監獄生活］

一八四九年十二月二十五日、クリスマスの夜半、ドストエフスキーは軍曹に引率されて二人の仲間と共に無蓋の馬橇《そり》四台に分乗し、シベリア西南のオムスクに向かってペテルブルク（サンクトペテルブルクと同意）を発ちました。囚人として、道中ずっと片足に四キロほどの足枷を着けられたままなので、不便なことこの上ありません。

陰鬱な絶望の気持ちが波のように襲ってきます。諸県の荒涼とした土地を過ぎ、いくつもの宿場で泊まりながら、でこぼこの雪道をひたすら進みました。零下四十度にもなった晩があり、耳の奥がキンキン鳴って、痛くて仕方ありません。真夜中のウラル越えではひどい目に会いました。吹雪で馬も橇も埋まってしまったのです。その時の心境を次の村で出したミハイルへの手紙に記しています。

「ヨーロッパの国境に立って、周りには雪と嵐、行く手にはシベリアと僕らの未来の神秘、背後には僕らの過去の一切があり、実際悲しかった。僕は泣きました」

翌年一月、ようやく受刑地のオムスクに到着。この町には中央アジアの草原地帯に住む遊牧民を撃退するために、土塁と柵で囲った重要な軍事要塞があり、帝政ロシアが進めるシベリア開発の最前線になっているのです。商店や飲食店もあり、かなりの賑わいなのには驚きました。

ドストエフスキーたちが住むことになる懲役監獄は、要塞内の片隅の、堡塁のすぐ脇にあり、そこへ連れていかれて気が滅入りました。左右四列に並ぶ細長い、今にも潰れそうな丸太で出来た狭苦しい古屋の一つです。小さな窓ガラスは垢と苔で緑色に変色していて、壁はひびだらけ。しかもそこにはロシア各地から集められた人殺しや強盗、放火犯、泥棒など、すでに頭を半分剃られた二百五十人ほどの罪人がひしめくように生活しています。ここで彼らと一緒に寝泊まりさせられるのです。

窒息しそうになるほどの悪臭が垂れ込めていて、よく見ると、入り口の部屋側の隅に夜中に使ったらしいバケツが一つ置いてあります。夜の外は零下何十度かの寒さで、とても出られません。バケツを何に使うかは説明するまでもないでしょう。

実際、数日寝てみて、その酷さには閉口しました。囚人たちが部屋の中で肌着を洗濯するので、あちこちに水たまりが出来て足の踏み場もないところへ、天井からは雨漏りがしても、放ったらかしです。ベッドも裸板が二枚敷いてあるだけで、あるのはひしゃげた感じの枕が一つ。服を着たまま、よれよれのトンビを二枚羽織りますが、足がはみ出すような短いマントを掛布団にして、夜中じゅう震えている有様なのです。虱、南京虫、油虫など、そんなものは枡《ます》で量れるほど、うじゃうじゃいます。ただ足枷が少し軽い代物に取り換えられて動きが楽になったので、生きた心地になりました。

朝、起床の太鼓が鳴ると、外にある水桶の周りに囚人が群がってきます。皆、口いっぱいに水をため、その水で手や顔を効率よく洗っていくのですが、水桶の数は少なく、朝は桶の奪い合い、怒鳴り合いから始まります。

夜の入浴はまさに生存競争の修羅場でした。足枷をつけたまま、苦労して下着を脱ぎ、奥行十二歩程の狭い洗い場へと進みます。そんな所へ一度に八十人が入り、裸体から異臭が立ちのぼって、押し合いへし合い状態になります。しかも使える湯は手桶に一杯だけ。それを体にかけたり拭いたりします。押し合って、うっかり自分の貴重な湯が流れ落ちれば大変。怒鳴り合いの修羅場と化すのです。

食事はパンとスープだけの質素なものです。一応規定ではスープに一定量の肉が入っているはずですが、極めて疑わしく、仮に少し入っていたとしても、あまりにも細かく刻まれ過ぎていて、姿を見つけるのが困難です。祭日には、張り込んだつもりなのだろうが、バターの入っていない粥が振る舞われ、四旬節（復活祭前の準備期間）には塩茶と水、それっきりでした。

その結果、ただでさえ体の弱いドストエフスキーは胃をすっかり壊し、病気になりますが、持参していたわずかの金で必要な肉を市場で買って、栄養補給をしていました。しかしそれもなくなると、ミハイルへ、「どうか僕を忘れないで下さい。僕を助けて下さい。書物と金とが入用なのです。送って下さい。お願いです」と訴え、その金で栄養補給をして何とか四年間を生き延びたのです。

他の囚人たちも知恵を働かせ、自分なりに工夫して金を稼ぎ出していました。元家具職人の殺人犯はパンを売りに来た女に頼んで木切れを買い求め、ちょっとした家具用品をこしらえました。また泥棒の元金属工は壊れた金物を集めてきて、鍋や食器などの日用品を作り、仕立て職人は用事で町に出る傷病兵に頼んで、端切れや毛皮をこっそり買ってきてもらい、こぎれいな衣服を仕立てるのです。

そしてそれらを基地内に出入りする町の人を通じて市場で売り、得た金で酒や食品を買ったり、時には番兵に賄賂を渡して特殊な女性に近づいたりしました。番兵たちにもこうした行為を大目に見るところがありました。

ただそういった内職を獄舎内でするものだから、夜はやかましくて仕方がありません。そこへもって皆が動くたびに足枷の鎖がジャラジャラと音をたて、加えて喧嘩、口論、賭博などが繰り広げられ、およそ孤独に浸るなどという贅沢は許されませんでした。皆が奇怪な自由を享楽し、獄舎そのものが一つの社会を形成していたのです。

労働は過酷でした。レンガを焼く、建物の補修をする、土塁を造る、壊れた木造船を解体するなど、朝から晩まで同じことの繰り返しです。年がら年中、希望を失う単純な労働です。

天気は関係ありません。雨が降っていようが泥まみれになろうが、冬の耐え難い寒さ、夏の猛烈な酷暑のもとで、もうこれ以上は体を動かせないというのに、鞭でもって働かされることもたびたびです。或る冬の日、水銀計が凍っていたので正確な温度は分かりませんが、恐らく摂氏零下四十度を超えていたと思われ、ドストエフスキーは片方の足に凍傷を負いました。

ただ時々起こす彼の癲癇発作には監督の兵士も手を焼き、直ちに診療所に運ばれて、その日ばかりは労働を免れます。しかしそのあと数日間はボヤッとした状態のままなのに肉体労働を強制されました。

ドストエフスキーにとって、四年間の監獄生活は必ずしも負の影響ばかりだったとはいえません。むしろ後に小説の巨匠へと育つ栄養素を貪欲に吸収する絶好の機会を提供してくれたのでした。殺人や強盗などの重罪犯、詐欺師、密輸犯など、社会の最下層でうごめくアウトローたちに身近に接し、徹底的に彼らを観察することが出来たのです。ロシア人だけでなく、ロシアに征服された民族——タタール人、レズギン人、チェチェン人らからも、人間性の深淵を見せられました。

人間の発見というべきなのか。ドストエフスキーは彼らの中に、深い、強い、美しい性格をもった人々が大勢いるのに気づきました。それは粗悪な地殻の下に隠れた黄金を見つけるように、彼にとって実にわくわくする楽しい発掘作業でした。その時の喜びをミハイルへの手紙に残しています。

例えば、重い笞打ちの刑をくらったばかりの若年兵が軍病院に収容されてくると、「周りの囚人たちは黙々と不幸な受刑者を介抱し、背中に冷たい水に浸したシーツ、シャツをかけ、ひんぱんに取り換え、ただれた背中に刺さったトゲを上手に抜いてやるのです」と書き記し、囚人を或る種の感動の目で見ています。

このようにドストエフスキーには作家として監獄生活を前向きにとらえる楽観さがありました。彼の目から見て、或る者は尊敬せずにはおられなかったし、また或る者は人間としての美しさにあふれていました。

[マリアに恋する]

一八五四年二月、ドストエフスキーはようやく四年の刑期を終えて出獄を許されました。しかし喜んだのも束の間、翌三月にはシベリア国境警備隊の一兵卒として、いつまで続くかも分からないセミパラチンスク歩兵連隊での兵役を命ぜられたのです。

そこはキルギスの荒野の果てで、蒙古との国境に程遠くない僻地でした。その何もない退屈極まりない僻地に、さあこれからと野望を抱く若い文学青年が六年間もとどめ置かれたのだから、相当なフラストレーションがあって然るべきでしょう。

ところがそんな精神的不毛の土地で、ドストエフスキーはむしろ逆でした。一人の女性と出会い、全身全霊を傾けて、盲目的に恋し、愛を捧げ、濃密で、悩み多い、或る意味、充実した時間を過ごすのです。

相手の名はマリア・ドミトリエヴナ・イサアエヴァといい、夫と子供のいる肺結核の病人でした。容貌について、ドストエフスキーと厚い友情のあった地方検事ヴランゲリ男爵が、「三十前後で、かなり美しい金髪、中背で、非常に痩せた、情熱的な、熱狂的な女性であった」と、記述しています。

ドストエフスキーが赴任してきたちょうど同じ頃に、二十歳になるヴランゲリは、ミハイルからドストエフスキー宛の手紙や金を託されて、ペテルブルクからここセミパラチンスクに検事としてやって来たのですが、それ以来、十三歳上のドストエフスキーとの間に友情が結ばれるのです。

マリアの夫アレクサンダー・イワノビッチ・イサエフは下士官上がりの大酒飲みで、町の税関の小役人でした。酒癖が悪く、そこへ病身ときていて、ほとんど職を失ったような状態なので、家計へ入れる金は足りたためしはなく、マリアの気持ちは安らぎません。気分が沈み、声の調子も乱れがちで、情熱的で生き生きした瞳が涙でぬれることが多くなりました。

しかし息子を父親のようにはしたくないと、子供の教育には熱心でした。マリアは有力な大佐のもとに生まれ、教育を受けた読書家で、そこはかとなく高貴な雰囲気を漂わせています。

そんな折、たまたま時間を持て余していたドストエフスキーは、暇つぶし程度の軽い気持ちで息子の家庭教師を引き受けます。そしてイサエフ家へ出入りするうち、次第にマリアの魅力に取りつかれていくのです。

酒乱の夫の暴言や暴力に耐え、孤独な悲しい不幸を背負って生きている彼女に同情し、深く愛している自分に気づきます。彼女の苦しみに、自分自身を犠牲にし、自分の魂、身体全体で反応することに喜びを覚えるのでした。

そして、そんな自分をマリアが受け入れてくれたのを知ったとき、さらには彼女が自分の助けを必要としているのを知ったとき、三十三歳の青年ドストエフスキーは、歓喜で胸を震わせ、天にも昇る幸福感に包まれました。彼女の不平、不満を優しく聴き、慰め、時には家計の足しにと、小銭を手渡すのが楽しみでさえありました。

ところがその数ヵ月後の一八五五年五月、重大事が起こります。イサエフが七百五十キロも離れた遠いクズネツクに、税関の査定官の職を見つけ、突然一家が引っ越すことになったのです。

ヴランゲリは茫然自失のドストエフスキーを励まし、何とか元気づけねばと一計を案じました。旅費のないイサエフ一家のために金を融通してあげ、引っ越し用の馬車を二台仕立てたのです。そして見送りのため、自分を除いてその一台に一家とドストエフスキーを乗せて出発。ヴランゲリ自身は途中からの帰り用に使うためもあり、二台目の馬車に乗りました。

車に酒を持ちこみ、長い道中、イサエフにしたたか飲ませて泥酔させ、日が暮れかかるころ、森を出たところで停車させました。長途の見送りも、ここでいよいよ別れねばなりません。

　ヴァンゲリはひそかに前後不覚のイサエフと子供を自分の馬車に移し、ドストエフスキーとマリアを残して、最後の別れをさせたのでした。月の明るい五月の夜、二人は濃密な抱擁をして感傷の涙をふきました。

［晴れて結婚］

　クズネツクのマリアからドストエフスキーに何度か手紙が届きました。手元不如意な生活や、自分の病気の悪化、相変わらず夫から受ける無慈悲な扱いなどを切々と訴えるのです。そのたびにドストエフスキーは落ち込み、苛立ちます。マリアの不幸は自分の不幸として苦悩するのです。

　ヴァンゲリは後にそんな彼を、「次第に体が衰弱し、気難しくなり、怒りっぽくなって、まるで人間の影法師のように見えた」と記し、あれほど夢中になって書き始めていた作品「死人の家の記録」でさえ、見向きもしなくなったと嘆いています。

　そこへ追い打ちをかけたのが、マリアの無邪気というのか正直というのか、新しい男の友達ができたということを匂わす一文でした。真摯に自分を愛してくれるドストエフスキーを裏切る後ろめたさに耐えられず、事前にやんわりとほのめかしたのか。彼の受けたショックは尋常ではありません。

　ヴァンゲリは機会あるごとにそんな哀れな友を連れ出し、気分を晴らさせようと努めましたが、効果はありません。精神不安定というのか、突然迷信家になったかと思えば夢遊病者の話をしたり、ひょいと占い師のところへ出かけたりで、ともかく常識はずれの行動をして、彼を心配させます。

　そこで友人の軍医のアイディアで、ドストエフスキーとマリアをセミパラチンスクとクズネツクとの中間にあるヅミエフで会わせることを計画。一目見れば彼の落ち込んだ気持ちも和らぐのではないかと、大いなる期待をもって実行に移しました。

　夜の十時にヴァンゲリとドストエフスキーは馬車で町を出て、嵐のような速さで疾駆しました。それでもドストエフスキーには蝸牛の歩みと映るらしく、もっと早く走ってほしいと何度御者に催促し、困らせたことか。夜通し走らせ、朝方ようやくヅミエフに到着。

ところが約束の場所になっている宿屋に肝心のマリアの姿が見あたりません。来ていないのです。代わりに、彼女から手紙が届いていて、そこには夫の病気がよくないこと、ヅミエフへ行きたくても旅費がないことなどが書かれていました。読み終えた時の彼の絶望ぶりは手の施しようがない状態でした。帰りの馬車は行きとは正反対で、御者でさえもが遠慮するほど沈んだ雰囲気でした。


しかし、ここでまた運命の神がいたずらをします。クズネツクへ転居してわずか三ヵ月後の八月、突然夫のイサエフが亡くなったのです。たちまち妻子は路頭に迷うような状態で取り残されました。手紙でそれを知ったドストエフスキーは動転し、すぐにでも金を送らねばと、長期の旅行中だったヴランゲリに借金申し込みの手紙を認めます。


実に長い手紙で、至急七十五ルーブルをマリアへ送るように頼むのですが、そのやり方がまるで友情を語った強請り同然の哀願なのです。彼の切羽詰まった心境がうかがわれます。

先ずヴランゲリの人格と親切心を持ち上げ、哀れな妻子を放置できまいと迫り、「同封した彼女宛の手紙と一緒に、お話しした額を送ってくれ給え……七十五ルーブルの僕の借金だ。必ず返す、すぐにではないが。君の心が善行を欲していることを僕はよく知っているから」と強引に追いつめます。そして「むろん出来るだけ早く返そうとは思っているんだよ——つまり無期限の借金なのだ……君が気高い心の持ち主であることを僕はよく知っている」

ヴランゲリは放っておくわけにもいかず、もういい加減に目を覚ませよと愚痴りながらも、急いで言われた通り、同封されていた封筒に手紙と金を入れてマリアへ送っています。

そしてヴランゲリはその後、旅行からセミパラチンスクへ戻ると、翌春、任期を終えてペテルブルクへ帰ったのでした。病身で自暴自棄に近い兵士を一人残して去るのはつらいことでしたが、ペテルブルクに戻ってもこの厄介な友への尽力を惜しみませんでした。

それから間もなくマリアからドストエフスキーに手紙が来、かねて交際をほのめかしていた男から結婚を申し込まれ、そのことについて相談に乗ってほしいと書いてきました。男はヴェルグノフという文無しの訓導（小学校の教員）です。ドストエフスキーはどこまでお人よしなのか、マリアのためならと、彼らの将来の生活を安定させるため、ヴェルグノフの昇進についていろいろと相談に乗るのです。

しかし、恐らく経済上の理由からか、この結婚は成立しませんでした。それを知ったドストエフスキーは行動を起こします。この機会を逃すべきでないと考え、待ちに待った休暇を利用して、翌一八五七年二月（三十六歳）、固い決心をもってクヅネツクへ行き、マリアを説き伏せて慌ただしい結婚式を挙げました。ようやくのことで念願がかなったのです。

このようにマリアとの恋愛問題で精魂を消耗させるドストエフスキーですが、もう一つ真剣に取り組んでいた課題がありました。それは早くキルギスでの兵役を終了させ、ペテルブルクへ戻ることです。そのため仕事には真面目に取り組み、マリアと結婚する一年前に、成績良好につき見習士官になっています。

また遠くに住むヴランゲリの助力を得て、兵役赦免の請願書も提出しました。しかし万が一赦免になったとしても、まだ世襲貴族に復帰できていない現状では故郷ペテルブルクへ戻るのは不可能です。そこで次善の策としてモスクワに居住したいと考えました。

これら一連の流れは彼に兵役免除への希望を抱かせるのに十分でした。マリアとの結婚に向かわせる強い力となり、実際、彼女を説得する武器となったのです。

さて結婚式を挙げてすぐにセミパラチンスクに戻ると、さっそく継子のパーヴェルを含めた三人が住む住居の手当てに走りました。これで親子水入らずの生活と言いたいところですが、マリアの肺の病状が悪化するのに加え、ドストエフスキー自身も癲癇発作がたびたび起こり、神経質で重苦しい雰囲気が漂います。

それでも彼の愛がすべてを包み込み、一応、平穏な日々が過ぎました。パーヴェルには出来るだけのことをしたいと、学齢になったとき、ヴランゲリと兄から借金をしてオムスクの寄宿学校に住まわせています。

[いやいやトヴェリへ移住]

一八五八年一月、セミパラチンスクを離れられる可能性が訪れました。そもそもこの地での兵役勤務を辞職するにはその旨の正式な請願書を政府に提出せねばなりません。その提出が許可されたのです。ドストエフスキーは久々の明るい知らせに胸を躍らせ、さっそく辞表を出すとともに、モスクワに居住したいと請願。そして、一年以上も待たされた後の翌年春、兄ミハイルからの手紙で、政府が請願書を受諾したとの勅令を知らされたのでした。

しかしその内容にはがっかりしました。少尉に昇進した上で免官してくれたのはいいとして、願っていたモスクワ居住が許されず、そこから北方百五十キロほどの街トヴェリに住むようにとのこと。この頃には世襲貴族の資格は戻っていたのですが、申請が間に合いませんでした。そこで仕方なく七月に息子をオムスクから呼び寄せ、一家はトヴェリへ移って新生活を始めます。

自由の身になったとはいえ、初日からドストエフスキーはここが嫌になりました。寒くて暗く、生きた心地がしません。あれほど嫌っていたセミパラチンスクよりもひどいところなのです。町は殺伐として、一冊の本もないし、まるで牢獄だと思いました。癲癇の病状も相変わらずで、一向に改善の兆しはありません。一刻も早く医者に診てもらわねばならないのに、ペテルブルクへ行かない限り無理な話です。

何としてでもペテルブルクへ戻らねばなりません。時を移さずにその旨、正式に請願しました。自分の貧窮と病気のことを訴え、ペテルブルクで治療する必要があること、息子をその地の学校へ入学させたいなどと嘆願しました。表向きには言いませんが、本心では文筆活動を進めたいという欲求もあったでしょう。

今やペテルブルクへ戻るのに必死で、犯罪以外、どんなことでもやりかねない状況に追い詰められていました。雲の彼方にいるトートレーベン将軍には二度も嘆願し、効果が見えないので、恐れ多くもアレクサンドル二世へ直接、嘆願書を送ることさえ実行したのです。

ところが幸いなことに、この嘆願書が皇帝の手元に届かないうちに、ペテルブルク帰還の許可が下りたのでした。十二月の半ば、ドストエフスキーは妻と子供とわずかの家具を馬車に乗せ、胸がはち切れそうなほどの興奮に耐えながら、トヴェリを発ちました。

途中、夕方の五時ころ、ウラル支脈の森のただ中をさすらっているうちに、ようやくヨーロッパとアジアの境界に到達。碑銘が刻まれた立派な柱がポツンと立っていて、見ると、そばの小屋に一人の廃兵が番をしています。

一家は馬車を降り、神のお導きでついに聖約の地ロシアを見ることが出来たと感謝して十字を切りました。それからドストエフスキーは中隊長から餞別にもらった、ほろ苦いダイダイ酒が入った藤編みの酒瓶を鞄から取り出し、アジアとの別れに廃兵と一緒に乾杯しました。

その後、再び馬車に揺られ、旅を続けるうち、いよいよ待ち焦がれたペテルブルクです。遠景に現れた停車場に兄ミハイルの姿を見つけたとき、ドストエフスキーは思わず馬車の窓から半身を乗り出し、感涙で顔がくしゃくしゃになりました。

彼にとって、クリスマスの夜半、足枷をつけたまま無蓋の馬橇で去ってから、十年目で見る故郷の景色は如何ばかりだったか。

［波乱の家庭生活］

ドストエフスキーはさっそく文学活動を再開。一八六一年、兄ミハイルと共に雑誌『ヴレーミヤ』（時代）を創刊します。ミハイルは経営していた煙草工場を売り払った資金をもとに、自らが編集者となり、弟を寄稿家として出発したのです。

『ヴレーミヤ』には「虐げられた人々」や「死人の家の記録」を始めとする多くの作品や論文を発表しました。とりわけ「虐げられた人々」は大好評でした。

文学活動は順調でしたが、家庭生活の方はそうとは言えなかったようです。マリアの肺疾患はいよいよ進んで、ヒステリーを起こす度合が増えました。そこへドストエフスキーが毎週のように癲癇発作に見舞われるものだから、とても幸福な暮らしとは言えません。加えてマリアが縁を切ったはずの訓導ヴェルグノフと時々密会をしていて、ドストエフスキーを悩ますのです。

言い争った時のマリアは正気を失っていました。ドストエフスキーに向かって、自分が結婚したのは愛したからではなくて、経済的な勘定の上だったと、決定的な言葉を口にし、「ちゃんとした女が、四年間も牢屋で泥棒や人殺しと一緒に働いている男なぞに惚れるはずがありますか」と、面罵さえしました。

やがてマリアは亡くなるのですが、その翌年の一八六五年、ドストエフスキーがヴランゲリに宛てた手紙でこう書いています。

「彼女の奇怪な、疑り深い、病的に空想力の強い性格が災いして、僕らの生活は実際不幸だった」と告白し、しかしすぐさま「二人はお互いに愛し合うことを止められなかった。不幸になればなるほど、僕らはお互いにしっかり結ばれた」と、感情を反転させるのです。

ではドストエフスキーの方は善良な夫で通していたのかというと、逆でした。彼の性格に奇妙な分裂があり、友人たちも手を焼いていたのです。後年、彼の臨終を看取り、二十年来付き合ってきた哲学者ストラーホフもその一人で、ドストエフスキーが死去した二年後に、トルストイに宛た手紙で打ち明けています。

「ドストエフスキーは意地の悪い、嫉妬深い、癖の悪い男でした」と言い、スイスにいたとき、彼が下男を虐待する現場を目撃したことや、人を嘲ったり、何の悪意もない相手を怒らせてしまうなど、自分の意地の悪さを抑えつける力がなかったというのです。

そうかと思うと、マリアは機嫌のいい時にトルストイから夫の性格を訊かれ、およそ先とは正反対の答えをしています。

「夫は人間の理想というものの体現者です。およそ人間の飾りとなるような、精神上、道徳上の美質を最高度に備えています。個人としても、気の良い、寛大な、慈悲深い、正しい、無欲な、細かい思いやりをもった人です」

この感想も嘘ではないと思われます。本来人間というのは正と邪、善と悪というふうに、二つの相反する気質をもっているのですが、ドストエフスキーの場合はそれらが分裂的と思えるほど極端から極端へ目まぐるしく変わるのです。

マリアに毒づき、傷つけたかと思うと、時間が経ったら、急に彼女をいとおしく思い、愛している自分を見出して、抱擁します。ヴランゲリに書いた「不幸になればなるほど、僕らはお互いにしっかり結ばれた」というのも本心だったのではないでしょうか。

[ルーレット賭博に狂う]

『ヴレーミヤ』の経営が順調に推移するのを見て、ドストエフスキーは一八六二年、見聞を広めるため、初めて海外に行きました。パリ、ロンドン、ドイツ、スイス、イタリア北部を訪れています。

ドイツのウィスバーデンでは、初めてルーレットをしました。暇な時間があって、なんの気なくフラフラと賭場に足を踏み入れたのですが、五十フランを元手にして張ったチップの数字が当たり、三十六倍に増えたのには腰が抜けるほど仰天。よしっと気合が入り、続けて張るうち、気がついたら五千フランも儲けていました。

さらに続けていればもっと勝つ予感がしていましたが、馬車の発車時刻が迫っていたので、後ろ髪を引かれる思いで賭場を出たのです。これがビギナーズラックとなり、以後、十年間、博打の虜になりました。

帰国後、気分を良くしたドストエフスキーは創作に精を出し、たまたまアポリナリヤ・プロコフィエヴナ・ススロヴァ、通称ポオリナという女学生と知り合いになります。そのきっかけとなったのは、彼女が『ヴレーミヤ』に短編小説を発表したことでした。

ポオリナはペテルブルクの大学に席を置いているものの、授業にはほとんど出ず、学生たちとふざけたり、騒ぎを起こしてリーダーになったりとかして、皆から喝采を浴びて喜ぶ新しいタイプの、いわば軽い女性でした。田舎の金持ちの親戚からの仕送りで、気ままな生活の毎日です。

意気投合した二人は、一八六三年の夏、一緒にフランスとイタリアに旅行しようと計画。ポオリナが六月に一足先に出発し、すぐ後にドストエフスキーが追うことになりました。

ところがどういうわけか、ドストエフスキーの旅券がなかなか下りません。それ以外にも急遽、重患の妻マリアを近くのウラジイミルに転地療養させることになり、そのために借金するなど、金の工面に走り回ります。また、ひと月前の五月には『ヴレーミヤ』が当局から発行禁止にされていて、経営するミハイルの懐具合が大層に悪化。

そんなあれやこれやで出発が遅れ、やっと八月半ばになって、気もそぞろにパリにいるポオリナの後を追ったのでした。

しかしその途中、ウィスバーデンまで来たところで、ふと一年前にルーレットで五千フラン儲けた快感が頭をもたげ、またフラフラと、というより足の方が積極的に、はっきり言うなら、一目散のような足取りで賭場のゲートをくぐったのです。勝ち方の秘密、つまり「システム」（ドストエフスキーの言葉）は前の経験で会得しています。自信満々、必ず大勝してみせるぞと、その意気込みのせいで息が苦しくなるほど激しく鼓動を打ちました。

すでにルーレットの回転盤の周りには大勢の人だかりが出来ています。腕で押しのけて賭け用のテーブルに近づくと、運よく脇に座っていた一人が立ち去ったので、さっとそのあとに座りました。

「システム」のことを思い出し、それを根気よく試みているうち、チップがどんどん増えて、一万フランもの大金を儲けるのです。

この大勝に気をよくし、ここで彼は四日間も博打に取りつかれ、我を忘れたのでした。初日以来、時どき宿屋へ戻って仮眠をとる程度で、ほとんど寝ていませんが、あまりにも面白くて、まったく気になりません。

四日目の朝方になって、事態が急変。少し興奮してきたために「システム」から逸脱してしまい、調子に乗って大きく張って、一瞬のうちに全てすってしまったのです。しかし夕方、宿屋に残しておいたわずかの金をもとに再び「システム」に回帰したところ、これを厳守したお陰でどんどん勝ち始め、あっという間に三千フランを手に入れました。賢明なことに午後ちょっと宿に戻ったとき、儲けの一部を入院中の妻に送ってほしいと義姉に依頼する手紙を書き、送金する手続きをしています。

その後、勝ったり負けたりするうち、持ち金は交通費を残してすっかり巻き上げられてしまいました。さすがに賭博漬けだったドストエフスキーも、ここに来て、ようやくパリのポオリナのことが気になり、プレイを中止。悔しさを残しながら、あたふたとパリへ向かいました。

[頭の中は金、金、金]

　ポオリナはすっかり待ちくたびれ、ぼさぼさの髪とうつろな目で駆けつけたドストエフスキーを、歓迎するどころか、ドアの前で、笑顔もなく冷めた態度で出迎えました。立ったまま、彼が来た時に読ませようと書いてあった手紙を無表情に差し出し、顎で読むよう促します。ドストエフスキーの顔色がみるみる青ざめました。

「今になっていらしても、もう遅いです。しばらく前まではご一緒するイタリア旅行を夢見て、イタリア語の勉強を始めましたが、ここ二、三日で何もかも変わってしまいました」で始まり、或る人に心を許してしまったと事もなげに書いて、「さようなら」で結んでいます。

　ドストエフスキーはわけを話すように頼み、さもなければ僕は死んでしまうとさえ喚いて部屋に入ると、いきなりポオリナの足許にもたれかかり、力いっぱい膝にしがみつきながら、すすり泣きました。何と大仰な仕草だと普通思ってしまいますが、真剣なのです。

　しかも彼にショックを与えたのは、相手のサルヴァドルというスペインの医学生が、ポオリナを好きでなく、彼女の方が一方的に好いた片思いだったことです。弄ばれたあげく捨てられたそんな男に、いまだに惹かれているのか。

　ドストエフスキーは絶望的な目で、その男のためならどこまでもついていく気なのかと尋ねると、ポオリナは急に興奮した声音になり、「いいえ、あいつを殺して、田舎へ引っ込んでしまいます」と叫び、わっと泣き出しました。

　男への未練はなくなったのか……。ドストエフスキーの絶望がやや安堵に変わり、ゆっくり体を起こしました。そして回復した冷静な頭と饒舌気味の舌で、薄情な男を殺すと息巻く彼女をどうにか宥めるのに成功します。

　それが終わったあと、ではどういうふうにして自分たちの仲を元のさやに収めようかと思案し、名案を思いつきました。ここは「兄と妹」という約束で旅に出ようと誘ったのです。時間をかけてこの旅で、ポオリナの気持ちを引き戻すのに全力を尽くさねばと、固く心に決めました。

九月の初め、二人は旅に出ます。ところがウィスバーデンまで来たとき、彼は性懲りもなく、たちまちルーレットの魔力に負けてしまったのです。しかし今回は勝ちました。ツキが回ってきて三千フランを手にし、意気揚々、宿へ戻ります。

次の目的地はバーデンバーデンで、ローマ時代の浴場跡が残る有数の温泉地です。そこでまた脱線事故が発生するのです。温泉浴もそこそこに、大急ぎで賭場へ駆けつけ、ルーレット台に張り付いたのはいいのですが、欲が張りすぎたため、有り金をすっかり巻き上げられてしまいました。

ポオリナは怒鳴る気力も失せ、呆れるばかりです。ドストエフスキーは謝りながらも、「システム」のことをくどいほど説明し、これさえ守れば必ず勝てると必死に訴えます。彼女が、勝つシステムなど存在せず、すべてが運任せではないかと反論しても、彼は引き下がりません。

金さえあればと、もうなり振り構う余裕がなく、頭の中は金、金、金です。ふところの前ウィスバーデンで妻に渡してほしいと義姉に金を送ったことを思い出し、その金を一先ず返却してもらおうと、その旨、大急ぎで義姉に電報を打ちました。そして同時に兄ミハイルにも「金送れ」の無心状を投函しています。金をトリノで受け取ろうというのです。

『ヴレーミヤ』の発禁で財政状態がよくないミハイルへの無心には気が引けましたが、だからこそルーレットで大儲けをして助けてあげねばと、もう行け行けゴーの気持ちです。自分自身のためにも、兄のためにも、妻のためにも、小説のためにも、どうしても金が要る、「システム」さえ守れば必ず勝つので、皆のすべての問題が一挙に解決すると、説得を意識して弁舌巧みに書いています。

このように一先ず資金手当ての手は打ちました。しかし無一文では馬車に乗れません。はて、どうしたことかと考えていると、折よくこの地に同業の作家ツルゲーネフが来ているのを知ります。そして、五十ターレル借りるのに成功し、どうにかジュネーヴまでやって来ました。食費を節約しながら宿屋に泊まるのですが、いよいよ金に窮し、二人で相談した結果、ドストエフスキーが時計、ポオリナが指輪類を質に入れ、やっと目的地トリノにたどり着いたのでした。

ところが頼んだ金はまだ届いていません。無一文で宿屋に引き籠り、ひたすら故国からの送金が届くのを待ちわびました。やがて義姉から百ルーブル、ミハイルから四百五十ルーブルが送られてき、一息つきます。そしてミハイルへの返事の中で、「こちらでは、人々は苦もなく、ルーレットで一万フロリンも儲けている」と書き、自分も同じように儲けるからと、兄を安心させようとしました。

ローマへ行く途中、またまた惨事再発です。賭場へ入りびたりとなり、せっかく手に入れた金をすられます。今後の移動費用だけを残して再び文無しになりました。しかしそこで諦めないのが彼の真骨頂です。もうミハイルには頼めないので、今度は友人の哲学者ストラーホフに頼んで、どこかの出版社から借金しようと考えました。原稿料の前借りです。

彼に宛てた手紙に、後に書くことになる小説「賭博者」のざっとした構想に触れ、次のように借金の手筈を頼みました。

「僕はプロレタリア文士だ。金がない。もし出版社が僕の作品を欲しいのなら、僕に前借りさせて然るべきである。我ながら腹立たしいことだが仕方がない。これからもどうしようもなく、同じことが起こるだろう」

頼むというより、何だか偉そうな物言いですが、本人にはその意識がありません。かくなる上は早く金を手にしたいと、ドストエフスキーとポオリナは急ぎローマからナポリに出た後、船でジェノアまで行き、トリノに着きます。

ストラーホフから送金されてきた三百ルーブルを受け取ると、二人はベルリンへ移動。そしてポオリナはパリへ向かい、ドストエフスキーは帰国の途についたのですが、案の定、また脱線しました。賭場のあるハンブルグが近づくにつれ、ルーレットの玉が転がる軽快な音が耳にこだまし、それがあまりにも執拗で、素通りすることが出来なかったのです。

結果は意気込みに反してすってんてんになり、もう国へ帰る交通費もありません。仕方なくパリにいるポオリナに手紙を出し、窮状を訴えました。数日後、掻き集めたらしいわずかばかりの金がポオリナから送られてき、ようやくドストエフスキーはペテルブルクへ帰ったのでした。

一八六三年八月末、水と緑の温暖な街が白夜にかかろうとする時刻、停車場には大勢の借金取りの顔が見えます。ドストエフスキーはもはや彼らから逃げられないことを自覚し、いよいよ小説を書かねばならないと覚悟を決めました。ところがその出鼻をくじくように、相重なる不運が彼を待っていたのです。

[二つの不幸]

帰国してからというもの、ルーレットでの敗けと失恋の旅がよほどドストエフスキーの神経にさわったのか、病気の体がさらに悪化。もう慣れっこになって何でもないものの、たびたび癲癇発作が起こり、加えて痔がひどくなって膀胱まで具合が悪くなったのには参りました。不愉快でたまらず、いよいよ重病になる前兆ではないかと怯えるのです。

しかしそれ以上の心配は、入院先から家へ戻した妻マリアの病気でした。痩せ衰え、絶えず咳をして、青い顔はまるで死人のように見えます。頭が正常に機能せず、家に幾つかある時計は、皆ゼンマイが壊れるまで巻かないと承知しません。また往診でやってくる医者に、ハンカチで窓から悪魔を追い出すようにと求め、医者も仕方なく毎回、ハンカチを振る始末です。

ドストエフスキーはせめて義理の息子パーヴェルで心を寛がせたいところですが、そうはいきません。彼はまだ十五歳の生徒だというのに、ペテルブルクの下宿に愛人を置く素行の悪さでした。このようにドストエフスキーはこの冬、自分の病気の心配をしながら、妻の看病に明け暮れる毎日なのです。

ただ前年の暮れに金持ちの伯父クマニンが死んで、三千ルーブルの遺産を手に入れたのですが、ポオリナとの旅行のために文学者共済会から借りていた借金を返すと、手元には残りませんでした。そんな状況下、金に困り果てて、悪いとは思いながら何度もミハイルに無心をしています。

しかしミハイルにしても『ヴレーミヤ』発禁で打撃を受け、財政的に追い詰められて多額の借金を抱える身です。弟から無心、泣き言、弁解の手紙をたびたびもらい、時折小金を送るものの、期待には沿えず、兄としてすまない気持ちをもっていました。

何とか事業を立て直したいと、『ヴレーミヤ』に代わって『真理』の創刊を企画しましたが、名前が不穏だという理由で却下されます。しかし『世紀』なら無難だということになり、ようやく雑誌発行にこぎ着けました。

ドストエフスキーの小説は創刊号には間に合わなかったけれど、有名になる「地下室の手記」が四月号から掲載されるのです。

『世紀』を創刊するに際し、ドストエフスキーはその資金調達で兄に知恵をつけ、ちゃっかり伯母のクマニンから一万ルーブル借金することに成功させました。如何にして伯母を説得するかについて、心理的に攻撃すべきと、わざわざ手紙に書き、気の弱い兄を勇気づけて扇動しています。

ところがそんな折の一八六四年四月、とうとう臥せっていたマリアが結核で亡くなり、七年間の結婚生活に終わりを告げました。そして思いがけないことに、その三ヵ月後にミハイルも他界したのです。身内の不幸が二つも続き、ドストエフスキーは途方に暮れます。

ミハイルの場合は突然の別れでした。体の調子が悪いと言って寝ついたのが死のひと月前で、それも大したことはなく、誰もが気にしていませんでした。突然と言うのは、これは大変だとなってから、ほんの三日後に死亡したからです。ミハイルがドストエフスキーの扇動で一万ルーブル借りることができ、喜んだ三ヵ月後のことでした。

〔再起を期す〕

兄の死後、ドストエフスキーには途方に暮れている余裕はありませんでした。兄が残した二万五千ルーブルの借金が、いきなり彼の肩にのしかかってきたのです。手元にあった現金の三百ルーブルは葬式で消えてしまい、もう一銭もありません。残った借金をどう返済するか。

クマニン伯母の一万ルーブルは何とか据え置くとして、一万五千は手形の期限が迫っており、すぐにでも支払わねばなりません。雑誌を続けるのにも最低限一万八千ルーブルが必要です。要するに一年後に行われる雑誌の予約申し込みで収入があるまでに、三万三千ルーブルが要るのです。

借金と並んでもう一つの重荷は兄の家族でした。文字通り一文なしで路頭に放り投げられました。未亡人と子供たちがドストエフスキーの周りに集まり、日々のパンを求めてきます。これに対し、彼は迷うことなく扶養を宣言して、遺族を引き取るのです。

これらの難事を切り抜けるためにも、雑誌『世紀』を続けねばならないと決心しました。そこで頼みになるのは再びクマニン伯母です。彼の悪知恵が働きました。伯母が死んだ時には遺言によって一万ルーブルもらえることになっています。それを言葉巧みに前借りし、仕事を始めたのでした。

ドストエフスキーは猛然と働きました。原稿依頼、論文の訂正、印刷文字の校正、検閲官との交渉、金策など、たった一人でフル回転です。朝の六時まで立ちっぱなしで、五時間しか眠れません。

そんな奮闘が半年以上も続き、それにもかかわらず、読者が千三百人に減ってしまいました。彼自身、小説を一作も一行も書く時間がなく、読者が離れたのもやむを得ないことだと自覚しています。それに、もう資金はまったくありません。借金が返せて自由の身になれるのなら、何年でも喜んで牢屋に入りたいとさえ真剣に思うのです。

金をつくるために、大急ぎで、しかも鞭で打たれながらやる強いられ仕事。これは確実に自分を圧し潰しそうな気がしてなりません。ではどうすればいいのか。答えは一つ。小説を書こう、いや書かねばと、改めて自分に言い聞かせました。

一八六五年四月、ドストエフスキーは友人のヴランゲリ宛ての手紙にそんな現状を綴った後で、やはり性懲りもなく借金を申し込んでいます。

「ところで仕事をするのに三千ルーブル入用だ。毎日、金策に駆けずり回っている。出来なければ破滅しかない。この仕事が唯一の救いだからね。貯えという力を使い果たし、僕の心魂には、ただ何かしら不安なもの、漠然たるもの、絶望と紙一重の或るものが残っている。実際、桁外れの苦痛と懊悩だよ」

そう吐露した後で、「ところが僕にはどうにか生きていけるという気がいつでもしているのだ。まったくおかしな話じゃないか。猫の活力かね」と続けるのです。「猫の活力」というのは彼の造語で、猫がずば抜けた肉体的・精神的力をもっていて、逆境の中でも強く生きるという意味なのでしょう。自分もこういう苦難の中なのに、どうにか生きていける気がすることに、ちょっと不思議な感覚を抱いたのだと思われます。

そんなことがあって間もなくのこと、ひっそりと『世紀』は廃刊になり、また小説を書こうと誓った志もいつの間にか消えていました。

［マルタ・ブラウンという女］

話を少し前、『世紀』で繁忙を極めていた頃に戻しましょう。こういう時でもドストエフスキーには女が欠かせませんでした。短期間ですが、身を持ち崩したマルタ・ブラウンという若い女性とねんごろになっています。どこにそんな時間があったのか不思議です。

どことい って取り柄のない彼女は、ヨーロッパのあちこちを流浪し、イギリスには四年いて英語が達者でした。その経歴は決して褒められたものではありません。ロッテルダムの監獄に入ったり、自殺未遂で留置場に入れられたり、テームズ川の橋下で浮浪者に混じって一緒に寝たり、悪いことをしてトルコへ逃亡したりしたあげく、故郷のペテルブルクへ帰ってきました。

それからゴルキーというジャーナリストと同棲し、悲惨な貧乏暮らしをしていましたが、ゴルキーの伝手《つて》で『世紀』の事務所で英語翻訳の職を得ます。ところが病気になってしまい、ドストエフスキーが入院先の病院を紹介して、マルタ・ブラウンとの交情が深まったのです。

やがて二人は別れるのですが、ドストエフスキーに宛てた一八六五年付の彼女の手紙が残っていて、そこには惨めな自分を幸福にしてくれた人間としての彼に、感謝の念を記しています。

「たとえ短い間だったとはいえ、私のような者を友達として愛して下さり、感謝の念は今後も変わりますまい。それを信じて下さい」と前置きしたあと、心情を吐露します。

「貴方の前では虚飾を捨てようとしました。そんな決心を今までにしたことがなかったのを誓います。我がままなとりのぼせ方をお許し下さい。でも、ロシアに帰ってきてから二年間、不幸と嫌悪と絶望でいっぱいだった私の心は、貴方のような沈着で我慢強い、世間を知った公平無私な人を見て、私は幸福感に溢れているのです……私の汚らわしい一面を責めず、私の思っている私より、ずっとましな人間として付き合って下さったことを、金銭では償えぬものと心に銘じておりますこと、どうぞお信じ下さい」

ただ、なぜ二人が別れたのか、理由は不明です。

〔屈辱的な契約書〕

一八六五年四月、細々と続いていた『世紀』が潰れたとき、一万五千ルーブルの借金だけが残りました。返済の当てはなく、あとは監獄行きしか道はありません。そこで病気を理由に監獄は無理だと世間に訴え、その甲斐あって、以前借りたことのある文学者救済会から幾らかを借りるのに成功するのですが、焼け石に水です。たちまち枯渇しました。

かくなる上は出版社から原稿料の前借りをしようと、二、三社当たってみたのですが、彼の借金癖が評判になっていて、どこも相手にしてくれません。癲癇の発作は起こるし、被扶養者たちからはたえずパン代を求められ、すっかり参ってしまいました。それでも下手な鉄砲も数打ちゃ当たるで、小金の借金をつないでその日暮らしをしていました。

ところが悪知恵の働く狡猾な商人はいるものです。ドストエフスキーの弱みにつけ込むステルロフスキイといういかさま的な出版業の男が現れました。三千ルーブル融通するのにとんでもない条件を付けたのです。しかも一部は手形です。

その条件というのは、それまでにドストエフスキーが書いた全著作を出版する権利が与えられること。いついつまでに、全集に加えるために長編を新しく一つ書き下ろすこと。もし長編が期日を過ぎて一ヵ月以内に出来上がらなかった時は、向こう九ヵ年間の著作の出版権利を無償で提供すること。そういう非常識で奴隷的な条件でした。

しかし絶体絶命のドストエフスキーには選択の余地はありません。もう破れかぶれです。一八六五年七月、目をつぶってこの屈辱的な契約書に署名し、三千ルーブルの金を手にしました。急場の借金を返すと、手元に残ったのはたったの百七十五ルーブルです。

無念さ、口惜しさ、腹立ち、無力さがドストエフスキーの胸に込み上げ、金への渇望で頭から理性が消えました。ルーレットの玉の転がるグルングルンという音が聞こえてきます。後はお決まりのパターンでした。百七十五ルーブルを握ると、身支度もそこそこにウィスバーデンの賭博場に飛んだのです。

〔再びルーレット漬けになる〕

これより二年前の一八六三年、ドストエフスキーはポオリナと別れましたが、それ以後も思い出したように時どき文通は続けていました。いつか関係を復活させたいという希望があったのでしょう。彼がポオリナから受け取った手紙が現存していて、そこにはベルギーの或る温泉地で会おうと書かれています。

彼はなぜか西欧の気候が癲癇に効くと信じ、あわよくばかつての恋人に会いたいという気持ちも手伝って、再度外国旅行をしようと、『世紀』が廃刊になる前に計画したことがあります。

その希望が今回の百七十五ルーブルの屈辱で、ようやく実現したのです。ただ借金返済のためだけでなく、彼女と会う前に、ルーレットで持ち金を何十倍、何百倍にも増やしておこうと欲を張りました。

ポオリナは事前に彼からその意図を知らされ、懐かしさと持ち前の楽観的で優しい性格から、先にウィスバーデンへ来て彼を出迎えました。そのとき二人の間に何が起こったのか、彼女の「日記」の中にも触れられておらず、不明です。ただ彼の賭博への逸る気持ちを察し、自分たち二人の運命をルーレットに託して直ぐにパリへ戻っています。

それから五日後。ドストエフスキーは有り金一切をすって無一文になり、宿屋に一人残って時間を持て余していました。時計は質屋にあるし、もちろん宿代も未払いです。あとはやることは一つ。借金要請の手紙を書きまくることでした。書き方、文章は手慣れたものです。

先ずバーデンバーデンにいるかもしれないツルゲーネフに宛て、彼がいるのを願いながら、無一文の実態を包み隠さず記し、「さてお願いというのは、心からのお願いなのですが、百ターレルほど拝借したいのです」と懇願します。

そして或る雑誌に投稿した論文の謝礼金、これは出発前に送ってもらう約束をしていたもので、それを待っていること、また自分を援助する義務のある人からの金も待っていることを持ち出し、三週間以内には返せないけれど、何れにしてもひと月以内には必ず返済する旨を誓います。最後に「まことに慚愧に堪えません。貴方にご心配をかけるのは何よりも恥ずかしい。しかし身の破滅を前にして、ほかに仕方がないのです」と結びます。

結局、ツルゲーネフからは半分の五十ターレルが送られてき、ついでに言うなら、返済を誓った「何れにしてもひと月以内」は十年に延びました。

パリのポオリナにも再三にわたり無心の手紙を書き、電報を打っています。しかし返事はありません。新しい恋人が出来たのかもしれないと、ドストエフスキーは自分の不甲斐なさを棚に上げ、勝手なもので、何か裏切られたような気分になりました。もし金が入ったら、短期間でもパリへ会いに行って確かめたい気持ちでせっつかれますが、どうにも動きがとれません。

実際、宿屋では食事の回数は極端に減らされ、夜は灯もケチケチされます。動くと腹が減るので、もっぱら本ばかり読んでいました。この頃、「罪と罰」の構想を巡らし、起稿するのです。ウィスバーデンで文なしにされたことが、歴史的な名作「罪と罰」につながったのだと思うと、運命は気まぐれなのか思慮深いのか、神のみぞ知るです。

『ロシア通報』を主宰するカタコフには三百ルーブルの、コペンハーゲンにいたヴランゲリにも百ターレルの無心をしました。

しかしカタコフからはなかなか届かず、ヴランゲリからやっとこさ百ターレルが届いたとき、もう宿代が積りに積もって、パリ行きどころではありません。宿屋の主人は金が入ったことを知ると、その場でほとんどを巻き上げてしまいました。残ったのはたったの十五グルデン。話にもなりません。

何とか方法はないかと、めぼしい知人に当たり尽くしましたが、成果はなし。もはや誰も相手にしてくれません。ペテルブルクへ帰るに帰れず、万事休すです。が、捨てる神あれば拾う神ありが世の中。そんな窮状を近くに住むロシア人の僧侶が見かね、彼の情けで旅費を借りることに成功し、十月の初めになって、ようやくウィスバーデンを離れることが出来ました。なおポオリナとの縁はこれっきりとなりました。

〔口述筆記〕

翌年の一八六七年正月号から「罪と罰」の連載が『ロシア通報』に載りました。極貧生活のなか小説書きの仕事に精を出すのですが、癲癇発作がしょっちゅう起こり、はかどりません。

どうにかこうにか『ロシア通報』主催者のカタコフから千ルーブルもらってきたものの、即、借金取りの手に渡ってしまいました。かつかつの苦行者のような生活だと嘆くのですが、尻に火がついているので、仕事にしがみつかざるを得ません。その辺の弁解めいた事情説明をヴランゲリに次のようにぼやいています。

「借金取りというのは、払えば払うほど図々しくなる。兄が死んで、僕がその借金を引き受けているんだし、一部は払ってやったんだから、実際感謝されてもいいんだよ。証文を僕が書き替えなければ、一文にもならなかったじゃないか……しかし小説は全力を傾けて書き続けている。たった一つの希望だからね」

ともかく経済的な圧迫は半端ではありません。息子のパーヴェルと兄ミハイルの家族だけでなく、さらにこの頃から弟ニコライの生活も見てやらねばならなくなりました。両肩に借金、大作、扶養という三つの重しがどっしりとのしかかるのです。

モスクワ郊外の妹の別荘に逃げ出し、仕事に埋没しました。夏を過ごし、九月にペテルブルクへ帰ってきたのですが、「罪と罰」は連載をしているものの、まだ完結していません。三千ルーブル借りるためにステルロフスキイと約束した魔の期日が、目の前に迫っていました。

どうしても長編を一つ書き下ろさねばなりません。もし期日を過ぎて一ヵ月以内に出来上がらなかった時は、向こう九ヵ年間の著作の出版権利を無償で提供せねばならないのです。頼りの「罪と罰」は間に合わないので使えず、ドストエフスキーは頭を抱えました。あと一ヵ月ほどしか残されていません。ルーレットに狂う若者という構想は頭にありますが、まだ一行も書いていないのです。

そんなとき、或る友人がドストエフスキーに突拍子もない提案をしました。速記者を雇い、彼が口述したものを書き連ねれば、一ヵ月で出来るというのです。ドストエフスキーは小説を口述した経験はないので迷いましたが、他に方法がありません。先ずやってみようということになり、早速友人がうまく探し出してきて、アンナ・グリゴーリエヴナ・スニートキナという二十歳の女性速記者を連れてきました。

ドストエフスキーは、やや赤みを帯びた明るい褐色の頭髪に、珍しくしこたまポマードをつけ、きれいに撫でつけて待っていました。彼なりにおしゃれをしていたのでしょう。貧乏暮らしのため、かなり着古したジャケットを着ていましたが、しかしカラーと肌着の袖口は真っ白で、アンナは初対面で清潔な好印象をもったといいます。

二人の最初の会話は、「速記を始めてもうどのくらいですか」「まだ半年です」というふうに、ごく平凡な形で始まりました。そして、その日から口述が開始され、進んだかと思えば止まったりで、脱線の連続です。

大抵の場合、ドストエフスキーはイライラしていて、考えがまとまらないらしく、しきりに煙草を吸います。一本つけたかと思うと直ぐ新しいのと取り替えるというふうで、部屋中を歩き回って落ち着きません。アンナが自分は煙草を吸わないと何度断っても、忘れてまた煙草を勧める有様です。

しかし次第に口述に慣れてきたのと、二人の間に友情のような絆が育つにつれ、ピッチが上がりました。その結果、「賭博者」は二十六日間で書きあげられ、辛うじて期日に間に合ったのでした。ルーレット賭博の狂気と、それにより身を滅ぼしていく人々を描いた長編小説で、まさに自分のことを書いています。果たしてどんな心境で書き進めたのでしょうか。

一八六六年、完結後、全集の第三巻に収められると共に、単行本としても出版され、大好評を得ました。

[アンナとの再婚と博打三昧]

翌年の一八六七年二月、この二人は結婚しました。ドストエフスキー四十六歳、アンナ二十一歳のカップル誕生です。

無事、披露宴が終わって客が帰り、身内の者だけが残りました。ドストエフスキーはうれしさのはけ口を見出せないほど興奮し、アンナの妹と話し始めたのですが、そのとき早速、癲癇発作を起こしたのです。急に顔色が青ざめ、ソファーに座っているアンナに倒れるようにしてもたれかかると、まるで咆哮とも言えるほどの叫び声を上げました。

アンナの妹はほとんど同時に悲鳴を上げて椅子から飛び上がり、義弟と一緒に部屋から逃げ出します。アンナも癲癇の発作を見るのは初めてで、びっくりしましたが、その時の心境を夫が亡くなった後に、こう書き記しています。

「あの叫び声を十回以上も立て続けに聞かされて、私は恐ろしさに震えたが、我ながら不思議なことに、こういう急場にいたというのに少しも取り乱さなかった」

実際アンナはドストエフスキーが思っていた以上にずっと強い女で、深い心を持っていました。そんな彼女との結婚は彼にとって幸いします。秘書的な才能がある彼女は、以後、時間をかけながら夫の乱れた生活を立て直すだけでなく、借金取りを追い払い、出版社との金銭交渉も彼に代わってするのです。あらゆる経済的問題を一手に引き受け、非実用的な夫は完全に文学に専念することになります。アンナはまさに彼の「守護神」（ドストエフスキーの言葉）でした。

さて結婚はしたものの、アンナの期待に反し、家庭生活はとげとげしいものでした。ドストエフスキーに寄宿している大勢の親類たちの間に、一種の恐慌状態が起こったのです。結婚により自分たちの食い扶持が減るのではと、いい感情をもちません。新妻につらく当たりました。アンナにとってはまさに家の中に敵がいる感じです。

夫婦は当面の策として、この地から脱出して外国旅行に出る決心をしました。そうすることで、借金取りから逃れられるだけでなく、彼の健康のためにもなります。旅費はアンナが持ってきた家財を売り払って作ることにし、『ロシア通報』から得た前借金は、先ず当座の差し迫った借金返済と残った家族の生活費にあて、その後わずかに余った金も合わせて、残雪の溶けかかる四月にペテルブルクを発ちました。

ヴィルナ、ベルリンを経て、ドレスデンに到着。ここに腰を落ち着け、早速仕事にとりかかったものの、思ったように進みません。というより、まったく進まないのです。読書と、それから少しばかりの原稿書きという有様で、退屈な日々が二ヵ月半も続きました。

そしてやはりと言うべきか、そんな心の隙間に、賭博の誘惑が割って入ったのです。ルーレットのディーラーが回す玉の音、チップを張る手指の刺激的な感触、高倍率の数字を当てた時の天にも昇るほどの快感が、彼を捕らえて放しません。むしろ彼自身がその機会を狙っていたふしがあったと思われ、だからそわそわして落ち着かなかったのです。

妻をどうにか説得してドレスデンの宿に残し、単身ハンブルグへ発ちました。ワクワク感と大金を儲ける欲で胸が躍り、身震いさえしながら賭場に乗り込んでチップを手にします。

ところが勝ったり負けたりを繰り返すうちに時間が経ち、四日間という約束を過ぎても、金は増えるどころかますます減るばかりです。それでもわずかに残った金で、もう儲けるなどとんでもない、少しでも損を取り返さねばと頑張り続け、とうとう十日まで延びてしまいました。最後はお馴染みのすっからかんです。

ドストエフスキーは妻に、「賭博は終わった。一刻も早く帰りたい。至急旅費送れ」と電報を打ちました。そして、届いた旅費の金を握り締めて再び賭場へ走ると、やっぱりまた負けて、とうとう手ぶらでドレスデンへ帰ってきたのでした。時計はハンブルグの質屋に残したままです。

それからの夫婦の生活は困窮を極めました。宿屋の主人は終始、機嫌が悪く、ろくな食事しか用意しません。ドストエフスキーは仕事も手につかず、かといって賭博しようにも金はなく、神経が日に日に苛立ちます。そのあげく、滞在期間のことで領事館の書記と喧嘩になってしまい、その最中に幻覚を覚えておかしな行動に出、アンナも悲観のあまり窓から飛び降りようとしたりで、もう修羅場と化しました。

困ったドストエフスキーは、ここでアンナにとんでもない説得を試みるのです。この危機を乗り切るにはやはりルーレットで金を稼ぎ出す以外に手はないと主張し、強引に説き伏せました。そして待ち焦がれていた前借金がカタコフから送られきた六月、二人はそろってバーデンの賭博場に駆けつけたのです。

アンナは妊娠していたので、初日以外は宿に残り、賭場行きの夫を祈るようにして見送りますが、七週間ものあいだ二人はまったくルーレットだけを相手にし、それしか眼中にない惨めな日々を過ごしました。

ドストエフスキーは負けて宿に帰ると、そんな自分を悪漢野郎と口汚く罵り、ルーレットの存在を呪います。アンナの足元にしゃがんで大声で泣きました。それでいて、一日も欠かさず、睡眠を削ってまでして賭場に通うのです。正気の沙汰とは思えません。逆に勝ったときはお祭り騒ぎでした。

その間、カタコフの前借金は跡形もなくなり、アンナが母親に泣きついて幾回かにわたって送ってもらった金も大方失いました。その残りから、アンナの耳輪を質屋から受け出してほしいと、ドストエフスキーに必要額を渡したのですが、彼はそれを手にすると、質屋へ行かずに賭場へ行って、すってしまいました。

もはやここにいては地獄しかありません。二人で相談してジュネーヴへ行くことでまとまり、午後三時の発車を確認したあと二人は宿へ戻りました。その途中の道々で彼は残っている金で最後の運を試してみたいとしきりに言い張ったのですが、結局それは諦めています。

宿へ着いて詳しく計算してみると、アンナの手元には百六十フラン残りました。それを知ったドストエフスキーは又もや息を吹き返します。まだもう少し時間がある、勝って楽になるチャンスがあるのだから、百フランだけ渡してほしいと言ってききません。アンナが断ると、では五十フランでもいいとか、四十フランもらえればきっと勝ってみせると啖呵を切り、泣き声さえ上げてアンナの足元に接吻して哀願するのです。

根負けしたアンナは四十フラン取るがいい、と言って手渡しました。その夜、彼女は一人で寝、一晩中金貨の夢を見たといいます。

翌朝、八月十一日、ドストエフスキーは四十フラン負けただけでなく、さらに自分の結婚指輪を質に入れて得た二十フランも負けて、しょんぼりして帰ってきました。腹を立てたアンナが小言を言おうとしたとき、突然ドストエフスキーは跪き、自分の行為はどんな罰を受けようと仕方ないが、いまだに自分はアンナの寛大さを当てにしているのだと、倍以上も年下の妻に必死に詫びるのです。

しかしアンナもアンナです。しょげ返った夫を見て急に憐れみを覚え、このままではいけないと、何とか彼の気を引き立てる方法はないものかと考えます。もし万が一、質屋の主が気前よく担保もなしで金を貸してくれたら、その中から二十フランだけ渡すので、二、三ターレル勝ったら勝負をやめて帰ってきてほしい、と提案しました。

すると彼はみるみる元気づいて、返る当てもない金を出してくれるアンナの優しさを口にし、この二十フランは生涯忘れないと、全身で感謝を表すのです。

アンナは質屋の主にありとあらゆる口実を並べ、百二十フランをもぎ取りました。二ヵ月が返済の期限で、それが完済されれば先に預けてあった耳輪も返還される約束です。二十フランは指輪を引き出す時の代金としてその場で消えました。

汽車の発車までもう一時間しかありません。ドストエフスキーは時間を守るようにと念を押され、賭場へ出かけますが、二十分もしないうちに戻ってきます。すまなさそうに、言われた通り金をターレルに換えて勝負したがみんな負けてしまったと、ぼそりと言いました。アンナは心配しないでと励まし、荷造りを手伝うように促しました。そして、ようやくバーデンを発ち、ジュネーブ行きの汽車に乗ったのです。

[ついに賭博との闘いに勝つ]

あれほど地獄を味わってきたというのに、ドストエフスキーのルーレット熱は冷めませんでした。ジュネーブ滞在中に三度も賭場サクソン・レ・ベンまで出かけています。その後、スイス経由イタリアへ行き、ドイツへ入ってドレスデンに落ち着くのですが、そこでも妻を残してハンブルグとウィスバーデンへ行く誘惑に負けました。賭博場からアンナにこんな手紙を書いています。

「何もかも負けてしまった。ああ、私の天使。どうぞ気を落とさないように。心を傷めないように」と語りかけ、決然とギャンブルから足を洗う決心を伝えるのです。

「今こそ立派な夫となる時期が来た。もう汚らわしい蔑むべき盗人然とした、お前の隙を窺うような真似はすまい。今こそ長編なのだ、長編だけが僕らの救いだ。今度の長編に僕がどんなに望みをかけているか、お前に分かってもらえたら……信じておくれ。僕は必ずなし遂げてみせる。お前に尊敬されていい人間になってみせる。もう決して賭博はやらないぞ」

そう宣言したあと、続けて、

「一八六五年の頃と同じ事態になったのだ。あの時だって苦境はとことんまで行ったのだからね。だが仕事が救ってくれたじゃないか（『罪と罰』の完成）。僕は情熱と希望とを傾けて仕事にかかるよ。二年の後にはどうなるか見てほしい」と啖呵を切ります。

ところが、この啖呵も翌年一八六八年の初めにはあっさり破られました。同じサクソン・レ・ベンで毎度、お馴染みの行動をして、お馴染みの内容を手紙に書いています。

「僕の天使よ。何もかもすっかり負けた。お前の足元に跪いて接吻する……もう賭けない、と何に賭けて誓ったらいいのだろうか。現に今度もお前をだましたのだからね」と懺悔し、

「もうしない、もうしない、断じてもうしない。即刻ここを発つ。信じておくれ。これを最後にもう一度だけ信じておくれ」と、誓うのです。

そして、執拗な誘惑と戦いながら、とうとうドストエフスキーはこの誓いを守るのです。名作となる長編「白痴」はこの年の『ロシア通報』一月号から連載を始め、悪戦苦闘の末、十二月号に至って見事に完結したのでした。あれほど精神を蝕んでいた賭博からも足を洗います。その陰には性格破綻した夫を見捨てないアンナの愛と、妻兼秘書としての才覚、活躍がありました。

やや時間はさかのぼりますが、この「白痴」を書き始めた前年の秋、ドストエフスキーはマイコフに、直面する困難な近況と不安、そして不退転の決意をこう伝えています。

「仕事（「白痴」）については……猛烈に、猛烈に働かねばならぬ。ただそれだけだ」と言いつつも、ひとたび癲癇発作が起こると、すっかり元気がなくなって、四日間は考えを集中することが出来ないと訴え、この先どうなるか見当がつかないと嘆きます。しかしこの小説のほかに道はなく、「背水の陣だよ……『突っ込め』の気持ちでぶつかるんだ。体当たりで行く。一か八かで行く。乗りかけた船だ。行くところまで行く」と、マイコフに対し、自分を鼓舞しています。

さて、ロシア通報に「白痴」を連載し出した一八六八年二月の終わりに長女が誕生し、ソフィアと名付けました。

ドストエフスキーの喜びはひとしおで、まったく小説が手につきません。そのため三月号の連載は休載になりました。

ソフィアが泣くと、彼は滑稽な声で歌を歌ったり、接吻したりして、あやします。するとぴたりと泣き止むので、これがうれしくて仕方ありません。ところが思いがけない不幸が襲います。赤子が三月足らずで肺炎にかかり、亡くなってしまったのです。深い悲しみが彼をとらえ、もう立ち直れないほどに打ちのめされました。

そんな悲運に、多額の借金が追い打ちをかけて彼を苦しめます。まだ「白痴」の第一章さえ書けていない時に、前借りの累積額がすでに四千五百ルーブルに上っていて、そのため産婆に払う金もなく、最後まで取っておいた外套も質入れしています。

しかしそういう暮らしなのに、息子のパーヴェルや兄ミハイル、弟ニコライの家族らへの仕送りは怠っていないのです。彼らの誰もが自分たち夫婦に好意をもっていないことは承知していますし、自分も彼らを愛してはいません。マイコフ宛に、「彼らのうち一人として、ソフィアが死んだのを悲しがるような者はいるまい。むしろ喜ぶだろうと僕は思うのだ」とさえ記しています。

それなのになぜ律義に仕送りを続けるのか。その理由については語られていませんが、恐らく兄ミハイルから受けた恩と先妻マリアへの思い出が、重く心に残っていたのではないでしょうか。

この頃、マイコフから原稿料が少しずつ入ってくるものの、借金の要返済額の方がはるかに大きく、返済延期を要請する手紙を何度も根気よく書いています。仕事どころではありません。

その年の一八六八年九月、アンナの提案で二人は重い腰を上げました。スイス西部レマン湖のヴヴェイへ行ったら書けるかと思い、出立したのですが、そこでも遅々として仕事は進みません。仕方なく馬車でヴヴェイを離れてイタリアに入り、ミラノまで来たものの、ここで旅費が枯渇。やむを得ず二ヵ月ほど滞在して、短文などを書いて得た収入をもとに、十一月下旬にようやくフローレンスに着いたのでした。

ここにきて、ドストエフスキーの気持ちもようやく落ち着き、仕事に精を出します。成果は現れ、翌年正月にはやっと「白痴」の最終章を書き上げることが出来ました。

さあ、これでカタコフからの借金が完済されるかとアンナが計算してみると、がっかりです。二千ルーブルほど借りが残り、新しい小説を書くことで、彼に返済せねばなりません。

いずれにせよ、日々の生活費を得なければならず、思案していたところ、ちょうどいい具合にストラーホフが新しく雑誌『ザリャ』を発行することになりました。そこでアンナの助言を得ながら交渉し、秋までに短編小説を書く約束で前借に成功します。千ルーブル借りたかったのですが、三百ルーブルに値切られました。

そして長かった冬が過ぎて夏が来ましたが、仕事ははかどりません。九月締め切りの『ザリャ』短編はとても間に合わないし、翌年初めに送ることになっている『ロシア通報』の長編にも手がついていませんでした。借金ばかりが増え、部屋に立ち込める暑気には閉口するばかりで、そんな中、唯一の朗報は懐妊しているアンナの体調がよいことです。

しかし負の感情はなかなか手ごわく、そうやすやすと心の奥から退散してくれません。時々、ドストエフスキーはふとした拍子に死んだソフィアの顔が瞼に浮かび、理由もなく謝りたい気持ちになります。ああすればよかった、こうすれば助かったかもと、悔やまれるのです。命の儚さを思わせられ、胸が締めつけられました。

人は生まれた時から必ず死ぬと運命づけられているのは分かっています。だから死んでも悲しむ必要はないと、理性でそう説明するのですが、生身の残された身としてはそうはいきません。悲しみと後悔が絶えず、正確には毎日、いや毎時間、襲ってきました。

しかしそのたびに渾身の力を振り絞って弱った心に鞭打つのです。ソフィアは自分が悲しみ嘆く人生を決して、決して望んでいない、望むはずがないと、あえて意思に働きかけます。そして、彼女に恥ずかしくないように生きねばと、身を引き締め、心の底にくすぶる賭博への誘いを断ち切るのです。いつか自分が死んで天国でソフィアに会ったとき、「何よ、お父さん」とあきれられ、非難されないよう、暴走しそうになる自分を自制するのでした。

しかしそこには夫に対するアンナのたゆまない愛があったのは述べるまでもありません。ソフィアとアンナの存在が、迷走する魂を乗せた彼の車の前輪と後輪となって、ルーレットの魔力から遠ざけたと言えるでしょう。ただ悲しみと後悔が今でも不意に顔をもたげるのは防ぎようがなく、それはそれでひと時の思いにふけるのでした。

さてカタコフからの送金が届き、二人はイタリアの暑さを逃れてチェコのプラハへ移動します。この街にはロシア人が多くいて、ドストエフスキーは郷愁を感じ、ここで冬を越そうと決心しました。しかし三日間の家探しですっかり疲れ果て、結局二年ぶりにドレスデンへ向かうことになるのです。

九月末におめでたがあり、この地で次女リュボフが生まれています。家には十ターレルの金もなく、医者にも産婆にも払えません。仕方なく『ザリャ』の編集者カシュピレフに前借りしたい旨の電報を打ちました。

「もう前借りをする権利はないのだが、現在の窮状をお察しいただき、キリスト教的感情に訴えて二百ルーブルお送り願いたい。しかし直ぐとなるとお困りだろうから、七十五ルーブルだけでよろしい。これは差し当たり水に溺れぬようにするためであり、沈没を免れるためである」

外国滞在四年目となる一八七〇年は短編を発表する傍ら、大作「悪霊」の執筆に没頭します。あれほど苦しんだ博打の日々が嘘のようでした。

[充実した晩年の十年]

一八七一年七月初め（五十歳）、カタコフからの送金があり、ドストエフスキーは身重のアンナとリュボフを連れて約四年ぶりに故郷ペテルブルクに帰ってきました。

駅で待ち受けていたのはいつも通りの顔ぶれで、ほとんどが債権者たちです。目の色を変えて彼に詰め寄りますが、アンナが手際よくさばき、一先ず手配しておいた間借りの部屋に落ち着きました。

とりあえず月賦で最低限の家具を揃えました。まだまだ借金を返せる当てなどはなく、債権者たちへの対応はアンナがうまく取り仕切って、一応順調な生活がスタートします。それまでの波乱に満ちた彼の生き方はようやく方向が定まり、時間とともに本来の文筆業という創造の世界に集中していくのです。

その月の半ばに長男フョードルが生まれました。そして夏の盛りの下旬、「悪霊」の原稿に没頭しようと、湖沼のあるノヴゴロドに家を借ります。この「悪霊」はすでに『ロシア通報』に連載して第二部までを完結しており、残りの第三部が残っていました。

ところが子供が病気になったり、アンナが体調を崩したり、赤子の世話などで、仕事がはかどりません。完結は延び延びになり、結局第三部が出来上がって発表したのは一八七二年十一月号、十二月号でした。

「悪霊」は当時の社会的事件との関連から世間の注目を浴び、成功しました。何社かの出版社が出版を申し出てきましたが、アンナの強い意思で一切拒絶し、自費出版に踏み切るのです。というのは以前、ステルロフスキイの一件で懲りていたからです。三千ルーブルを借りるためにとんでもない契約をさせられた苦い経験が忘れられません。

アンナは機を見る商才にたけていました。価格を一部三ルーブル五十ペイカに設定し、思い切って三千五百部を刷る冒険に打って出たのです。しかも彼女は現金取引を主張し、その結果はすべて吉と出ました。一八七三年一月二十二日、広告を出したその日に、自宅で四百十五部も売れる快挙です。

後にアンナは日記にこの日のことを、「私たちの生涯における記憶すべき日」と書いています。それ以来彼女はドストエフスキーの死後も含めて、四十年間、夫の作品を出版し続けました。

その後のドストエフスキーの生活ですが、雑誌発行に一年ほど携わります。未練を捨てられなかったのでしょう。しかし経営方針について相棒と意見が衝突し、足を洗うのです。

この頃から『祖国雑誌』編集者の依頼で、長編小説「未成年」の執筆にとりかかっています。夏にドイツ西部にあるエムスで、癲癇や肺気腫からくる喘息などの療養を兼ねて、単身で六週間ほど過ごし、小説の構想を練りました。

エムスが気に入ったのか、以後、たびたび訪れ、現地から妻に送った長文の手紙が多数、残っています。内容は大体いつも同じで、癲癇発作や一人暮らしの寂しさ、子供の心配などをとりとめもなく書いた後、最後には必ず千度の接吻を妻に送るという大仰な言葉で結んでいました。大仰と言っても、ドストエフスキー自身はまったくそんな意識はなく、心底からそう思っているのが彼の性格のユニークさでしょう。

「未成年」には彼の過去からは考えられないほどの集中力と熱意で取り組み、一八七五年の『祖国雑誌』に一月号から連載されます。そして途中、間隔はあきましたが、十二月号で完結しました。

その少し前の八月、次男アレクセイが生まれています。しかし父親の病気が遺伝したためなのか、三歳のとき、癲癇の発作で死亡しました。

翌一八七六年には『作家の日記』という個人雑誌を発行して、これも成功させます。二年余りも規則正しく発行されました。原稿はドストエフスキーが書きますが、出版に関する仕事はすべてアンナが取り仕切っています。売上で見ると、初年度四千部、次年度六千部に達するほどの大成功でした。

なおこの年、「未成年」の単行本も出版し、好評を博しています。このように作家活動は順調に推移し、一八七八年（五十七歳）夏に最後の長編小説「カラマーゾフの兄弟」を起稿するのです。執筆には熱が入り、翌年の『ロシア通報』一月号から連載を開始。しかしこの作品は間もなく起こる彼の死により、十一月号でもって未完のまま筆を断ちました。

[その時が来る]

ドストエフスキーは肺気腫を患っていました。或る夜、書斎で落ちたペンを拾おうと、咳をしながら俯いたのがきっかけで、急に喉に血が込み上げてきました。肺の血管が破れたのかもしれず、おかしいなとは思いつつ、それでも仕事を続けます。少し前にも重い家具を動かそうとして、突然肺から出血して咳き込んだことがありました。漠然とながら気が騒いだ彼は、万が一のことを思い、翌日、出版社の編集者リュビイモフ宛てに、原稿料支払いを催促する手紙を書いています。

そして次の日の朝、いつもの習慣通りに聖書を開いて占いをしました。でたらめにページを開け、最初に目に飛び込んだ文言で危機が起こるかどうかを占うのです。すると彼は大きくうなずき、横にいたアンナに顔色を変えず、自分は近く死ぬだろうと、覚悟を秘めた静かな声で呟いたそうです。

死の瞬間が近づくのを待っていたのでしょうか。その夜、急に体調が崩れて翌日には意識が混濁し、一八八一年一月二十八日の夜八時半、安らかに永遠《とわ》の眠りについたのです。六十年の波乱に満ちた生涯でした。

遺骸はネフスキー寺院に葬られました。葬儀にはいろいろな身分、職業の人たちが長い行列をつくり、ドストエフスキーの死を悼みました。聖職者、僧侶、大学生、ニヒリスト、文学者、農夫、貧民、物乞い、政府の役人らが群れをつくって、三万人ともいわれる人々が参列したといいます。

・文明のおかげで人間がより残忍になったとはいえないとしても、前よりも残忍さが醜悪になったことは確かだろう。

[名言]

・人間というものは、不幸の方だけを並べ立てて、幸福の方は数えようとしないものなんだ。
・決して一か八かというきわどいところまで進んではいけない。それが夫婦生活の第一の秘訣である。
・神と悪魔が戦っている。そして、その戦場こそは人間の心なのだ。
・金こそは取るに足らぬ人物を第一級の地位に導いてくれる唯一の道である。
・思いやりこそは最も重要な、そしておそらくは全人類の唯一の生活の規範なのだ。
・本当の真実というものはいつでも真実らしくないものだ。真実をより真実らしく見せるためには、どうしてもそれに嘘を混ぜる必要がある。人間はいつもそうしてきた。
・人生で何よりも難しいのは、嘘をつかずに生きることだ。そして、自分自身の嘘を信じないことだ。
・娘が自分で惚れた男というのは、父親の目にはいつだって一番つまらない男に見えるものだ。

[ドストエフスキーと現代]

ドストエフスキーと聞けば、深遠な思想をもつ立派な大作家と頭から思いがちですが、全然そうではありません。その生涯を見ると、借金に追われて仕方なく小説を書き、その結果、世界の大文豪と言われる数々の名作を書き残した人物なのです。思想運動や当局による一方的裁判、シベリア流刑、辺境での兵役、恋愛、そしてギャンブル依存症など、様々な出来事を経験してきました。

そんな中、借金返済のために軽い気持ちで始めたルーレット賭博でビギナーズラックを経験。それが病みつきとなって、重度のルーレット依存症となります。勝つのならまだいいのですが、必ず有り金をすって借金を重ね、いよいよ首が回らなくなって、どうにか原稿を書くことで稿料を受け取るという悪循環に陥ります。

しかし小説を書きたいという意欲は早くからもっていて、それこそが自分のレーゾンデートル（存在価値）だと認識していました。現にシベリア流刑になる直前に兄ミハイルに以下のような手紙を書いています。

「もし将来、ものを書いてはならないということにでもなったら、僕はダメになってしまう。そんなことになるくらいなら、いっそのこと十五年間牢屋に入れられても、ペンを持てるのなら、その方がましだ」

にもかかわらず、長いあいだ書けませんでした。しかし良き妻アンナを得たことと、最愛の長女ソフィアの死が、彼の心魂を根本的に変えました。まるで憑き物が落ちたかのように賭博から目を覚まし、本来の創作活動に打ち込むようになるのです。

このように見てくると、創作に没頭したのは「罪と罰」を書き始めてから死ぬまでの十五年間ほどだと言えるでしょう。本人は気づいていませんでしたが、それまでは作家になるのに必要な滋養を吸収するための長い準備期間だったのです。

但し、漠然と準備の時間を過ごしたのではありません。打ちひしがされそうになる困難な状況の中でも、絶えず「書きたい」という強い意欲、情熱と、たとえ根拠がなかったとはいえ、将来への楽観的な「希望」を持ち続けたことが重要なのです。作家になるという強烈な「モチベーション」を持って、その観点から人間観察、社会観察を怠らなかったその執拗さが、ドストエフスキーを大作家たらしめたのでした。

翻って今日、我々は仕事、勉強、交友関係等々で数多の障害に遭遇し、なかなか「目的」を達成できずに悩み、落ち込み、失望します。あげくには自棄になって「目的」を放棄すらしてしまいます。

しかし、これではあまりにも勿体なすぎます。もし「モチベーション」を執拗に持ち続け、そして、いつかは何とかなるかもしれないという楽観的「希望」を失わずにいたら、目的が成就される確率は格段に高くなるでしょう。ドストエフスキーの生き方がそれを証明してくれています。

また、人は計画したようには生きられないものだというのが彼の口癖でした。例えばの話として、こんなふうに言っています。或る一人の死刑囚が、「もしも自分の命が助かったなら、残りの一分一分を百年のように大切に思って、決してムダにせずに生活するだろうに」と、真剣に思うだろう。しかしいざ死を免ぜられて何年か経ち、振り返ってみると、決心とはまったく違った生き方をして、多くの年月をムダにしてしまったと気づくものだ、と説くのです。

これはまさに自分の経験から出た言葉です。オムスクの監獄にいた四年間、出所後の未来の行動計画表をつくり、それを厳格に守る決意をしていました。ところが刑期を終えてセミパラチンスクでの兵役に就き、行動の自由が許されるや、人妻との盲目的な恋に落ちて自制を失くした数年間を過ごします。その後、軍を退役して念願の作家活動に戻ると、今度は女学生との恋やルーレットに狂うのです。そして「いちいち計算して生きるなんてことは不可能だ」と自認します。

しかしその一方で、彼には何となくそうは思えないという矛盾した感情もあって、或る時点からそれまでとはまったく異なる新しい生き方が出来るかもしれないという、楽観的な希望を抱くのです。賭博にはまり込み、借金の重荷に苦しんでいながら、友人のヴランゲリ宛に、「今はじめて新しく生きようとしているのだという感じがしています」と書いています。

このドストエフスキーが抱いた楽観的希望は、強烈なモチベーションと合わせ、目的を達成するための重要な要素であることを教えてくれています。

癲癇発作もそうです。妻のアンナの日記には、「今日、強い発作があった。発作は一週間おきにやってくる。発作のあとはいつも顔が真っ青で、神経が壊れる。またこれで四日は仕事が出来ない」とあります。ドストエフスキーは癲癇であることを悲観するのではなく、あくまでも未来に楽観的で、発作と発作のあいだを利用して前以上の馬力で小説を書きました。

第八章　樋口一葉（一八七二〜一八九六）　二十四歳没

明治五年（一八七二）五月、樋口奈津は父為之助（後に則義と改名）と母滝の次女として、東京府内幸町で生まれました。奈津は後年、一葉というペンネームを使うようになり、したがって本書では以後、樋口一葉の名で進めたいと思います。

一葉が生まれた頃は、ちょうど日本が江戸封建社会から近代国家へ変わりつつある激動の時代です。前年には全国の藩が廃止され、県に置き替えられる廃藩置県が断行されています。また彼女が生まれる三ヵ月前に福沢諭吉が「学問のすすめ」を著しました。

幼少から本を読むのが好きで、彼女がつけた「一葉日記」に、「七つ（数え）という歳より、草双紙《くさぞうし》（絵入り娯楽本）というものを好みて……」という記述があります。女が学問するなどはもっての外の時代です。母の目を盗んで蔵の中に隠れ、窓から射す太陽の光で読んでいたので極度の近眼になってしまいました。

【小学校を中退】

樋口家はもともと現在の山梨県甲州市に住むほぼ十石取りの中農で、その昔は武田浪人だったと言われています。安政四年（一八五七）、則義と滝は親と親戚の了解のもとに故郷を捨てて江戸へ出奔《しゅっぽん》。あちこちの武家屋敷に奉公して、爪に火を点すようにして蓄財に励みます。そしてそれを元に、同心株を買い取って武士になる念願を果たしたのでした。

ところが間もなく大政奉還が行われ、武士・百姓・町人という身分制度が一夜にして崩壊します。則義の粒粒辛苦も水の泡になりましたが、新政府の役人として生き残り、出世はしなくても転々と配属先を変えながら、真面目に勤めあげます。

もう武士制度はありませんが、それでも則義は武士という旧身分への郷愁と誇り、熱い思いを捨てられず、一葉ら子女に対しても武士道的な躾を教えるのです。

一方、彼には蓄財の才があり、一葉の幼児期から少女時代にあたる明治六年頃から十年余り、副業として金融業と不動産業をやっています。これによる収入の方が役人の給料よりもはるかに大きかったようで、豊かな暮らしぶりだったといえるでしょう。

明治九年（一八七六）、大金五五〇円で本郷に家を買い取り、そこへ転居。長屋と蔵も付いた広い屋敷でした。経済的に最も豊かな時期で、ここには五年余り住んでいます。一葉が暗い所で本を読んで近眼になったのもこの蔵です。彼女にとって、本郷時代（五歳〜九歳）は本郷小学校、吉川学校に通い、伸び伸び育った思い出の地でした。

明治十四年に本郷から下谷御徒町に転居し、一葉は上野の私立青梅小学校に通います。二年後（十二歳）の十六年、同校高等科第四級を首席で卒業したのですが、三級に進まず、中退しました。滝が、女にはこれ以上の教育は不要であり、将来の結婚に備え、女芸の針仕事や家事見習いに入るべきだと主張したからです。

この年、長男の泉太郎が十九歳で家督を相続し、則義はまだ五十三歳でしたが、表面的には隠居の身になりました。

翌年の秋、泉太郎が戸主となった樋口家は下谷区上野西黒門町に引っ越し、一葉はその近くに住む父の知人松永三郎の妻のもとに裁縫を習いに通います。そこで十八歳になる渋谷三郎に出会いました。三郎は則義が世話になった郷里の先輩、真下専之丞の孫にあたります。松永家に寄宿して、東京専門学校法科（現早稲田大学）に通っていました。

一葉はまだ十三歳ですが、則義は三郎の人物を見込み、樋口家が学資を出すという条件を申し出て、娘の婿にと望みました。三郎ははっきりと返事をしないままに、その後も時々樋口家を訪れ、一葉や妹くにらと談笑したり、寄席に行ったりしていたようです。

しかし後にこの縁談は解消されています。

[萩の舎に入塾]

さて滝と違い、則義は一葉の勉強好きに好意的でした。自分は学問をしたかったのにそれが出来ず、その口惜しさを娘に叶えてほしいという願望があったのかもしれません。幼児期からいろんな本を買い与えていますし、短期間、幕臣時代の知人に頼んで和歌の通信教育を受けさせています。

さらには明治十九年（一八八六）、一葉が十五歳のとき、本格的に和歌を学ばせようと、元奥医者遠田澄庵の紹介で、中島歌子が主宰する萩の舎に入門させました。門下生には皇族や華族、政府高官夫人、その令嬢らが集まり、月謝も安くはありません。しかし則義は金融業が不振に陥ったとはいえ、まだ貯えもあり、生活がそれほど逼迫した状態ではありませんでした。

歌会は二月に初会《ほっかい》、十一月に納会を行い、毎月の例会は月次会《つきなみかい》と呼んで塾で行います。発会だけは九段坂上の萬源楼でした。一葉は水を得た魚のように歌作に励む一方、歌の材料となる伊勢物語、源氏物語、八代集、枕草子、中国の古典などを読み漁るのです。

その頃の萩の舎でのエピソードをご紹介しましょう。或る歌会のとき、昼食に出された五目ずしの皿に「赤壁《せきへき》の賦《ふ》」が書いてありました。これは中国宋代の詩人蘇軾東坡《そしょくとうば》作の韻文詩です。それを先輩の一人がちょっと口ずさむと、小柄な少女一葉がやや反り身になって、突然その後の一句を皿の文字も見ずにすらすら読み上げたといいます。物おじしない少女の意気さっそうとした面影が目に浮かびます。それ以来、生意気な娘だということになり、いじめられる原因になったようです。

また強度の近眼だったので、隣に座っている人の顔がはっきり分からず、どうしても凝視するような姿勢になることがありました。そのことでもって、上目遣いでじろじろ見たと誤解され、陰口を言われますが、皮肉にもこういういじめは一葉という人間を強くするのに役立ったのでした。

ほとんどの弟子は高位の人たちで占められています。そのため貧乏士族の一葉、平民の伊東夏子ともう一人を合わせた三人は、肩身が狭く、自ら平民組と称して固まって行動していました。そして弟子として修行する傍ら、自然と客などに茶菓を出す手伝いをするようになりました。

[一葉が戸主となる]

樋口家の経済状態がずるずると悪化するなか、戸主の泉太郎は明治二十年十二月、若くして肺結核で亡くなりました。この兄の死は一葉の運命を大きく変えることになります。

次の戸主を誰にするか協議がなされ、次男虎之助は離籍しているので難しく、結局、一葉が家督を相続して戸主になりました。明治二十一年十六歳の女戸主誕生です。以後、一葉は戸主という鎖にがんじがらめに縛られながら、作家として残りの九年間の人生を生きていくのです。

当時の戸主は絶対的な権利とともに厳しい義務を負っていました。一家の統率者・支配者であり、全財産と祖先を祭る権利を保有。家族は好きなところに住めず、戸主が決めた場所に住まなければなりません。居所の移動も、結婚するのにも、戸主の同意が要ります。一方、戸主は勝手に家を出ていくことは出来ず、家族を扶養する義務があるのです。とはいえ、父が存命なので一葉はまだそれほど戸主としての苦労をせずにいました。

しかし家計の悪化は止まりません。副業だった金融、不動産の陰りに加え、泉太郎の病気治療費が相当かさんだこと、さらには山梨の実家を継いでいた則義の弟から何度も無心されて、かなりの額を送っていたことなどが複合的に作用したものと思われます。

そこでやむをえず黒門町の自宅を売って、少しでも金を浮かそうとしました。明治二十一年五月、一家四人は一時的に芝区高輪北町の虎之助の借家に同居するのです。

経済的に追いつめられた則義（五十八歳）は老体に鞭を打ち、一家再興のために新事業を計画。荷車を扱う業者たちの補助機関として、神田錦町に「荷車請負業組合」を設立しました。これは通運会社の前身と言っていいでしょう。

ところが事業はうまくいきませんでした。資金繰りがつかなくなり、取り付け騒ぎさえ起こして、本格的に稼働する前に破綻してしまい、翌二十二年二月、解散したのです。則義の出資金は戻らないばかりか、むしろ他の債権者たちに対する責任も負わされたのでした。

失意のどん底に沈んだ則義はもはや力が尽きたのか、五月頃から心労のため原因不明の大病にかかります。病床についてから二ヵ月後の二十二年七月、あっという間に亡くなったのでした。享年五十九歳。一年半前に泉太郎を失くし、女三人を残して去る境地はどんなであったか、その口惜しさ、辛さは推して知るべしでしょう。

葬儀は身分の高い人など大勢呼べば、それだけ返しの負担が増えます。それを心配し、親族とごく親しい人、近隣住民だけでしたが、それでも八十余人が参列しています。伊与屋の料理と風月堂の引き菓子を用意するなど、無理に世間体を意識したところは、格式張った明治という時代を思わせます。

時に母滝五十五歳、姉ふじ三十二歳、次兄虎之助二十三歳、一葉十七歳、妹くに十五歳でした。父則義の死は、これからの彼ら樋口家の苦悩の始まりを告げるのです。

[一葉の縁談]

ここで再び渋谷三郎に話を戻しましょう。彼は則義の死後も時々、樋口家に顔を見せていました。滝は或る日、生前の夫の思いもあり、三郎に一葉との縁談について尋ねてみました。三郎の答えは順当なもので、自分はその気持ちでいるが、父や兄とも相談してみますと言って、引き上げています。

しかしその後、仲介人を通じて、滝の言葉を借りれば、「怪しう利欲にかかわりたること言いてきた」というのです。その明確な内容は記録として残っていませんが、想像するに、たぶん渋谷家、つまり父、兄、親戚筋などが没落した樋口家の様子を見て、経済的な難題を提示して破談を意図したのではないでしょうか。滝はたいそう立腹して、その場で婚約は解消されたそうです。

では当事者の一葉はどう思っていたかですが、彼女自身(十七歳)は実にさばさばしていて、ほとんど気にしていなかったようです。当日のことを後に日記に、「我もとより是《こ》れに心の引かるゝにも非《あら》ず　さりとて憎きにもあらねバ」と、記しています。

ところで三郎は則義が見込んだ通り、さっそうたる出世街道を歩みます。大学を卒業した翌年に高等文官試験に合格し、明治二十四年に新潟で裁判所の司法官試補になって以降、判事、秋田県知事、山梨県知事、早稲田大学法学部長、東北興行社長、報知新聞副社長などを歴任しています。

三郎の父親や周囲にしてみれば、将来の立身出世を確信していて、それに見合うほどの財力を提示してほしいと言ったとしても、当時としてはあながち不謹慎でもなかったと思われます。

でこの三郎ですが、破談になってからもたびたび一葉の家を訪ねていて、妹くにも含めて、ずっと友好的な付き合いを続けたといいます。

【悶々の貧乏暮らし】

明治二十二年七月に則義が他界した頃から、樋口家の窮乏に拍車がかかっていきます。戸主一葉は家族の扶養責任を果たさねばと、奮闘、苦悩するのです。

先ず家賃を浮かすため、四十九日が終わってから再び次兄虎之助の借家に同居。しかし金欠のところへ虎之助と母滝の折り合いが悪く、家庭内の雰囲気はよくありません。勢い借金に頼らざるを得ませんでした。

とりあえずの収入源として妹くにを奉公に出そうということになり、年が明けた二十三年一月、一葉は二人で奉公口を探しに出かけます。晴天のもと、神田から新橋、愛宕へと口入れ屋を訪ね歩くのですが、思わしい所が見つかりません。足を棒にして帰宅しました。

母は気を病んで寝込んでしまい、奉公探しは一日で中止。好都合なことに、ちょうど四月頃から上野で政府主催の内国勧業博覧会が開かれる予定です。二人でそこの売り子をしたらどうかと考えるうち、困った一葉は、ふとしばらく休んでいた萩野舎へ顔を出し、師匠の中島歌子に相談します。

歌子は一葉の境遇に同情し、どこかへ転居するよう勧める一方、一葉に萩の舎の内弟子になってはどうかと提案しました。歌作の稽古をしながら会運営の手伝いをすれば、わずかながらも手当を出すと言い、さらにはそのうち淑徳女学校の教師に推薦しようとさえ約束したのでした。

五月、一葉は先生という職業が得られることに胸をふくらませ、内弟子になって萩野舎に寄宿します。ところが最初から失望しました。高位の門下生たちが帰る時の俥《くるま》（人力車）を呼んだり、茶菓の準備をしたり、掃除をしたりと、授業料免除であっても、まるで下女のような奉公人待遇の生活が続くのです。

それに教師の声もかかる気配はありません。四ヵ月が過ぎた九月、一葉は住み込みをやめて家族のもとへ戻りました。しかし塾を脱退したというのではなく、その後も歌会の日には早朝から塾に行って準備にいそしみ、後片付けもするし、後には歌子の指導助手のような手伝いもしています。

虎之助との関係がいっそう悪くなったのを機に、一家は九月末、ゆかりのある本郷菊坂町へ転居しました。まだ教師の口は諦めてはいませんが、何の音沙汰もなく、仕方なく姉妹は裁縫、洗濯などの内職の賃仕事だけで生計を維持しています。

ただ一葉は強度の近眼のため、同じ物を縫うのに人の三倍も時間がかかり、すぐ肩を凝らしてしまい、その分、器用なくにがカバーするのが常でした。それでも収入は雀の涙です。一葉は恥を忍んで知り合いに借財を申し入れ、その日暮らしをつないでいました。

しかしこの内職が一葉の残された短い人生を大きく変えるきっかけとなるのです。以前くには和洋裁を習うため、本郷の木村裁縫伝習所に通っていました。このとき同じ生徒の野々宮菊子と友達になり、その菊子がこれまた友達の半井幸子を通じて、半井家の仕立物や洗濯物をくにがいる樋口家に紹介したといういきさつがあります。このつながりが後の大作家樋口一葉を生み出すことになるとは、このとき誰もが想像しませんでした。

[流行作家 半井《なからい》桃水《とうすい》に弟子入りする]

貧困生活が続く中、一葉は本格的に小説を書いてみようと思い立ちます。もともと幼少の頃から本を読むのは好きだったし、いつかはこういうものを書いてみたいと、ひそかに思ったものです。現に萩の舎に入った頃の四年ほど前、自身の体験をもとにした短い習作を書いています。

しかし小説を書こうと決心したもっと大きな理由は、当時、門人で一葉より五歳上の田辺花圃《かほ》が「藪の鶯」という小説を処女出版し、成功して大金を得たというのを身近に見たからです。

その記憶がずっと一葉の頭に残っていて、自分もいつかはという思いがくすぶっていたのでしょう。蟻地獄のような貧困生活から抜け出す術《すべ》のない今、ようやく一葉に一歩を踏み出させるのです。こんな自分でも作家になって、今の貧困から逃れられるかもしれない、いや、逃れなければならないと、真剣に思い詰めました。そのためにも誰か著名な現役作家に小説作法を学べないものかと思案します。

くにからそのことを聞いた友達の野々宮菊子が半井幸子に相談し、彼女の兄半井桃水を一葉に紹介してもらえないかと頼みます。桃水は東京朝日新聞の小説記者で、国民に広く知られた流行作家でした。妻と死別した三十二歳の桃水は独身の美男子です。弟二人と妹一人を引き取って生活し、他に書生二人と下女もいます。そのため妹の幸子経由でいろいろな衣類の仕立てや洗濯ものを樋口家に頼んでおり、樋口一家が経済的苦境にあるということも薄々聞いていていました。

朝日には絵入りの大衆小説を連載していて、読者も多く、作家としてはまさに上り坂時代です。表面的には派手な生活ですが、父から受け継いだ負債も多く、決して豊かとはいえませんでした。

明治二十四年四月、一葉（二十歳）は胸をどきどきさせながら桃水のもとを訪ねます。せめて身なりだけでも上等の物を着たいと思うのですが、手に届かず、普段の袷《あわせ》で行きました。縞《しま》がらといい色合といい、何だか年寄りじみ、帯もぱっとしませんが、緊張でそんなことを気にする余裕はありません。

このとき桃水が抱いた一葉の外見についての印象が、彼が一葉の死後に中央公論に発表した「一葉女史」という論稿に載っていて、同様の記述に加え、「頭の銀杏《いちょう》返しも、余り濃くない地毛ばかりで小さく根下《ねさが》りに結《ゆ》った上、飾《かざり》といふものが更にないから、大層淋しく見えました」と記しています。

最初に桃水に会ったとき一葉はもじもじしてあまりにも遠慮が過ぎ、皆目要件も話さずに引き上げたのですが、数日後に再度訪れて、今度はしっかりと弟子入りを願い出ています。三つ指で深々とお辞儀をした一葉は、おずおずした遠慮がちの声で、自分は小説を書きたい、小説作法を教えてほしいと頼みました。

しかし桃水は反対します。男でさえ小説家は世間から道楽者と思われているのに、いわんや女性では非難を浴びるのは必至である。他の職業を探すようにと諌《いさ》めますが、一葉は引き下がりません。針仕事ぐらいでは母と妹を十分に養うことが出来ない、どんな批判も甘んじて受けるので、どうしてもやってみたいと、決意のほどを表明するのです。

以後、一葉は頻繁に桃水のもとを訪れるようになります。当時の社会常識として、良家の子女が単独で独身男性の許を訪ねるというのは、容易なことではありませんでした。彼女の作家を目指す一途な思いが伝わってきます。

[桃水の小説指導]

桃水は「私は名誉のために著作するのではありません。弟妹父母に衣食させんがためなのです」と、一葉に語っています。芸術のためではなく、食べていくために、読者が喜びそうな大衆小説を書くのだ、というのです。そのためには一葉に主人を裏切る賊の話や悪女、悲劇のヒロインものなどを書くことを勧めました。そして文体についても、一葉が差し出した習作を見て、もう少し俗っぽく書くように指導。

一葉は地の文を雅文《がぶん》（平安調の優雅な仮名文））、会話は俗文で書きます。萩の舎で学んできた王朝文学の流れを汲んだ文語体が中心なのです。格調は高いけれど、どうしても一般読者にとって読みやすいとは言えませんでした。桃水の指摘も彼からすれば、もっともなことでしょう。

この頃一葉は頻繁に上野の東京図書館へ通って小説作りの勉強をし、短編の習作も十編ほど書き上げています。また一葉というペンネームを使い始めました。これはインドの達磨《だるま》大師が一枚の葉に乗って中国に渡ったという伝説から取ったらしく、手足のない達磨と同じく、「私にもお足（銭）がない」と、一葉が冗談めかして友人に語ったそうです。

しかし実際、一葉はこの年の暮れを超す金に困り、正月の餅代もありません。非常識な行為だとは知りつつ、目をつぶるようにして桃水に借金の相談をするのです。そのことで彼が一葉に宛てた書簡が残っています。「先日はいつものことながら愛想もなく失礼仕《つかまつ》り候、御約束のもの（金のこと）は二十五日の晩、こなたより持参仕り候」と、金の工面を約束しています。ただ桃水とても裕福ではなく、直ぐには実現されませんでしたが、結局二十円ほどを用立てたようです。

桃水は多忙な中、時間をつくり、生活苦にあえぐ一葉を早く作家にしようと、親身になって指導しました。翌年の明治二十五年二月、一葉は雪降る坂道を滑らないように用心しいしい、しかし途中から人力車を拾って、桃水が仕事用に借りている「隠れ家」と呼んでいる平河町の家を訪ねます。

そこで桃水から『武蔵野』という同人雑誌を創刊する計画を聞かされました。作家志望の若者たちが小説を掲載できる場をつくりたいというのです。そのために作品を一つ仕上げるように言われました。

その作品は桃水の添削を経て、翌月下旬に創刊された『武蔵野』に樋口一葉の名で掲載されたのですが、これが一葉の処女作「闇桜《やみざくら》」でした。その後、「たま襷《だすき》」「五月雨《さみだれ》」を載せます。しかし桃水の多忙もあって雑誌の売れ行きが落ち、三号までで終わってしまいました。

ちなみにこの雪の日の体験は、一年ほど後に小説にして、雑誌『文学界』に「雪の日」というタイトルで掲載しています。人妻である珠《たま》が一人称の独白という形で、自らの駆け落ちの過去を後悔するという筋書きです。ひっそりと静まる平河町の「隠れ家」で、男女が長時間一緒にいました。それも独身美男子の師と作家志願の弟子という取り合わせです。現実的な何かの出来事は起こらなかったようですが、一葉の気持ちの中に恋に似たさざ波が生じた可能性は否定できないのではないでしょうか。だからこそ「雪の日」は、実体験の小説化ではありませんが、自分の気持ちを婉曲的に投影したものだと思われます。

現にその日、家へ帰る途中のことを日記に「種々の感情胸に迫りて、雪の日という小説一篇あまばやの腹案なる（雪の日という小説を書こうと思い立ち、その文案が浮かんできた）と記しています。

また桃水は『武蔵野』と同じ頃に別途、改進党系の『改心新聞』を紹介し、一葉はここに十五回連載で、「別れ霜《じも》」を発表。このように桃水が積極的に一葉に発表の機会を用意したのには、生活の苦しい彼女のためにわずかでも原稿料が入るようにとの配慮もあったのでした。

［桃水と別れる］

一葉が雪の日を体験してから三ヵ月後の明治二十五年六月、思いがけないことが起こりました。あれほど尊敬していた桃水に一葉が絶縁を申し入れたのです。その理由は二人の関係について、彼女の周辺の人たちのあいだで悪い噂が広がったことにありました。

実はその前年の九月、妹くにの友人野々宮菊子から、一葉はくに経由で、桃水は品行不良で信用出来ない人物だと聞かされています。その一つに、桃水の隠れ家で、彼の家に一時的に下宿していた妹幸子の友人、鶴田たみ子が女児を産んだというのです。たみ子はもう子供と一緒に福井へ帰っていません。

この頃、一向に改善されない生活苦を前に、くには言うに及ばず、滝でさえ、いくら桃水に頼っていても金にならないことから、当初ほど彼を信用しなくなっていました。

くにの情報でショックを受けた一葉は直ぐ桃水に手紙を書き、翌月直接、彼に会って真相を確かめました。その結果、父親は桃水の弟、浩だということが分かりました。さらに桃水は野々宮菊子には既に詳しく話しておいたと語っています。実際それらは事実で、後に桃水は戸主としての責任を感じ、弟の子供を引き取って扶養するのです。

ここで不思議なのはなぜ菊子がくにと一葉に嘘をついたかです。菊子はもともと一葉を桃水に引き合わせています。それなのに今度は桃水から一葉を遠ざけようとしました。恐らく彼女は桃水を慕っていたのではないでしょうか。

このことを一葉がどこまで感づいていたのか、はたまた桃水の釈明を言い訳がましく聞いたのか、それについては記録がなく、定かではありません。ただその後も一葉が桃水を師と仰いで小説修行を続け、尊敬の念で接していました。さらには経済的困窮を打ち明けて、幾度か借金さえしているのです。

この流れに軌を一にするかのように、同情した桃水は彼女に作品発表の機会をいろいろ与え、世に出る手助けをしています。桃水自身も樋口家を訪ねることがあって、滝やくにとも会っていました。一葉の日記によると、滝は桃水のことを美男子だと褒め、一方くには野々宮菊子からよからぬ噂を聞いていたので、快く思っていなかったようです。

これらの経緯を踏まえると、一葉は桃水に対して、心中《しんじゅう》も辞さないほどの熱烈な恋心とは言わないまでも、それに近い好意を抱き、慕っていたのがうかがわれます。女児を生んだと知った時に直ぐ桃水に手紙を認めたのも、それだけ関心の高い相手だったからでしょう。

ただ二人が結婚まで考えていたのかというと、疑問です。なぜなら両者とも戸主であり、結婚すれば、どちらかが戸主の立場を放棄せねばならないからです。

女戸主である一葉が結婚するには、婿をとるか、樋口の家名を捨てて外へ出なければなりません。そうなれば、母と妹を路頭に迷わすことになり、責任感の強い一葉はそこまで望まなかったはずです。一方、桃水も戸主として弟妹を養っていました。二人はそういう間柄を認めつつ、抑制された精神的な愛の形で、清く交際していたのではないでしょうか。


桃水に絶縁を申し入れる一ヵ月前の明治二十五年五月五日、一家は同じ本郷菊坂町内で引っ越しました。このころ一葉は桃水の援助でようやく念願の作家デビューを果たしていますが、まだまだ原稿料ははした金に過ぎません。稿料を受け取れるほどの身分にはなっていませんでした。

そんな五月二十二日、野々宮菊子が樋口家を訪れ、その晩、泊まって遅くまで一葉と話し込んでいます。菊子は桃水の素行の悪さをかなり強い調子で伝えたようで、一葉が相当動揺したことを彼女の日記に次のように書いています。

「野々宮君《ぎみ》と種々ものがたる。半井うし（半井桃水）の性情人物を聞くに、俄かに交際をさえ断りたくなりぬ」

ところがそれほどまでに絶縁を考えたというのに、以後、まだ桃水のもとを訪ねるのです。彼女の心は恋と絶縁のあいだを木の葉のように揺れ動いていたのかもしれません。六月七日には会いに行き、そこで小説の話をしています。

実は一葉自身、自分の今の小説に行き詰まりのような閉塞感を感じていました。師のように新聞小説としてもてはやされる類の作品が書けそうにないのです。内容もそうですが、文体も大衆小説向きとはいえません。

しかし、さすがは人生経験を積んだ桃水です。一葉の歩むべき道をすでに考えていました。彼女の悩みをほとんど聞かないうちに、意外な言葉を口にしたのです。

娯楽性の強い新聞小説は一葉には無理なので諦めた方がよいこと、その代わり、今、文壇で評判の尾崎紅葉に引き会わせようと言うのです。紅葉なら文学性の高い小説を掲載する読売新聞に紹介してくれるはずで、そこで執筆するのが一葉のためになると勧めたのでした。

しかも委細はすでに雑誌『武蔵野』同人の畑嶋に頼んであるので、二、三日中に会うようにと、すっかり手筈を整えてくれていました。戯作修行を続けるより、純文学に進ませるのが一葉のためになると、考えていたのです。

当時、紅葉は読売に連載していて、幸田露伴と並び文壇を代表する作家と称されていました。二人とも文章表現といい、人物の心理描写といい、桃水とは比較にならないほど文学性に優れた作品を矢継ぎ早に発表しています。

一葉は桃水の相も変わらぬ親身の心遣いに感謝し、期待で胸を弾ませながら応諾したのは述べるまでもありません。

ところが結論から言うと、この直後に突然一葉が桃水との絶縁を宣言したために、紅葉と会うという歴史的な機会は消滅したのです。その急な引き金を引かせたのは萩の舎の人たちでした。


師匠中島歌子の母が亡くなり、その法事が六月十二日にありました。この頃には桃水と一葉の噂は門人たちのあいだで知らない人はいません。出席者たちは一葉の手前、表立った言い方は控えていますが、ヒソヒソ話の中身はそれとなく一葉にも想像がつきます。

それから間もなく萩の舎入門以来の親友である、自称平民組の伊東夏子が一葉を訪ねてきました。社中ではもはや噂の域を超えて醜聞に達していると告げ、このままでは一葉の評判までが汚されていき、とても自分には耐えられない。ついては桃水との師弟関係をきっぱり断つようにと、忠告したのでした。

信用している伊東夏子からそう言われ、驚いた一葉はその二日後、師の中島歌子に相談しています。歌子は愛弟子の一葉を温かく迎え入れ、親身になって相談に乗ります。しかし言葉は辛辣でした。その半井という新聞作家と結婚の約束をしているのかと問うたのです。

一葉はそんな気持ちはいささかもありませぬと、即座に否定しますが、よほど残念だったのか、その日の日記に、「師の君（中島歌子）までまさなき事（正しくないこと）の給ふ哉《かな》と、口惜しきまでに打ち恨めば」と記しています。

しかし彼女を心底、驚愕させたのは桃水が口にしたという言葉です。「樋口一葉は自分の妻だ」と公に言いふらしているらしく、歌子もそのことを複数の人から聞いたというのです。一葉は呆れ、驚き、世間に向かってしたり顔をするそんな桃水に腹を立てました。しかし一方ではまさかという思いを捨てきれません。桃水に対する限りない好意がそうさせるのでしょう。

とは言っても、世間がすでにそんなふうに思い込んでいる事実に、計り知れないほどの衝撃を受けました。武士の時代は終わったとはいえ、自分は士族の娘として、誇り高く育てられ、今までそう生きてきたつもりです。降りかかったこの不名誉な噂は自分だけでなく、樋口家にとっても耐えられるものではありません。そして、歌子の勧めに従い、桃水と別れる断腸の決断をするのです。

明くる日、一葉は勢い込んで桃水を訪れますが、いざ面と向かうと弱気になり、絶交を申し出る勇気が出ません。ただ、萩の舎の手伝いが忙しくなり、今後訪ねることは難しくなったとだけ伝えています。そうなった以上、紅葉に会うのも断念せざるを得ませんでした。しかし勘のいい桃水はおおよその意図を察したようで、優しく、すんなりと一葉の言うことに同意しています。

一葉は彼の温かい気持ちに感謝してその場を辞しましたが、帰宅しても、どうも心がすっきりしません。いくら潔白であったとしても、矢張りしっかりけじめをつけねばと、後日、六月二十二日に改めて訪ね、明確に理由を述べて絶縁を願い出たのです。

「君様と我れまさしく事ありと、誰も〳〵が信じています。我れ君のもとに参り通う限りは、人の口をふさぐことは難しく、今しばらくはお目にかかったり、お声を聞いたりせぬ方がよいと存じます」

これに対し、桃水は「自分はいまさら驚きはせぬ、そういうことを言われるとはかねてより覚悟をしていたこと」と落ち着いて語り、「お前様にとってよかれと思えばこそ、自分も一生懸命やってきた。そうする方がご都合がよいのなら、自分にとっても本望です」と、思いやり深い言葉で、柔らかく包み込むような目で絶縁に応じました。

やがて日は暮れ、一葉はそんな大それたことをした自分を呪い、後悔しながら、迎えに来たくにと家路につくのです。その時の心境を日記に、「哀《あい》に悲しく、涙さえこぼれぬ。我ながら心弱しや」と書いています。

こうして二十歳の一葉は桃水への思いを断ち切り、まだ曲折はあるものの、格調高い文学者への道に歩み始めます。その意味で一葉にとっては幸福な決別でした。しかし反面、一人の女としての一葉にとっては、「下燃《したも》ゆ恋の炎」（一葉の言葉）を消すことにはならず、以後亡くなるまでの四年間、人間としての寂しさを引きずっていくのです。

[渋谷三郎が訪ねてくる]

この年、明治二十五年八月二十二日夜、突然、渋谷三郎が久しぶりにふらりと樋口家を訪ねてきました。今は検事として新潟に赴任していますが、まだ独身で、その日は暑中休暇で帰省中とのこと。

一葉が小説を書いていることを知人から聞き、うれしく思い、立ち寄ったと言ったあと、過去の非礼を率直に詫びました。自分は樋口家が富裕だとばかり思い、無理なことを言ってしまったが、大変心苦しく、申し訳なかったと、畳に手をついて謝るのです。そして、もし相談したいことがあったら、遠慮せずに言ってほしい、小説出版などのために費用が要るなら、立て替えてもよいとさえ提案しました。

一葉、くに、滝らと遅くまでよもやま話を語り合い、その中に一葉の近眼を何とか治そうという話や、桃水のことも出てきて、三郎は一葉の決断を肯定し、励ましています。十一時頃になって、ようやく帰っていきました。一葉はそんな三郎の印象を、「身形《みなり》などはよくもあらねど、金時計をはめていて、髯《ひげ》もはやしぬ」と記しています。何の見識もなく、学問もそれほどなかった彼が出世しているのを見、「思えば世は有為転変《ういてんぺんなり》也けり」と、或る意味、ショックを受け、「浅からぬ感情有りけり」と、日記にその複雑な心境を吐露しています。

翌日、三郎はまたやってきて、いろいろと話が弾む中、縁談話の復活を示唆したのです。そして互いに手紙を出し合うことを約束して帰っていきました。

その後、一葉は多少の心の揺れはありましたが、今後の生き方について結論を出し、九月一日の日記に書いています。

「今、三郎に頼れば、樋口家は立派に立ち直るだろう。しかしそれは一時の栄誉に過ぎないと考えるべきだ。社会的な位など、どれほどの価値があるというのだろうか。自分はもともと富貴を願ってはいない。母に心安らかな住居を得させ、妹に良縁を与えられれば、それで十分だ。もはや養う人もいないので、道端に寝てもよいし、乞食《こつじき》行《ぎょう》的暮らしもしよう。今更この人の世話になろうとは思わない。それはこの人が憎いからではなく、やせ我慢でもない。人の世の、儚《はかな》い富貴栄誉は嘆かわしいものと捨て去って、自分は小野小町の末路のように生きてみたいと思う」

と、書き記すのです。しかし、そう決然と意思表明しながらも、心には重いものがあったらしく、「今日はいともの憂くて、何事もなさずに日を暮らしぬ」で、日記を終えています。戸主としての誇りと責任、そして小説家として生きていく決意を固めたものと思われます。

断った三郎から年賀状が来ました。一葉はうれしさを込めた返事を出しています。そして三郎はその後、立身出世の街道を走っていくのです。

［金を借り歩く］

明治二十五年七月、一葉は書店へ行き、十銭で『武蔵野』第三篇を買いました。彼女の小説「五月雨」が掲載されています。いつもは桃水からもらうのですが、絶交した今はそうはいきません。十銭とはいえ、貧乏世帯にとってはバカにできない金額です。

彼女には頭痛の持病がありました。十四歳くらいまでは健康そのものでしたが、それ以後、経済的な苦労や心痛が重なって、頭の痛みを訴えるようになります。戸主になってからはいっそう酷くなりました。

この頃の樋口家の生活は相当に困窮しています。それでも桃水と別れる六月までは彼からの何らかの援助もあったようですが、七月から急速に家計が悪化しました。

一葉の日記には借金に駆けずり回る様子が記録されています。

「三月十八日、森照次君《ぎみ》（父の官吏時代の同僚）から八円借りる」

「三月二十七日、藤田屋に一円借り、虎之助に二円貸す」

「七月十日、伊東夏子君から借金」

「八月三日、山崎君（父の友人山崎正助）から月末までの約束で十円借りる」

「八月二十八日、我が家に貧困が迫りに迫り……今月卅日（月末）期限で山崎君に金十円返却せねばならないのに、我が著作いまだ成らず……人の信用を失うのは残念だ」

「八月三十日、母君、安達に一度金策を頼もうと、早朝出かける。結局、承諾されず」

「八月三十一日、晴天。山崎君が金子《きんす》のことで参る」

「九月一日、鍛冶町で十五円借り、うち十円を山崎君に返金する」

「十月二日、三枝君から六円借りる」


こんな記述が延々と続くのです。ともかく当座の苦境を切り抜けるため、借金の綱渡りでその日暮らしの毎日。貸してくれる人のほとんどは、父の存命中に恩顧をかけたり、懇意にしていた友人、知人でした。一葉はひどい頭痛に苦しみながら、母と二人、借金で方々駆けずり回り、小説を書いていたのです。

滝の愚痴は一葉の心を突き刺しました。お前は作品を書くのが遅いとか、たとえ十年後に有名になるといっても、それまでの衣食をどうするつもりか、こんなわびしい目に会うよりも、十円取りの官吏であれ、小商人であれ、暮らしていく道が定まれば、困ることはないのだなどと、当たり散らすのです。

実際、収入の口はというと、これが中々、心細い限りでした。いつかは小説で安定的に原稿料を得たいというのが唯一の頼りで、はっきり言えば、願望に過ぎません。たまに稿料を得ることはありますが、たちまち借金返済に消えてしまいます。現実には借金と内職、あとは売り食いの三本柱でしのいでいました。

一葉はいよいよ追いつめられ、もうしゃにむに小説を書くしか道はなくなったのです。

［職業作家への道］

桃水と絶交する少し前の明治二十五年五月、萩の舎の先輩で小説家の田辺花圃《かほ》が一葉のもとを訪ねています。彼女の苦境を見かね、すこしでも手助け出来ればと、自分も作品を発表している雑誌『都の花』に執筆してはどうかと勧めたのです。

『都の花』は日本最初の商業文芸雑誌で、口語体小説を積極的に載せた一流誌です。幸田露伴、尾崎紅葉、田山花袋《かたい》（当時はまだ無名）などが名を連ねていました。一葉は執筆に全力で取り組み、こうして出来上がったのが「うもれ木」です。

この作品は『都の花』十一月発行の九十五号から三号続けて掲載されました。十月二十一日、一葉は来宅した編集者の藤本藤陰から原稿料十一円七十五銭を受け取りながら、瞼に浮かぶ花圃の笑顔に感謝の頭を下げたといいます。

続けて、急いで「暁月夜《あかつきづくよ》」を書いて次号に掲載し、十二月二十八日に稿料十一円四十銭を受領。しかし喜びも束の間。これらは直ぐに借金返済に回っています。家計が苦しいことには変わりはありません。三本柱は健在なのです。

このころ故郷の山梨で『甲陽新報社』を設立したばかりの主幹野尻理作が、一葉に小説を書いてほしい旨、手紙で依頼しています。理作は一葉の父則義と母滝とは同郷人で、樋口家と深い仲にありました。理作が東京帝国大学に通っていたとき、則義が保証人になり、いろいろ面倒をみています。

則義が死去した時には、滝が即座に理作に連絡して呼び寄せ、葬儀の手配などをしてもらいました。その翌年三月、樋口家は経済的に苦しいにもかかわらず、何に使ったのかは不明ですが、理作に二十円という大金を貸しています。理作と樋口家の関係の深さが窺える一事です。

少し脱線しますが、こういう時期でも、一葉の頭の中は相変わらず桃水のことで占められていました。完全な絶交ではなかったようです。

明治二十五年十一月十一日、一葉は『都の花』に掲載されたことを報告しようと、桃水を神田に訪ねています。桃水は流行作家とはいえ、大所帯ゆえに生活費にゆとりがなく、本宅とは別に、神田三崎町に葉茶屋（葉茶を売る店）を構え、商売を始めていました。

桃水は笑顔で迎え、祝福の言葉をかけますが、一葉はあがってしまったのか、あたりを窺うかのようなおずおずした感じだったといいます。席上、桃水は近く出す予定の「胡砂吹く風」に載せる和歌を一首詠んでほしいと、一葉に依頼しています。

大晦日。一葉とくには大掃除を終えたあと下町に買い物に出かけ、たまたま桃水の店の前を通りました。すると、店頭に髪を美しく飾った若い女性がいます。およそ下女とは思えないその振る舞いを見て、一葉はドキッとし、くにはきっと妻だろうと耳打ちします。

一葉は恐らく噂のあった大阪の富豪の娘が、持参金でも持って嫁に来たのではないかと推測。そうでなければ、元手なしにこんな店を構えることはできないだろうと、自分を納得させます。

翌明治二十六年二月二十三日、寒風が吹く夜、一葉は不意に桃水の訪問を受けました。「胡砂吹く風」が出来上がり、その中に一葉が寄せた短歌も掲載されていて、御礼かたがた本を届けに来たというのです。

玄関に桃水の姿を見て一葉の胸は大波が打ち、まるで夢の中にいるような心地に見舞われます。うれしいと分かるのは、暫くして気持ちが落ち着いてからでした。このところ寝ても覚めても桃水のことが頭から離れず、許されない間柄とは知りながら、せめて人づてに様子だけでも聞ければと、そんな桃水への心情を日記に記していたところでした。

それから二ヵ月後の四月半ば、『都の花』藤本藤陰から、桃水が内ももに出来た腫物で療養中だと聞き、居ても立っても居られず、見舞いに行こうとしました。しかし滝が、過ちを犯すのではないかと恐れて許可しません。一葉は仕方なく、道々、人に会わないことを祈りながら、こっそり見舞ったのでした。

桃水は一葉に、「誰にも見せたりしない、ただ自分が朝夕眺めて楽しむだけです」と言って、歌を短冊に書いてほしいと頼んでいます。

一葉は応じましたが、歌の出来が気に入りません。その後、書き直して、再びこっそりと桃水を見舞いました。そのとき思いきって、妻をめとったのかどうかを確かめ、桃水の口から女性は彼の従姉妹《いとこ》だと知り、胸を撫でおろすのです。

気になっていたことが事実でないことを知って安心するのですが、いつもながら当の本人を前にすると、思っていたことの半分も言えない自分を恨めしく思いました。その日の日記は次の歌で結んでいます。

「我ながら心よしや今日を置きてまたの逢日もはかられなくに」（我ながら心が弱いと思うことよ。今日をおいて、またいつ逢える日が来るかもわからないのに）。

事実、その後、一年近く桃水に会わない日が続きました。その最大の理由は経済的困窮です。いつまでも金に結びつかない作家業に見切りをつけ、突然、竜泉寺町で荒物屋の商売を始めたからでした。

〔文学界の平田禿木《とくぼく》〕

当時、世間で名も知られていない樋口一葉という女流作家の作品「都の花」を読み、いたく感動した平田禿木という人物がいました。禿木はその後、一葉を純文学の表舞台へ引き上げるきっかけを作った恩人となるのです。

彼は一葉より一歳下で、明治二十五年、星野天知《てんち》と共に同人誌『文学界』（昭和八年に小林秀雄らがつくった『文学界』とは無関係）を創刊。「うもれ木」を読んで感動し、直ぐに天知に手紙を書いて、一葉のことを「異彩あり」（際立って優れている）と知らせます。

天知は知り合いの田辺花圃を通じて一葉に、『文学界』へ寄稿してくれるよう依頼し、一葉はかねてから構想のあった「雪の日」を書き上げるのです。

それを受け、禿木は明治二十六年三月二十一日の午後、本郷菊坂町の一葉宅を訪ねます。自分は高等中学の学生で、『文学界』の平田喜一だと本名を名乗り、作品は『文学界』三号に載ることになったと伝えました。そして、次の作品を書いてほしいと依頼しています。

一葉はこの時に受けた禿木の第一印象を、「物がたり少しするに、詞《ことば》かず多からず。うちしめりて、心深げなれど、さりとて人がらの愛嬌あり、なつかしき様《さま》したり」と、日記に記しています。

最初は固かった禿木も時の経過とともに打ち解けてきて、口数も滑らかになりました。彼が幸田露伴に心酔していることを話すと、一葉も、「今の世の作家のうち、幸田ぬし（主《あるじ》）こそ憧れの人です」と応じ、二人は意気投合するのです。

調子づいた禿木は目を輝かせ、西行に始まり、吉田兼好、松尾芭蕉など、まるで機関銃のように次々と古典について語ります。西欧文学に親しむ青年が語る古典論は、訓詁的《くんこてき》な解釈（字句の注釈や解釈を主とする学問）を学んできた一葉にとって、まったく新しい見方であり、心地よく魂を揺さぶられました。

話が『文学界』に及ぶと、一葉は以前、創刊号で禿木という人が吉田兼好について書いていたことを持ち出し、自分も妹もこれを読んで深い感銘を受けたと述べます。この時点ではまさか目の前の人物がその禿木だとは知るよしもありません。話は弾み、初対面だというのに二人の会話は何時間も続き、禿木がその場を辞したのは日が暮れる頃でした。

そして数日後、一葉は禿木から手紙を添えた『文学界』二号を受け取るのですが、その時にあの青年が禿木だったことを知ります。その手紙には、「願わくはこの上とも深く交《まじ》わらせ給《たも》ふて、共に至道（この上もないまことの道）のために尽くすことをゆるし給え」と、書き添えられていました。

【荒物屋を開業】

希望を胸に文学の道に向かって助走するのと並行し、というよりそれ以上の猛スピードで、家計の逼迫がますます戸主一葉にのしかかってきます。

禿木が訪ねてきたのは明治二十六年三月二十一日ですが、その二日後に、先月姉ふじから借りた二十銭も底をつき、三枝の借金返済の方は詫びて引き延ばしてもらったものの、滝に頼んで又もや則義の知人小林好愛のところへ金を借りに行っています。言うまでもなく、質屋の伊勢屋へは質草を出したり入れたりと、頻繁に通うようになりました。

滝からはいつものように、どうしてもっと早く小説を書けないのかとか、お前の志が弱いからこんなことになるなどと責められるし、くにからも愚図愚図しているからだと嫌味を言われる始末です。そんなときふっと桃水の優しい笑顔が瞼に現れ、思わず彼の懐に飛び込みたくなってしまい、あわててその衝動をかき消すのでした。

四月十九日。知人の関根某が亡くなったことを知り、葬式に行こうと思ったのですが、香花料の都合がつかず、仕方なく西村から一円借りて都合をつけています。翌月、彼に金を返して面目を果たすと、返す刀で伊東夏子から八円借りるというふうに、右から左の綱渡りなのです。

六月二十一日の日記では、原稿がまだ書けず、今月も一銭の入金もないと嘆いています。思い余って翌日、何とかならないものかと、藁にも縋る気持ちで萩の舎を訪ねました。ところが逆に師の中島歌子から財政困難の実情を聞かされ、うまく身をかわされてしまいます。

そして六月二十九日。もう八方ふさがりです。ここに至って、一葉、滝、くにの家族三人は、改めて事態の深刻さに打ちのめされました。先の展望がまるで見えません。今日の米をどうするか、それが問題になりました。

皆で相談しますが、いい知恵が浮かばず、唯一の頼りは一葉が出世して小説が売れるようになることだけです。しかしたとえそうなったとしても、あと何年もかかるとすれば、それまで一家は生きていけません。今日、明日の米、味噌、醤油が必要なのです。

餓死してでも小説をとるのか、それとも一家が食べられるようにするのか、その答えは明白でした。一葉は戸主として、ともかく金を稼ぐのが先決と考え、当面、筆を折る苦渋の決断をします。そこで持ち上がったのが小商《こあきな》いです。いろいろ考えた結果、菓子も扱う荒物屋を開くことに決めたのでした。

当面というのは、完ぺきに筆を折るというのではなく、先ずは小商いで生計が立つようにし、それが実現した段階で、貧乏に追われることなく、暇な時間に心の赴くまま小説を書く環境をつくろうというのです。滝は商売に不服でしたが、一葉とくにが説得しました。

さっそく開業の資金調達を開始。先ず訳を話して山梨の実家から五十円借り、次に小林からも五十円借りに行きますが、これは失敗。田部井に衣類を売却したいと伝えたところ、数日後、十五円で売れました。道具類は西村に売り、伊勢屋へ預けておいた質草を引き出して、別の人に売却。

それらと同時に家探しにも出かけています。普通は立地に最も神経を使うのですが、一葉はそうではなく、むしろ知人たちに見つからないような場所を探しました。商売人に成り下がったというのを知られたくなかったからです。士族というのを気にしていたのでしょう。家賃が安くて人目につかない所ということで、小さな家が軒を連ねる下町を中心に探し回ります。

そして、ようやく商売を決断してから一ヵ月ほどで、下谷龍泉寺町の茶屋町通りに面した家に引っ越すことに決め、ここで荒物屋を始めることになりました。吉原の遊郭に近く、廓に関係する仕事に従事する人たちが大勢住んでいます。幸い萩の舎のある小石川からも、桃水の葉茶屋がある神田からも遠い場所です。

資金調達の活動はまだ続けていますが、三人の役割分担も決定。店番はくに、仕入れは一葉、滝は一葉と一緒に資金借入れ係です。衣服の仕立て内職は引き続きくにと一葉でやることになりました。吉原の廓から仕立てや洗濯ものが大いに期待でき、その営業は一葉が担当します。

さて店で売る品物の準備ですが、ここは一葉の出番です。浅草東本願寺前の荒物問屋へ行き、はたき、付け木、箸、楊枝、線香、歯磨き粉、もぐさ、石鹸、たわし、藁草履、マッチなどを仕入れ、大きな風呂敷を背負って帰宅。くにと一緒に汗だくになりながら店に並べ、八月六日、いよいよ開店です。

そしてその日の午後、カンカン照りの中、一葉は再度外出し、滝の旧主筋にあたる問屋から半紙、ちり紙、祝儀袋、浅草紙なども仕入れてきました。後日、駄菓子、めんこ、おもちゃも加えています。

しかし、資金はまだまだ足りません。八月、九月は一葉の頭痛が絶え間なく襲ってきた時期ですが、気にしている暇などありません。フル回転です。いろいろな人を訪ねて借金を申し込んだり、手紙で依頼したりし、承諾してくれる人もいれば断る人もいて、結構忙しい日々が続きます。その間、古い借入先へ新しく入った金を回すこともたびたびです。家賃と税金支払いも発生。

開店当初は中々忙しく、たいていは五厘、六厘しか使わない細かい客ですが、女世帯の経営が珍しいからなのか、日に百人は来て繁盛しました。そのためか、近所にある同業者二店が潰れる憂き目にあっています。

とはいっても、一日の平均売り上げが四十銭で、月十二円にしかなりません。多い時で日に六十銭。これでは赤字です。それを穴埋めするためにも、一葉と滝は相変わらず金策に駆け回らねばなりません。

そのうち人々の珍しさが薄らぎ、しかも具合の悪いことに、単価が高く利益もある大人向けの荒物が減って、逆に単価が低く利益の薄い子供相手の菓子類が増えたのです。必定、一葉はますます頻繁に菓子の仕入れに出なければなりません。車馬賃が増えるだけでなく、疲労もたまっていきます。

日が経つにつれ、売上が目に見えて減ってきました。どだい商売人でない士族一家が思いつきで始めたものだから、うまくいかなくて当たり前です。当てがはずれ、一葉はがっかりしました。しかし戸主として、嘆くだけではすまされません。このままでは借金だけが残って破滅してしまうかもしれないと危機感を抱き、再び小説の方へ頭が向くのです。時間をひねり出し、店はくにに任せて、十月二日からまた図書館に通い出しました。

そんな折の十月二十五日、禿木が久しぶりに一葉を訪ねてきました。商売のことにはあまり触れず、『文学界』に作品を書いてほしいと一葉に依頼。そして二人は前回以上の熱気で、文学談義に花を咲かせました。

もちろん一葉は喜んで申し出を受け入れ、「琴の音」を執筆するのです。この日のうれしさを日記に、「七月以来はじめて文海《ぶんかい》の客にあふ。いとうれし」と書いています。

十二月二十八日、「琴の音」の原稿料一円五十銭を受け取り、『文学界』十二号に載りました。この「琴の音」は「雪の日」執筆以来、約十ヵ月ぶりに書かれたもので、彼女の再生を高らかに宣言する小説となったのです。

しかし商売はさっぱりで、年が明けた明治二十七年早々、店の向かい側に同業者が現れ、途端に、ただでさえ少なくなった売り上げが落ち込んで閑古鳥が鳴き始めました。それを挽回せねばと、あれほど禿木に執筆を約束したのに商売で時間をとられ、「商用いとせわしく、わづらはしさたゐ難し」と日記に書いています。そうとう焦っていたのでしょう。

『文学界』主幹の星野天地も一月に彼女を訪ねています。これら『文学界』同人たちとの交際は、再び一葉の文学への思いを燃え上がらせるエンジンとなりました。

[開塾をもちかけられる]

そんな中の寒風吹きすさぶ二月二日、一葉は継ぎはぎの小袖を羽織の下に隠し、借金している相手やこれからしようとしている相手を物色しながら、年始の挨拶をして回っているうち、萩の舎までやって来ました。

ずいぶん長いあいだ来そびれていた所です。師はどうされているだろうと、その見慣れた建物に急に懐かしさが込み上げ、胸が高鳴るのを抑えられません。作家業復帰の思いもあって、引き戻そうとする躊躇を振り払いながら、ずいと玄関に足を踏み入れました。

回礼の途中なので長居はしませんでしたが、中島歌子は歓迎してくれ、自ら盆に茶を載せて応接間に戻ってき、開口一番、うれしそうに田辺花圃が歌塾を開くという話をし、一葉にも塾を開いてはどうかと熱心に勧めたのです。

しかし今の一葉にとてもそんな力はありません。たたえた笑顔をどうにか崩さずに、丁重に断りました。よもやま話をしたのちその場を辞しましたが、心中穏やかではありませんでした。

そして悪いことに、そんな気持ちに追い打ちをかけたのが、その三週間ほど後に自宅を訪ねてきた禿木がもたらした情報です。先日歌子から聞いた田辺花圃だけでなく、鳥尾ひろ子も歌塾を開くと雑誌に出ていたと、話題を提供するという軽い調子で一葉に話したからです。その夜、一葉は日記に、「万感胸にせまりて、今宵は寝ぶること難し」と記しています。

開塾するというのは、自らが門下生をとって歌を教えることです。そのためには形式ばった儀礼をせねばならず、かなりの出費がかさみます。花圃の場合は上野常磐花壇へ歌人たちを招待しました。彼らの面前で、師匠歌子が花圃に向かい、今後歌を教えることを許可し、皆にその様を披露するのです。そして帰り際、来客に相当の引き出物を渡しただけでなく、家元には礼金を出す決まりに従い、歌子に二十五円もの大金を渡したと言われています。

一葉にすれば、自分だって塾を開きたいし、歌の才では誰にも負けないと思っているのに、貧乏ゆえに出来ません。それどころか、自分は毎日、龍泉寺町の下町で泥・塵にまみれて子供相手に薄利多売の商売で明け暮れています。そんな事実に愕然とし、持って行きどころのない口惜しさを覚えたのでした。

〔占い師の久佐賀義孝に近づく〕

こういうタイミングに符合するかのように、このころ一葉はちょっと常識では考えられない唐突な行動に出ています。明治二十七年二月二十三日、一面識もない久佐賀義孝という占い師のもとを訪ねているのです。本郷で「顕真術会」なる怪しげな会を創設し、占い鑑定、身の上相談、相場のコンサルティングなどをして、相当儲かっているのか、生活は裕福でした。相場師たちが頻繁に出入りしていました。

久佐賀はたびたび新聞に大きな広告を載せていて、それを見た一葉が誰の紹介もなしにいきなり訪れたと思われます。この時は用心して、「秋月」という偽名を使い、小説家だとは言っていませんが、二回目からは本名を名乗り、交際は一年余り続きました。ただなぜこの人物に会い、何を求め、二人に何があったのか、明確には分かっていません。

しかし推測はつきます。この男から金儲けのヒントを得られないか、相場を張って歌塾を開く資金を得られないか、出来れば借金も出来ないかと、切羽詰まった一葉は一獲千金の機会を求めて突飛もない冒険に出たのではないでしょうか。

初対面での自己紹介がふるっています。女の身でありながら紹介者もなしに押しかけた罪は浅くはなく、気が狂ったのではと思われるだろうがと前置きし、自分は「窮鳥の飛び入るべき懐」もない、宇宙にさまよう身ですと言って、身の上話を始めるのです。

日記にその時の台詞を「我が身、父を失いて今年六年、浮世の荒波に漂いて昨日は東、今日は西、或いは雲上の月花に交わり（萩の舎で上流階級の人たちと和歌を交わす暮らし）、或いは地下の塵芥《ちりあくた》に交わり（竜泉寺町での暮らし）、老いたる母、世のこと知らぬ妹を抱きて……」と、詳しく書いています。

そして久佐賀の前で、小商いがうまくいかないことを嘆き、自分は一銭もない貧者ですが、この身を犠牲にしてでも危険を冒して相場をやってみたい、どうか助けて下さいと教えを乞うのです。

最初、久佐賀は適当に受け流し、相手の生まれ年を訊いたり人相を読んだりして、「なかなか運気のいい年に生まれましたな」などと、占い師らしい鑑定をしていました。しかしどの場面でも、一葉の即座の鋭い切り返しが返ってくるのに驚き、あげくには、「久佐賀先生、どうか私に良い死に場所を教えて下さいませんか」と、或る意味、媚態《びたい》さえ見せられます。

久佐賀は二十二歳の一葉に乗せられ、徐々に饒舌になっていきます。そして会話は弾み、相場や金の話ではなく、人生観や運命論などで延々四時間も続きました。

それから五日後の二月二十八日、久佐賀から手紙が来ました。亀戸の古木「臥竜梅《がりゅうばい》」を見に行かないかと誘ってきたのです。一葉はその手には乗らぬとばかり、「先生のお志を花（梅の花）とも思って、味わわせていただきます」と、上手に断っています。

ところが気が変わったのかどうか、三月十三日に久佐賀を訪ね、前の非礼を詫びる傍ら、何かを言おうとしたのですが、言いそびれて帰宅。そして翌日の手紙で、今度ははっきりと、自分の歌塾を開くための金銭援助をしてほしいと申し入れています。金銭を借りる時のこの一葉の二段構え的なやり方は、桃水に無心する時もよく見られました。面と向かっては言いそびれる気の弱さがあったのでしょうか。

これに対する久佐賀の返答内容は不明ですが、一葉が本当に金に窮していることを知り、その後、彼はいろいろ誘惑の手を繰り出してきます。

そしてついに六月九日付けの手紙で、具体的な提案をしてきました。一葉が目的を達するまで生活の保証をする、しかしそれには条件があり、「貴女《きじょ》の身上《しんじょう》を小生が引受《ひきう》くるからには、貴女の身体《しんたい》は小生にお任せ被下《くださる》積《つも》りなるや否や」と、露骨に一葉の決断を迫りました。お妾さんになれというのです。

ここで一葉は、内心では笑うに笑えない不届き者と彼をこき下ろしながら、頭から否定せず、何らかの期待を残すような曖昧さで婉曲的に断ります。下心のある久佐賀の方は脈ありと見て、以後も突いたり引いたりするような二人のやりとりは続くのです。

翌明治二十八年の或るとき、一葉は何を思ったか、妾にはならないが千円貸してほしいと、法外な借金を頼んでいます。実際、したたかに久佐賀と付き合い、肉体関係なしに何度か何十円かの借金をしたようです。しかし久佐賀もバカではありません。いつまで待っても「身体」の話は進まず、もう可能性はないと判断したようです。四月二十日に一葉から大金六十円もの借り入れを頼まれましたが、手紙で冷たく拒否しています。そして五月に久佐賀が転居した時に出した通知の手紙を最後に、一葉との交際が途絶えたのでした。ここに一年余りにわたった二人の交際は終わりを告げたのです。

久佐賀に対する一葉の手練手管を見ると、桃水らに対した頃の清純さと比べ、その変貌ぶりに驚かされます。しかしその手練手管は計算された交渉上の技巧であり、一葉の中の精神の高潔さは以前と変わっていません。ただ戸主として、樋口家の窮状を救うために困り抜いた果ての、窮余の一策ではなかったでしょうか。見方によっては、女が体を張った危険極まりない交際であり、生活に追い詰められていたからこそ、それほどまでに大胆になれたのでしょう。

それにしても、その副産物は大きなものでした。そうした経験は作家としての一葉を人間的に一回りも二回りも大きく成長させ、以後の作品に深みを与えていくのです。

一葉は久佐賀以外にも、村上浪六という流行作家にも近づき、借金を申し込んでいます。ちょうど久佐賀が物質的援助と引き換えに一葉の「身体」を求めてきてから三ヵ月余り後の明治二十七年九月末、初めて向島に住む浪六のもとを訪ね、金を貸してくれるよう頼んでいるのです。

どういう経緯で浪六を知ったのかは不明ですが、彼は桃水と同じように朝日新聞の小説記者でした。桃水が紹介した可能性もあります。以後、一葉はたびたび浪六を訪ね、催促しています。

これに対して浪六はいつも紳士的に対応し、断りはしないが、もう少し待ってほしい、いずれ何とかするのでご安心くださいなどと言って、引き伸ばすのです。また久佐賀のような代償も求めません。

しかし結局、一葉は浪六からは一銭も借りることが出来ませんでした。一葉にすれば金を借りたい一心だったのでしょう。或る時期、必死の思いで久佐賀と浪六に対し、同時並行的にぶつかっていました。

[廃業]

これより少し前、一葉が初めて久佐賀を訪ねた明治二十七年春頃のことです。店の売上はめっきり落ちて、赤字が積みあがる一方でした。子供相手にする分《ぶ》や厘《りん》単位での売り上げではやっていけません。士族の商法は通用しなかったのです。

この頃、師中島歌子から開塾を勧められていますが、その二ヵ月ほど経った三月末に、萩の舎の号をそのまま一葉に譲るので自分の後を引き継いでもらえないかと、打診されました。一葉は即座に返答せず、曖昧に濁して帰っています。そして四月に入ると、萩の舎で助教をしてくれれば謝礼として月二円出すと、歌子から具体的に提案されるのです。

一葉は心が揺れました。荒物屋の真っ暗な未来を思うと、小説と歌しか生きる道はないという思いを強めています。しかし助教などをしていたら、小説家という目的達成にとって時間の無駄になるのではないかとも思うのです。

それにたった二円では樋口家の家計にとっては焼け石に水。ひょっとして久佐賀に大金を融通してもらえるかもしれず、そうなれば自分で塾を開くことも可能になるのではないか。そんな逡巡がしばし決断を遅らせましたが、結局、歌子の提案を引き受けています。

明治二十七年五月一日、とうとう一葉は竜泉寺町での荒物屋を廃業し、小雨の中、本郷丸山福山町へ転居しました。久佐賀が一葉の「身体」を求めるひと月ほど前のことです。歌道と小説道にまっしぐらに進む覚悟を決めた、或る意味、文学上の記念すべき日でした。

廃業そのものはもう少し前に決めていたのですが、何しろ借金が多額で、店舗の整理など引っ越しの手筈が出来ません。しかし急遽、借りる目途がついたのです。西村釧之助《せんのすけ》の紹介で未知の清水たけから五十円、石川銀次郎から十五円が届き、家賃が月三円の新天地での出発が可能となりました。ここが終《つい》の棲家《すみか》となったのです。

萩の舎での助教ぶりは評判がよく、入門者や若い人の添削だけでなく、献歌を代作したり、源氏物語の講義などもやっています。

ところがせっかく後継者として萩の舎に返り咲いたものの、次第に歌への情熱を失っていくのです。旧態依然とした歌風はもはや時代遅れになっており、与謝野晶子が唱える新体詩が新鮮な風を起こしていました。実際、明治二十八年には一葉が詠んだ歌数はせいぜい三百首足らずまで減り、翌年にはほとんど詠んでいません。

この一葉の旧派和歌への絶望は、彼女の文学活動を小説一本に向かわせました。と同時にその内容も古典的な詠嘆調を脱し、庶民生活を実写した近代性を持ってくるのです。

【丸山福山町の家が文学サロンに】

平田禿木は一葉の才能を開花させたいと願い、丸山福山町へも足しげく通っています。「やみ夜」の執筆を依頼し、これは明治二十七年の『文学界』に三回に分けて連載されました。

「やみ夜」は一葉の再起となった小説ですが、彼女はこの価値ある作品を執筆している最中にも浪六を訪れ、手紙も書き、何度も借金を申し込んでいます。時間的な余裕などあるはずがないのに、浪六との駆け引きの戦術をあれこれ練っていたのです。もちろん久佐賀とも交際は続いています。金のことが頭から離れることがなかったのでしょう。

持つべきものは友と言いますが、禿木は大勢の文学仲間を連れて来て、一葉に会わせました。その一人が一葉より三つ年上の『文学界』同人馬場孤蝶《こちょう》です。禿木に誘われて、明治二十七年三月に龍泉寺町の樋口家を初めて訪ねました。

孤蝶は共立学校（後の開成中学・開成高校）で禿木と同級で、それから明治学院（現明治学院大学）に編入し、ここでは島崎藤村や戸川秋骨らとも一緒に学びました。彼らは皆、『文学界』創刊に関わった同人たちです。

ほどなく藤村、戸川らもたびたび訪れるようになり、一葉家はさながら『文学界』同人が集まる文学サロンとなりました。文学、哲学、文壇情報など、同じく文学を志す同世代の語らいは、高等教育を受けていなかった一葉の魂を強烈に刺激し、脳内に創作の滋養をたっぷりと注ぎ込んでくれる場でもありました。

当時樋口家は明日の米にも困る窮状です。時に議論は夜更けまで続くことがあり、そんなとき一葉は彼らに夕飯を出すなど、精一杯のもてなしをしています。そして興味深いことに、貧乏生活の愚痴や金の話などは一切しなかったようです。一葉の誇りがそうさせたのかもしれません。『文学界』同人たちは、彼女にとって惨めな現実生活を忘れて何でも語れる知的な仲間でした。

この時代、男たちが連日、未婚の若い女性の家へやってくるというのは普通、見られません。ではなぜ女ばかりの樋口家がこのような文学サロンになり得たのかということです。その疑問の鍵は一葉が戸主だったことにあります。家長だったからこそ、そういう交流を世間は認めていたのです。

さて孤蝶に話を戻しましょう。彼はたびたび樋口家を訪れています。単独で、或いは禿木や秋骨ら同人と一緒に来て、あれこれ語らうのですが、明治二十八年の四月、五月、六月頃は週に三回は来たといいます。来る途中で野山の花を摘んできて一葉にあげたり、どこかへ出かけると欠かさず手紙を送ってきました。

孤蝶は一葉が好きだったのです。秋骨が気を利かせて彼女に、「孤蝶子《し》の君を思うこと一朝一夕にあらず」と言うと、一葉は困った表情に微笑を浮かべ、それは有難いことですと返しています。

孤蝶に好意を示されても、一葉は浮き立つことはなく、冷静でした。うれしいながらも心苦しく感じるのです。こうした自分に対する孤蝶の思いはあとどのくらい続くのだろうかとか、人の心の移り変わりは水の上を流れる落花にも似ているなどと、悲観的にとらえます。

また彼らとの交流に無上の喜び、楽しさを見出す一方で、これもきっと今限りのことではなかろうか、今日の親友が明日の何であるかは分からないと、一歩も二歩も引いた考え方をするのです。二十代半ばにも満たない若い女性にしては夢がなく、心の寂しさを感じさせます。

しかしそれは多分、年齢の割にあまりにも悲惨な現実生活が絶え間なく押し寄せ、また戸主の重責も加わって、そんな経験が人生の露骨な裏表を柔らかいオブラートで包む余裕を失くさせてしまったからなのかもしれません。それとも、いまだに桃水に寄せる好意が心の深奥に潜んでいるからなのか……。

孤蝶は或るとき一葉への手紙に、あなたは「世のすね者です」と呼び、青春の喜びを捨て、人生を達観して生きていると書いています。そういう影を背負った一葉だからこそ、孤蝶はいっそう愛おしく思ったのかもしれません。

一葉の方も弧蝶を「心うつくしき人」と好感を抱き、二人の関係は親しい友人として続くのです。

一葉の死後も、孤蝶の友情は消えませんでした。彼は一葉に関する随想や回想を多く残し、生涯を通して一葉文学の普及に努めています。一葉が死んで十七年後の明治四十五年に刊行された「一葉全集」は、初めて一葉の日記を収録したものですが、その編纂にあたったのが孤蝶でした。一葉に対する敬愛の念は終生変わらなかったといいます。

[奇跡の十四ヵ月]

作家の和田芳恵（一九〇六〜一九七七）は樋口一葉研究をライフワークとしていました。かれは一葉が丸山福山町に移ってから七ヵ月後の明治二十七年十二月から二十九年一月にかけての時期を「奇跡の十四ヵ月」と命名しています。

この時期、一葉の才能が一気に花開き、次々と後世に残る名作を発表しました。「大つごもり」「たけくらべ」に始まり、「軒《のき》もる月」「ゆく雲」「うつせみ」「にごりえ」「十三夜」「この子」「わかれ道」などの作品を世に出したのです。

竜泉寺町での商売、吉原遊郭近辺に生きる底辺層の人々の観察、借金の苦労、久佐賀や浪六との或る意味、命を張った際どい駆け引き、『文学界』同人たちとの知的交流など、これらの経験が、一葉の精神内部に作家としての肥やしを存分に蓄積させ、熟成させました。

しかしその貯蔵物は自然に花開いたのではありません。小説家としての一葉の才能を評価する人々が、まるでバトンタッチをするかのように次々に現れ、明治の大作家樋口一葉を生んだのでした。

明治二十七年十一月二十四日、『文学界』編集人の星野天地は一葉に葉書を出し、十一月三十日号で完結する「やみ夜」について批評したあと、次の号に載せる新作を依頼しています。このとき天地は二十円融通すると書いていて、恐らく樋口家の台所事情を察しての配慮だと思われます。禿木も十二月四日に葉書で重ねて新作を依頼しました。こうして完成したのが「大つごもり」（大みそか）です。

一葉は初めてこの作品に自分の体験を盛り込みました。これまでのように頭の中や書物に描かれている夢物語からではなく、自分で見聞きし、経験してきた庶民生活という現実の世界から素材を見つけ出し、小説にしたのです。その意味で、「大つごもり」は彼女の作品史上、新たな出発点であり、転機となる作品でした。

こうして執筆生活が本格的に動き出しました。天地と禿木はいよいよこれからだと気を引き締め、執筆依頼を続けます。一葉を励ますと同時に、わずかながらも資金的な援助もするのです。そしてついに明治二十八年一月三十日（一八九五）、『文学界』二十五号から不朽の名作「たけくらべ」の連載が始まりました。なお一年にわたる連載中、一葉は平行して「にごりえ」や「十三夜」も執筆しています。

この「たけくらべ」は吉原の遊郭に住む少女美登利と僧侶の息子藤本信如との淡い恋を中心に、大恩寺前の人々の厳しい生活と憤懣、そんな中でも生きていかねばならない運命の不条理を描きました。一葉が竜泉寺町で暮らしていなければ、この作品が生まれることはなかったでしょう。全篇で十四章が連載され、明治二十九年一月号で完結するのです。

ところが連載中はそれほど人目を引きませんでした。その理由は『文学界』の読者層にあります。若い特殊な文学青年たちを中心とする同人雑誌的な存在であり、多くの一般の読者がいなかったからです。

しかし同年四月三十日、事態が一変します。最大手の出版社博文館が出す『文芸倶楽部』に一括掲載されると、たちまち大評判となり、樋口一葉の名が一気に世に知られるようになりました。

博文館は九年前に創立され、『太陽』『文芸倶楽部』という人気雑誌を発行して成功し、思想と文学の分野を先導する出版社として、全国に名を轟かせていました。そこに大橋乙羽《おとわ》という敏腕編集者がいて、彼が博文館と一葉をつないだのです。

平田禿木、星野天地、馬場孤蝶、戸川秋骨らの『文学界』同人たちが一葉の才能を見出し、文学の栄養素を存分に与えると共に、小説発表の場を提供しました。これを第一段階とすれば、次に一葉を本格的な職業作家たらしめ、文壇と世間に小説家、樋口一葉の名を知らしめたのは大橋乙羽でした。

「たけくらべ」を一括掲載する一年ほど前、乙羽は自社の二つの看板雑誌に女性読者を増やせないものかと考えました。そのためには女流作家の発掘と育成が必要だとし、一葉に着目したのです。半井桃水に相談したらしく、彼から一葉の名と住所を聞くとともに、『都の花』元編集者の藤本藤陰からも一葉を推されています。この藤本藤陰は編集者として三年前に一葉の「うもれ木」などを載せていて、彼女の才能を認めていた一人でした。

そんな経緯があって、明治二十八年三月二十九日、乙羽は一葉に手紙を認め、『文芸倶楽部』に載せる二、三十枚の短編小説原稿を依頼します。その結果、「ゆく雲」が一ヵ月余りで書き上げられ、『文芸倶楽部』より格上の『太陽』五月五日号に発表されました。一葉にかける乙羽の意気込みが分かろうというものです。この時期、「たけくらべ」はまだ『文学界』に連載中でした。

以後、乙羽は樋口一葉を売り出すために全力を尽くすのです。編集者として、次作が重要なことを熟知しています。作品の執筆を依頼し続け、これが『文芸倶楽部』九月二十日号掲載の名作「にごりえ」、さらに「やみ夜」「十三夜」(共に十二月十日号)へとつながっていきました。

乙羽は樋口家の経済的窮迫状況も知っていて、可能な限り助けています。例えば一葉が五月二十四日に乙羽の家を訪ねたとき、妻の時子とも会っていて、彼女から何か旧作でもいいから『文芸倶楽部』に載せたらどうかと、助言されました。時子は手っ取り早く原稿料が手に入る方法を教えたのです。一葉に迷いはありません。さっそく以前、『甲陽新報』に載せた「経《きょう》つくえ」を手直しし、翌月号に掲載してもらっています。

また樋口家は七月十二日に則義の法要をしており、月末に迫った支払いに困っていました。一葉は時子宛に、博文館から三十円ほどお借りしたいと手紙を書いたところ、直ぐに乙羽から返事が来ました。書きかけのものか、旧作でもあれば、直ぐに金子《きんす》を調達しましょうとあり、一葉は大急ぎで未完の「にごりえ」を七月中に乙羽に持参したのでした。

このように乙羽は作家に助言する編集者としてだけでなく、自分が出来る範囲内で、精いっぱい生活のサポートもしていたのです。

彼にはマーケティングの才能がありました。作家樋口一葉の売り出しにあたり、常識破りともいえる「閨秀《けいしゅう》小説」特集を明治二十八年十二月十日発行『文芸倶楽部』臨時増刊号に組んだのです。閨秀とは学問や芸術に優れた女性を意味し、現代流にいえば、「俊英女性作家特集」というところでしょうか。

さらに巻頭のグラビアページいっぱいに、当時すでに女流作家として有名だった若松賤子、小金井喜美子とともに、大きく一葉の写真を載せました。社会通念上、女流作家の写真を出版物にさらすなど、とんでもない恥知らずな行為とみなされた時代です。しかも特集には書き上げたばかりの「十三夜」だけでなく、旧作「やみ夜」も合わせ、一挙に二作も掲載し、大々的に樋口一葉を売り込んだのです。

この意表をついた戦略は大成功を収めました。「閨秀小説」特集号は三万部以上を売り尽くし、さらに増刷されるなど、前代未聞の大ベストセラーとなったのです。

しかし乙羽のマーケティング精神はそれで満足しません。ここで一気に勝負に出ました。翌明治二十九年四月三十日の『文芸倶楽部』に、『文学界』での連載が完結していた「たけくらべ」を一括掲載するのです。

これを読んだ幸田露伴、森鷗外、斎藤緑雨がいたく感銘を受け、『めざまし草』という雑誌の合評欄「三人冗語《じょうご》」で一葉の才能を絶賛しました。この瞬間、一葉はたちまち文壇の脚光を浴び、時代の寵児となったのです。

鷗外は、「我はたとえ世の人に一葉崇拝の嘲りを受けんまでも、この人にまことの詩人という称を贈ることを惜しまざるなり……得難き才女なるかな」と誉め、また露伴は「この作者のこの作の如き、時弊（その時代の悪習や弊害）に陥らずして、自ら殊勝の風骨態度（作風・精神）を具せる好文学を見ては、我知らず喜びの余りに、起《た》ってこれを迎えんとまで思うなり」と賛辞を惜しみません。正岡子規も「一行を読めば一行に驚き、一回読めば一回に驚きぬ。一葉何者ぞ」と、感服します。

これを受け、文壇関係者たちは遅れてなるものかと、我先に一葉礼賛の声を上げる大合唱となりました。一葉はまさに時の人となったのです。

しかしこれほどまでの称賛に対し、一葉自身は終始冷静で、浮かれることはありませんでした。自分が女の作家だからただ面白がっているだけではないかと、冷めた気持ちで見ています。人生をやや斜めから眺めるこの習性は、おそらく貧乏という困難な環境が影響していると思われますが、この頃すでに肺結核の兆候が出ていたことも関係していたのではないでしょうか。本人はまだ病名を知りませんが、体調不良が彼女に影を落とし、一歩引かせたのかもしれません。

さて、絶賛の嵐が吹く中の明治二十九年五月二十五日、博文館から一葉著の単行本「通俗書簡文」が出版されました。これは小説ではなく、「日用百貨全書」の一部として出された手紙文例集の地味な実用書です。一葉の最初にして最後の単行本です。

実はその前年の暮れ、泉鏡花は乙羽の頼みで一葉のもとを訪れ、この本の執筆を依頼していました。生活費の一助になればと、乙羽が用意した仕事です。乙羽の心遣いが匂ってくる一事です。一葉は印税をもらうために病をおして必死に書いたのでしょう。

彼女はこの本を出版してから半年ほどして亡くなるのですが、彼女の死後、十年以上にわたって重版され、五万部以上を売り上げるベストセラーとなりました。

【一葉二十四歳で逝く】

「たけくらべ」が一括掲載されたのは明治二十九年四月末ですが、その春頃から初夏にかけ、肺結核は一葉の体内で取り返しがつかないほど深く進行していました。まだ病名は知らないものの、無性に倦怠感を覚え、四月には喉が腫れて治りにくくなっていたといいます。七月に入ると三十九度の高熱が出るようになり、時にそれが連続しました。

暑気でむせぶそんな七月二十日午後、突然幸田露伴が三木竹二（森鴎外の実弟で内科医・劇評家）を伴って一葉を訪ねてきました。小説でなくてもよいから『めざまし草』に何か書き物を寄せてほしい、できれば幸田露伴・森鴎外・斎藤緑雨・三木竹二、樋口一葉の五人で合作小説を書かないかというのです。その日は熱がおさまり、一葉は起き上がって、見かけ上、元気な姿で応対しました。死の四ヵ月ほど前にあたります。

尊敬する文豪露伴との対面は一葉にとって感慨深いものがありました。しかし「皆さんと同じ舞台に上がるのは心苦しい」と言って、婉曲的に辞退しています。その日の日記に露伴の印象をこう記載。

「色白く、胸のあたり赤く、背丈は低くして、よく肥えたり。物いう声に重みあり」

しかし、再び露伴と会うことはありませんでした。

八月初旬、妹くには一葉を駿河台の山龍堂病院へ連れていきました。そこで樫村清徳院長から、もはや望みのない病状だと告げられるのです。肺結核が進行し、

斎藤緑雨は居ても立っても居られず、何とか助かる方法はないかと、『めざまし草』の仲間森鷗外に頼み、著名な内科医師の青山胤道に一葉を診察してもらうように取り計らっています。青山の診断も樫村院長と同じく結核の末期で、もはや時すでに遅しでした。

親友の伊東夏子は何度も見舞いに訪れています。十一月に入って再度見舞ったとき、一葉は見舞客からもらった松茸を自分の枕元に並べて見入っていました。それを見た夏子が、「松茸や野に伏兵の下甲《かぶと》」と誰かの句を口ずさむと、一葉は「あらほんと、いいわね」と、熱で上気した顔でにっこり笑ったのでした。

『文学界』の仲間たちも次々と訪ねてきます。まだ幾分元気な七月終わりころ、一葉は戸川秋骨らを前にして、「皆様が野辺をそぞろ歩いておいでの時には、（私は）蝶にでもなって、お袖の辺りに戯れ、まつわりましょう」と、活気こそはないが、冗談混じりに美しい言葉で語っています。

死の二十日ほど前の十一月初め、中学の英語教師として彦根に赴任していた馬場孤蝶が、どうにか都合をつけて駆けつけてきました。玄関の所でくにからおおよその容体を聞き、「会ってほしいとは言い兼ねますが、ただ見て行ってやってくだされば」と耳打ちされます。

一葉は六畳の間で頬に赤みを浮かべ、乱れた髪で寝ていました。孤蝶が近づいて間もなく、気配を察したのか、パッと目をあけると、苦しそうな息の奥から遠路をねぎう言葉が出ました。孤蝶は病状への気遣いの言葉をかけたあと、顔を近づけ、「この暮れには又お目にかかりましょう」と、もっと生きてほしいという願望をにじませながら励まします。

すると一葉はやや微笑み、「その時分には、私は……何になっていましょう。石（墓石）にでも……なっていま

しょうか」と、途切れ途切れに語ったといいます。
きっと一葉は迫りくる死期を感じていたのでしょう。それから三週間弱のちの明治二十九年（一八九六）十一月二十三日午前、二十四歳の若さで波乱の生涯を閉じました。翌日の通夜には緑雨、秋骨、川上眉山が出席しています。

葬儀は二十五日に行われましたが、親戚、友人を合わせ、わずか十余人という実に質素なものでした。貧乏ゆえ、立派な葬儀や会葬御礼をする余裕がありません。一葉の名をすれば高名な人から下町の庶民まで、多くの列席者が予想されましたが、だからこそ、あえて菊とくにが皆の弔問を断ったのです。

例えば森鴎外。一葉の生前、一度も彼女に会う機会はありませんでしたが、葬儀の際、敬意を表すべく、軍服姿で棺に付き添いたいと申し出ました。しかし樋口家が謹んで辞退したため、鴎外は快諾し、代わりに大蠟燭《ろうそく》を贈っています。萩の舎でさえ、伊東夏子と田中みの子しか出席しませんでした。

後に発見された当時の香典帳によると、そこには伊東夏子、田中みの子、斎藤緑雨、川上眉山、野尻理作、中島歌子、田辺花圃、大橋乙羽夫妻、星野天地、幸田露伴らの名が見られます。半井桃水は見舞いにも葬儀にも来ていません。恐らく一葉は愛する人に自分の病み衰えた哀れな姿を見られたくなかったのだと思われます。桃水は遅れて一葉の死を知ったらしく、香典だけを届けています。

遺骨は菩提寺の東本願寺に葬られましたが、関東大震災後、杉並区和泉の本願寺墓所に移されました。法名は智相院釈妙信女。

平田禿木は後に論稿「文学界前後」の中で、一葉について次のように回想しています。

一葉女史は薄幸の人ではあったけれど、一躍、そのたどり着くべき所に到達し、短いその生涯のうちに、人の生まれてなすべきすべてを見事に成就したと総括。そして女史がその道に進むのに、『文学界』同人が彼女の才能を見出し、助けたことは、自分たちの誇りだと、述懐しています。

事実、一葉は彼らとの交わりで文学の栄養素を貪欲に吸収し、『文学界』という作品掲載の場を得て小説家への道を踏み出しました。そして次のステップとして、彼女に職業作家としての不動の地位をアレンジし、文壇と世間に小説家、樋口一葉の名を知らしめたのは、博文館編集者の大橋乙羽でした。『文学界』同人たちと大橋乙羽、森鴎外、幸田露伴、そして一葉の心の恋人半井桃水らの面々。彼らは見えない運命の糸として、それぞれが大作家樋口一葉を生む役割を担っていたのです。

一葉が亡くなってから一年余り後の明治三十一年二月、母滝が過労のため六十五歳で次の世界へ旅立ちました。その翌年、妹くには父則義の知人西村釧之助が経営する文房具店に出入りしていた吉江政次と結婚し、やがて店を譲り受けます。そして生涯、一葉作品の保管と発表に尽くすのです。

[名言]

・身を捨てつるなれば、世の中の事、何かは恐ろしからん。
・行く水にも淵瀬あり、人の世に窮達なからめやは。(流れる川にも淵や瀬があるように、人生にもうまくいくとき、物事が進まず悪いときがあるものだ)
・分けのぼる道はよし変わるとも、終には我も人も等しかるべし。(分けのぼっていく道のりはたとえ違っても、最後にたどりつくところは、自分も人も同じだろう)

[一葉と現代]

幼児期から少女時代にかけての一葉はそこそこ裕福に育ちましたが、十七歳のとき事態は一変します。戸主である兄の死を受けて一葉が女の身で戸主となり、その翌年、父が事業に失敗して半年ほど後に死去。借金だけが残り、ここから一葉の運命が大きく狂ってきます。戸主として母と妹を養わねばならず、あちこちから金を借りる綱渡りでその日暮らしの窮乏生活を強いられたのです。満足のいく食事が出来ず、栄養不良が着実に体をむしばんでいきます。

そんな時の明治二十九年四月、連載していた「たけくらべ」が『文芸倶楽部』に一括再掲載され、これが大成功を収めます。高い評判を得、一葉はたちまち文壇の脚光を浴びて時代の寵児となりました。これほどの栄光はありません。

　ところがこの頃、すでに肺結核は深く静かに進行していて、八月、医師からすでに末期で再起不能、絶望的と診断されました。そして十一月二十三日、ついに運命の日が来ます。世間から大作家として絶賛の声を浴びる中、丸山福山町の自宅で、ひっそりとこの世に別れを告げたのでした。享年二十四歳の若さでした。

　長期にわたる栄養不良と借金生活のストレス、戸主としての責任感、心の恋人半井桃水への実ることのない熱情。そういった一切合切が、時間をかけて若い一葉の体をむしばんでいったのです。

　そんな苦難に一葉は小説を書くことで打ち勝とうと立ち向かいます。そして、ようやく果実を手にして一気に栄光の頂にたどり着いたその瞬間を、まるで周到に用意された邪悪なシナリオのように、死という最大の悲劇が待っていたのでした。

　一葉に限って見れば、天は不公平だったと言わざるを得ません。支えきれないほどのあまりにも重い苦難が、若い彼女の肩にのしかかりました。それでもくじけず、小説家になって金を稼ぎ、家族を支えようとする気力と希望を最後まで持ち続けるのです。

　自己を犠牲にして貧困という運命と闘った女性戸主、樋口一葉。その不屈の勇気は、不確実性の時代に生きる現代の我々にも教えるものがあります。もし我々がまだ彼女の重荷よりは少しはましかもしれないと、わずかでも安堵を覚えるとしたら、地下に眠る彼女も「得たり」と微笑んでくれるのではないでしょうか。

第九章　北原白秋（一八八五〜一九四二）　五十八歳没

北原白秋作詞の童謡「からたちの花」や「ゆりかごのうた」「この道」を知らない人はいないでしょう。民謡「ちゃっきり節」も聞かれたことがあると思います。

白秋は明治十八年（一八八五）、福岡県柳河沖端《おきのはた》（現柳川市沖端町）で父北原長太郎、母しけの長男として生まれました。近代日本を代表する詩人です。詩以外にも、童謡や短歌などで傑作を残しています。

［詩歌に目覚める］

有明海に面する沖端。ここに位置する北原家は酒造業を中心とする九州地方屈指の老舗でした。母しけの実家も山間にあるとはいえ、広大な土地と山林を有する大地主です。

そんな恵まれた贅沢な家庭にあって、白秋少年は伸び伸びと育てられ、豊かで闊達な気性が形成されていきました。くよくよしない、或る意味、窮地の中にあっても希望を失わない楽観性、理想を貫く純粋さとでもいうのでしょうか。

明治二十八年三月に尋常小学校を卒業した翌月、柳河高等小学校に入学（十歳）。「竹取物語」「平家物語」を読み始め、日本の古典やフランスの翻訳本を乱読します。

二年後に県立中学校伝習館に進みますが、三年に進級時、幾何一科目が欠点となって落第しました。この頃から詩歌に興味をもちはじめ、島崎藤村の「若菜集」や文芸雑誌『文庫』を愛読し、出たばかりの詩歌雑誌『明星』も発売日が待ち遠しくて仕方ありません。十七歳になると、友人と回覧雑誌を発行して、北原白秋名で詩歌を載せました。

その年、北原家の命運を左右する大災害が起こります。酒蔵と倉庫が大火に見舞われて、すべてが焼失したのです。父長太郎は焼け跡に以前にも増して立派な酒蔵を建てたのですが、商売はうまくいきません。次第に衰退の道をたどり、八年後、ついに破産しました。また、しけの実家も、政治屋に入れ込んだり、山林に手を出してやけどをしたりで、徐々に没落していきます。

坊ちゃん育ちの白秋は家業のことには無関心でした。ますます歌に熱中。或る日、詠んだ作品を『文庫』に投稿したところ、一首が掲載されました。続けて何度か採用され、いよいよ文学への意欲がかきたてられて自信を深めていきます。今や学業には見向きもしません。

息子を自分の跡継ぎにと考えている父にとって、こうした文学への傾斜は頭痛の種で、「商業学校へ行け」「いや行かぬ」で口論が絶えませんでした。

白秋は強気な言葉にもかかわらず、少年なりの小さな胸で、思い悩みます。五年生の後半期に入った時にとうとう神経衰弱になり、休学して、阿蘇山麓の温泉に転地しました。効果は間もなく現れ、回復に向かいます。なぜなら、そこでたっぷりと歌三昧に浸れる自由時間を得たからです。

復学してからも好きな歌作りは続きます。ところが『文庫』歌壇の選者との意見対立が原因で歌壇に不満を覚え、興味は詩壇に移ってしまうのです。新たに『文庫』詩壇の方で才能を認められ、歌作から詩作へと転じました。

阿蘇から戻って以来、父子の葛藤は再び復活していて、もう抜き差しならないものとなり、母をおろおろさせます。その一方、病を克服した白秋には迷いはありません。文学で生きていく気持ちに火がつきました。中学卒業の直前、意を決して母に上京の志を打ち明け、退学するのです。そして時を移さず、明治三十七年三月、母と弟に助けてもらい、ひそかに故郷を離れたのでした。

〔憧れの東京へ〕

十九歳の白秋青年を乗せた汽車が、「電気燈《でんき》の色」（白秋の言葉）がきらびやかに目立つ新橋駅に着いたのは夜でした。天空は深い闇だというのに、地表はまるで別世界の明るさです。洋灯《ランプ》しか知らなかった目に、アーク燈と瓦《ガ》斯《ス》燈の眩しく輝く光が間断なく打ちつけ、これが東京なのかと、待ち受けている未来への希望と明るさに圧倒されました。

ちょうどこのひと月前の明治三十七年二月（一九〇四）、日露戦争が勃発し、強国ロシアとの戦いに国中が湧き返っていました。ただ白秋の場合、「未来への希望と明るさ」といっても、国家の命運や俗世間での政治、実業、学問などの立身出世ではなく、詩を書いて、詩人として世に立つという夢に心を震わせていたのです。

さっそく憧れの早稲田大学英文科予科に入学し、いよいよ文学者生活を目指す道を歩み始めます。神楽坂の高等下宿赤城館から通いました。ここで同じ九州出身の若山牧水と親しくなり、夏に牛込穴八幡下にある安下宿で共同生活をします。

翌三十八年一月、『早稲田学報』の懸賞文芸に応募していた長編詩「全都覚醒賦《ふ》」が一等入選しました。これは初めて見た近代都市東京の活気に満ちた目覚めを歌った七五調の定型詩です。この入選で白秋の名は詩界に知れ渡り、夢の実現に向かって一歩踏み出すとともに、そんな自分にさらに次の二歩を踏み出す励みをもたらしました。三月には『文庫』に「春海夢路」、四月には「絵草紙店」の長編詩を発表。そこでは豊かな表現力が遺憾なく発揮され、その詩才が注目されるのに十分でした。

やがて日露戦争が日本の勝利で終結します。そしてヨーロッパ詩人たちの訳詩集である上田敏（東大講師、一八七四〜一九一六）の「海潮音」が十月に出版され、青年たちに新しい時代の到来を予感させました。むろん白秋も我先にと買い求めて読み、感激のあまり「心を火のように」（白秋の言葉）燃え上がらせます。その影響もあってか、読めもしないのに多くの洋書を買い込んで、つんどく状態で山積みしていたそうです。

その後白秋は上田敏の多くの著作を通じ、深い薫陶を受けました。古代ギリシャの女性詩人サッフォーや音楽家ショパン、さらには近代のヴェルレーヌやランボー、マラルメ、ローデンバックらの詩人を知ったのです。新しい時代は新しい詩の言葉を求めます。みずみずしい言葉の洪水は白秋の心をときめかせ、若い魂に豊かな滋養を注入しました。

それから後、与謝野鉄幹が主宰する新詩社に入り、機関誌『明星』の同人となって数々の浪漫主義的詩編を発表。与謝野晶子や吉井勇、木下杢太郎、石川啄木、平野万里らを知り、詩作に拍車がかかります。やがて上田敏、蒲原有明、薄田泣菫らの先輩詩人からも認められるようになっていくのです。

〔詩界の頂点に立つ〕

明治四十二年三月（二十四歳）、白秋の名声を決定づけた出来事がありました。処女詩集「邪宗門」の出版です。それはこれまでの詩業の成果を世に問う渾身の作でした。封建社会の道徳で抑圧されてきた「官能」の目覚めを高らかに宣言し、「官能」の解放を謳い上げたのです。彼の言う「官能」は性的なものではなく、芸術の美、つまり視・聴・嗅・味・触などの五官の能力を発揚した官能の溢れんばかりの表現を意味します。

この第一詩集「邪宗門」は易風社から自費出版されました。故郷の父から二百円送ってもらい、さらに五十円追加してもらって見事な豪華本に仕上げて五百部刷りました。

しかしその後の同年十二月、実家が破産するという不幸があり、白秋は一時、帰郷しています。父長太郎は苦しい中でも息子のために資金をかき集めていたのです。しかし、白秋は相変わらず坊ちゃん的気質を引きずっていて、頭の中は詩作のことで占められ、実家の財政には無頓着だったようです。

ただ帰省した時は、これからはいよいよ自活せねばならないと気を引き締めましたが、実感するまでには至っていません。実は上京以来、毎月母から秘蔵の黄金の小判三枚を送ってもらい、それを一枚十七円ずつに両替して生活費にあてていました。婆やも雇っています。「思ひ出」を出した明治四十四年にも、まだ小判送金は続いていて、没落したとはいえ、いかにも旧家らしい風格が感じられます。

さて「邪宗門」は、出版されるや、たちまち社会の大反響を呼びました。北原白秋という詩人は言葉の魔術師であり錬金術師だと、称賛されたのです。

室生犀星や高村光太郎も魂を揺さぶられるほど感動したといいます。このとき室生犀星（二十歳）は金沢の近くにある金石町の裁判所出張所に月給八円で勤めていて、金沢市にはたった一冊しか入ってこなかった定価一円五十銭のこの詩集を、待ちに待って苦労の末、手に入れました。

高村光太郎は白秋が亡くなってからの随筆「あの頃――白秋の印象と思ひ出」の中で、「北原白秋さんの『邪宗門』が出版された時にはまったく驚いた。日本語がこんなにも自由に、又こんなにも豊麗に使へるものかと思った」と、回想しています。

石川啄木も例外ではありません。四月三日、ちょうどその日、電車賃がないので勤め先の朝日新聞を休んでいたところ、白秋に付き添っている婆やがわざわざ「邪宗門」を届けに来ました。啄木は手にすると、深い感動に圧せられながら、むさぼるように夜中の二時までかかって読んでいます。そして三日後、心のこもった感想の手紙を書き送りました。

「邪宗門」出版から二年経った明治四十四年六月、白秋は第二詩集「思ひ出」を出しました。その出版記念会が開かれるのですが、食事のデザートコースに入ったとき、上田敏が立ち上がり、卓上演説で言葉を極めて白秋作品を激賞しています。筑紫柳川の詩人北原白秋を「崇拝する」とさえ述べ、白秋は感激のあまり動転し、その場で泣いてしまったそうです。

当初は「邪宗門」には批判的だった自然主義文学者たちからも賞賛されるに至り、白秋はまさに詩壇の第一人者、時の寵児になったのです。白秋の創作活動と文名は高まる一方でした。ところがそんな頂点に立った白秋に黒い影が忍び寄ってきます。

[人妻松下俊子との恋]

「邪宗門」出版から一年後の明治四十三年九月（二十六歳）、白秋は牛込区の住居から千駄ヶ谷原宿の一戸建てに転居しました。そこはまだ東京市の郊外で、急速に開けゆく緑豊かな新興住宅地です。

その低い垣根をへだてた隣家に、松下長平という写真家の家族が住んでいました。長平と妻の俊子、子供の三人暮らしで、長平は中央新聞に勤めるサラリーマンです。

白秋が庭に出たとき、背負った女児をあやしながら洗濯物を干す俊子と、垣根越しに顔を合わせることがあります。背のすらっとした情熱的な瞳が印象的で、互いに軽く会釈を交わすのが白秋にとって楽しいひと時でした。「豊満な、非常に眼の動く仏蘭西《ふらんす》型の貌《かお》だち」（薮田義雄『評伝北原白秋』）だったそうです。

俊子は白秋より三歳下で、開業医の娘として出生。京都の第一府立高女を卒業後、アメリカ帰りの長平と見合結婚しました。家柄といい学歴といい、双方とも似合いの夫婦です。

ところが家庭に入って暫くして、夫の行状に驚かされます。乱行と暴言、虐待が続き、夢見た結婚生活は暗く悲しい暗黒の場となりました。それでも俊子は生まれたばかりの娘を思い、耐えるのです。毎夜帰りが遅く、外に女性がいることは薄々感じていました。

そして一年経ち、二年経ち、その頃にはその情婦が子供のいる混血女性だと知り、自分が夫と同じ空間にいることのつらさで神経が疲労困憊します。そんな時に隣家の白秋を知ったのでした。

二人は何気なく垣根越しに交わした挨拶言葉から、急に親しみを覚え、立ったまま話し込むこともしばしば。白秋が話す詩や小説、パンの会、与謝野晶子、石川啄木、上田敏、森鷗外などの話題に、文学好きの俊子はまるで別世界の教養の高みへ誘われるような心地よさを覚え、鬱屈する欲求不満をしばしのあいだ忘れるのでした。

一方、そんな時に俊子がふと垣間見せる、女学生のような明るくはつらつとした天真爛漫さは、白秋の胸にすがすがしい波風を立てました。自分もつられて心が純化され、同じ透明無垢な空間を共有するような、それでいて瞬間的に魂の根幹が揺さぶられる快感を覚えるのです。そして、それとなく家庭の不和や夫に対する不満などを断片的に聞かされ、次第に同情がつのります。

そのうち夫のいない昼間、俊子は垣根を超え、より大胆に白秋の縁側や書斎で話し込むようになりました。馬が合うとでも言うのか、二人の語らいは時間を忘れさせ、尽きません。

ただ連れ立って外を散歩するような真似をしない用心さは持っていました。しかし、やがて近所の噂が婆やの耳に入り、白秋に苦言を呈します。そのことを白秋が俊子に告げると、俊子は顔色を変え、どうして夫は外に情婦をもっても許され、妻が隣人とただお茶を飲み、会話するだけだのに非難されなきゃいけないのと、こぶしを握り、涙ながらに反論しました。

白秋は夫松下長平に義憤を感じるとともに、俊子が哀れに思え、同情が愛おしさに変わっていく自身の心をどうすることも出来ません。このまま進行していく自分でいいのかと不安に思う反面、それと同じくらいに、そんな感情を放置したい欲望にもさらされるのでした。

しかし、知り合って五ヵ月ほどした明治四十四年二月、白秋は俊子から離れようと決断します。一軒家を畳み、木挽町《こびきちょう》（現銀座）にある二葉館の下宿に移ったのです。婆やには入谷（台東区）で貸本屋兼駄菓子屋を開かせて小銭を稼ぐことにしました。ちょうど実家で病気療養していた弟の鉄雄が東京へ戻ってきたので、そこへ同居してもらいます。白秋が木挽町に移ったのには俊子以外に、恐らく実家の破産による経済的理由が関係していたこともあったのかもしれません。

ところが、白秋が寝泊まりする二葉館の土蔵が問題でした。旧待合時代の密室だったことから、壁一面に春画が描かれていて、塗りつぶされているとはいえ、剥がれ落ちた部分に卑猥な絵が浮き上がっています。これでは詩業に差し障りがあると、十月に飯田河岸《いいだがし》（飯田橋）の金原館へ転居し、この部屋で一人住んで詩づくりに励むのです。ちなみに引っ越した前月の九月は、「思ひ出」の出版記念会で上田敏が絶賛してくれ、白秋の名声が天下に轟き渡った時期でした。

最初の決心もどこへやら、白秋はしばらく俊子に会わないと無性に恋しくなり、仕事をしていても落ち着きません。移転通知を出すとき、迷ったあげく、手紙に俊子を連想させる詩を添えて、会いたいと伝えます。

寒風が吹く午後の明るい日、俊子は待っていたかのような素早さで白秋の部屋を訪れました。子供はどこかへ預けてきたらしく、薄化粧の顔は前よりも若く見えます。会うなり、俊子は迷いのなさを隠すふうもなく、白秋の肩に手を伸ばし、広い胸に顔を埋めたのです。

白秋は自制の消えた自分に満足と震えを覚えながら、優しく彼女を受け止め、永遠とも思われる幸福な時間に身を預けたのでした。

それ以後、俊子は単身で、或いは子連れで訪ねてくるようになり、やがて二人は禁断の道へと入っていくのです。当時、刑法で姦通罪が定められていて、人妻との社会的・道徳的に容認されない不貞行為・性交渉は禁じられていました。それを二人はあまり意識せぬまま、ありていに言えば、老練な用心さのないまま法を犯したのです。

その結果、白秋はその報いを受け、運命が暗転します。崇敬すべき詩人としての頂点の座から、一気に犯罪者となって、世間から叩かれるのです。ただ白秋はその人間的な甘さからか、二人の関係は決して世間の言う姦通などではなく、恋愛なのだという意識を持っていました。

【囚人番号三八七】

「詩人、白秋起訴さる　文芸汚辱の一頁」

明治四十五年七月六日、突然そんな大見出しが読売新聞に載り、世間を驚かせました。松下長平が姦通罪で白秋を訴えたのです。

記事は白秋の経歴から始まり、酒も女も近づけなかった彼が三、四年前に吉原へ遊び、それ以来、道楽者になって、泥酔しては前後を忘却するようになったと、面白おかしく嘘話をでっち上げています。そして「丸ポチャ美人の俊子と姦通し、同棲しているとさえ言いきって、「三年前に産んだ子があるはずだ。それが一緒に白秋方にある」と、言いたい放題です。いきなりこのニュースに接した世間の驚愕は如何ばかりだったか。まさに大スキャンダル勃発です。

そのころ白秋は生活資金が乏しくなって、二度ほど転居し、今は八丁堀近くのお岩稲荷の隣の二階家に引っ越していました。ここは白秋の歌の弟子が持っていた借家で、上京してきた母、妹の家子、弟の鉄雄もそこに同居しています。柳河に残っていた父と学校のある義雄は、家の残務整理がつき次第上京して、皆と一緒に暮らす予定でした。

さて新聞報道があった朝、白秋と俊子それぞれの住まいに刑事がやって来、二人は別個に召喚状を受け取って、新宿警察署所管渋谷分署へ出頭します。それから東京地方裁判所へ移送され、そのまま手錠をはめられて市ヶ谷の未決監に送られました。

取り調べ中、白秋は不満を訴えます。自分の純粋な気持ちから出た恋が姦通などと忌まわしい言葉で呼ばれることに、どうしても納得できません。しかし囚人番号三八七に容赦はありませんでした。天下に轟く大詩人北原白秋の名声、人気、才能、尊厳、名誉など、すべてが徹底的に無視され、ただ罪人としてしか扱われなかったのです。

この騒動で俊子の世話人として、松下側の義姉が動いていました。彼女によると、松下は告訴はしたものの、示談で白秋と俊子から慰謝料を得ようと考えていて、姦通の証拠はつかんでいるとのこと。それを聞き、白秋は鉄雄を代理人にたてて裁判所や検察、松下側との交渉にあたらせました。

鉄雄は全力で奔走しました。保釈金を払えば釈放されると言われましたが、そんな金はありません。しかし幸運なことに或る人物に出会い、白秋なら保釈金を積まなくても釈放してくれるかもしれず、そうなるよう懇意にしている役人と交渉してくれるというのです。そして意外な早さで功を奏し、七月二十日、二週間の獄中生活で早々と二人とも釈放されました。

次の鉄雄の仕事は示談金の調達です。松下が要求する三百円もの大金はなかなか集まりません。関西在住の医師で、比較的裕福な俊子の父に当たってみたのですが、自業自得の娘を助ける意志はないと、きっぱり拒否されました。それでも鉄雄は諦めることなく、俊子の親戚や雑誌社、「パンの会」の人たちの間を駆けずり回り、ようやく三百円を集めて支払ったのです。松下は告訴状を取り下げ、白秋と俊子はようやく自由の身になったのでした。

これは推測ですが、或る時期から松下が妻の素振りの変化や近所の噂に気づかなかったとは思えません。どうせ彼女への愛情は失せており、慰謝料をせしめる考えに傾いたのではないでしょうか。そのために俊子を泳がせ、姦通の証拠を集めようとした。そう考えるのは決して的外れではないでしょう。

こう見てくると、純粋な愛を貫いたとはいえ、世間知らずの白秋と俊子は道化師だったのかもしれません。そんな道化師を、身を張って支えたのは鉄雄でした。

ただ白秋を励まし、応援する人たちも大勢いました。例えばかねてから交友のあった志賀直哉。新聞報道があったその日に見舞いの葉書を出しています。

「前略。今朝の読売新聞の記事が本統なら思ひがけない事でした。どういふ事を書いていいかわからない。只此の手紙で君に対する従来よりも一層の好意を示したく思ひます。直哉」

[死に場所を求めて彷徨《ほうこう》]

白秋の運命は暗転します。示談で解決したとはいえ、世人は厳しい非難の視線を向けました。「邪宗門」「思ひ出」で一気に詩壇の頂点に立ったその人物が、一夜にして姦通の汚名と間男という侮蔑の谷底に突き落とされたのです。白秋の憂鬱は日ごとに深まりました。自分の行為の愚かさ、浅はかさ、純粋さ、後悔など、こういった何もかもが、脈絡もなく大きな渦となって絶えず押し寄せ、自分などどうなってもいいような捨て鉢な気持ちへと誘導します。そこへ俊子が獄中で体調を崩して肺結核になったのも、つらい出来事でした。彼女は釈放後、治療のため父の元へ帰っていて、今は松下の家にはいません。

翌年の大正二年一月二日（一九一三、二十九歳）、思い詰めた白秋は一人で三浦三崎を訪れました。そこで死に場所を求め、一〇日ほど滞在してさまようのです。しかし死ねませんでした。むしろ死に直面することで、逆に生への回帰を強烈に意識し、わが家へ戻ります。そして、生きる力を振り絞るのです。

後に『朱鷺《とき》』を発行し、同年二月号後記に、三崎をさまよった時の心情を次のように書き記しました。

「一月の二日に私は海を越へて三崎に行った。死なうと思ったのである。恐ろしい心の嵐が凡《すべ》ての優しい哀情を無残にも吹き散らして了《しま》った。私は海を見た。ただ波ばかりがうねってゐた、山には紅い椿が咲いてゐた。私はあきらめられなかった、どんなに突きつめても死ねなかった、死ぬにはあまりにも空が温かく日光があまりに又眩しかった」

青く澄んだ空と明るい日の光。波打つ広い海。生命力に満ちた潮の匂いを嗅ぎながら、素朴な土地の人たちと語り合ううち、次第に元気を取り戻していくのです。

三崎から帰って早くも一〇日ほどして、七年前からこれまでの歌をまとめて載せた第一歌集「桐の花」を東雲堂書店から出版しました。これは青春の官能と西欧風のロマンティシズムをもつ抒情歌集です。その巻末には冷めた心境を吐露しています。

「わが世は凡て汚されたり、わが夢は凡て滅びむとす。わがわかき日も哀楽も遂には皐月《さつき》（五月）の薄紫の桐の花の如くにや消えはつべき（消え果てる）……囚人Tonka Johnは既に傷つきたる心の旅びとなり」

トンカジョンTonka Johnというのは故郷筑後の方言で大きい坊ちゃんを意味し、白秋は子供の頃、皆からそう呼ばれていました。

[三浦三崎に移る]

「桐の花」出版から四ヵ月後の大正二年五月、北原一家は心機一転、三崎三浦へ移りました。まだ松下との婚姻が解消されていない俊子も、ひそかに加わっています。正式に離婚するのは九月のことで、事件から十四ヵ月ものあいだ松下はぐずぐず引き延ばし、嫌がらせをしていたのでしょう。ちなみに子供は先方の意思で義姉に預けられていました。

落ち着いた家は地元の人から異人館とよばれ、元長崎の領事をしていたフランス人が住んでいた館でした。日本風の家屋と海に面した広い西洋式の庭がうまく溶け合い、広い窓から城ヶ島が見えます。

白秋の生活は一変しました。「地上に湧き上がる新鮮な野菜や、溌溂と鱗《うろこ》を翻す海の魚族は私の真の伴侶であった。従って、私は短艇を漕ぎ、魚介を漁り、山野を駆け巡る」（白秋の言葉）。そんな生活で活力を取り戻すのです。

ところがその暮らしも長くは続きません。一ヵ月経たないうちに不安の黒雲に包まれました。唯一の収入源だった『朱鷺』の編集費四十円がなくなったからです。もはや一家の収入はありません。ささいなことで発行元の東雲堂書店と喧嘩し、自ら編集を断ってしまいました。いい雑誌をつくりたい白秋と、売れる雑誌を出したいという出版社の対立でした。芸術を大事にする白秋にはどうしても妥協できなかったのです。

父長太郎はそんな白秋を見て、何とかせねばと思ったのか、昔取った杵柄と、資金をあちこちから借り集め、鉄雄と一緒に魚の仲買の商売を始めました。地元漁師から新鮮な魚を買い付け、東京の魚河岸《うおがし》に送るのです。しかし悪徳ブローカーに引っ掛かり、売上金すべてを持ち逃げされて失敗します。残ったのは借金だけでした。

七月、白秋は第三詩集を刊行。そんな中の九月、俊子が正式に離婚したのを機に結婚し、気分も新たに着々とやるべき仕事を進めていきます。

しかしあまりにも貧しすぎました。生活の目途がまったく立たない大家族に、笑いがありません。長太郎の酒量は増え、二階に籠っている白秋に向って階下から、「歌なんかやめて、早う働け。ろくでなし。俥《くるま》引きでもやるがよか」と、癇癪を起して怒鳴る毎日です。

俊子も俊子です。肺の病気を口実に、家事をいっさい手伝いません。濃い化粧と派手な着物、それにこれ見よがしにパラソルをさして、白秋と連れ立って三崎の町へ散歩に出かけます。加えて朝寝坊と昼寝。対照的に妹の家子はいつも黙々と炊事洗濯をし、身を飾りません。

必定、家の中の空気は険悪さが増しました。俊子に対する家族の不満は膨れ上がる一方で、暗澹たる修羅の日が続くのでした。

やがて俊太郎たちは先の見えない三崎生活に見切りをつけて、東京へ引き上げ、麻布坂下町に居を構えました。白秋は与謝野晶子に頼み、彼女の本を出している出版社「金尾文淵堂」に鉄雄を入社させます。

残った白秋夫妻は大きな異人館から出て、安上がりな臨済宗見桃寺に間借りするのです。そこは深い緑に囲まれ、ひんやりとした風が鳥の鳴き声を運んできます。生活も静かになったからか、作詩の心境もいよいよ澄んで、仕事がはかどりました。この頃、「城ヶ島の雨」の詩をつくっています。

〔俊子との破局〕

大正三年三月、白秋と俊子は三崎の見桃寺で知り合った藤岡姉妹との計四人で、小笠原諸島の父島へ渡りました。姉は日本女子大卒で、妹は女子医大出の才媛ですが、二人とも肺結核を患って三崎で療養していました。同じ病の俊子とも気が合い、揃ってもっと空気のよい亜熱帯の父島で静養しようと考え、移ったのです。

ところが父島へ来て数日でがっかりしました。檳榔樹《びんろうじゅ》（ヤシ科の常緑高木）葺《ぶ》きの粗末な平屋が五十軒ほどあって、そこに住む住民たちは極めて排他的で好奇心が強く、そのため終始彼らに見張られている感じがして落ち着きません。

それに彼らは肺の病を悪魔のように恐れていました。四人は気づかれないよう細心の注意を払い、用心しいしい暮らしていたのですが、そうはいかなくなります。先ず姉妹が喀血し、後を追うようにして俊子も喀血。白秋一人ではどうすることも出来なくなりました。病状はやや持ち直したものの、血の付いた衣類を洗うのは特に気を使い、誰もが神経がくたくたです。地上の楽園どころではありません。

旅費の関係もあり、一日も早く帰りたがる藤岡姉妹を最初に船に乗せ、俊子もそのあとで帰京させました。白秋は金の都合がつくまでは島に留まらざるを得ません。

彼が東京に帰ったのはそれから一ヵ月後でした。鉄雄が金尾文淵堂の社長に頼み、送金してくれたのです。しかしその間、俊子が戻っていた麻布の北原家では、殺伐とした雰囲気が息苦しいほどにまで充満していました。白秋は義父母と俊子の関係が最悪なのを目の当りにし、現実の厳しさに肩を落とします。

ただでさえ俊子の純心で無邪気な言動は三崎時代から家族の神経を逆なでしていましたが、それに拍車がかかっているように見えました。さらに今や病状は悪化して、十分な栄養を補給し、医者にかかって療養する必要がある身です。ありていに言えば、金のかかる贅沢な嫁になったのです。

ところが、一家の収入源はといえば、鉄雄が勤めている給料だけ。一人がやっと食べていける程度です。極貧の中へいきなり俊子の口が増え、迷惑この上ありません。

逆に俊子にしてみれば、夫のいない家で肩身が狭く、外見では自分勝手な行動に映っても、内心、どれほど心細かったことか。金のないつらさを思い知らされます。知人を探し出しては、自ら夏の炎天下で熱のある体を引きずりながら、連日金策に歩き回るのでした。

訪ねるところ、どこにも断られ、世間の冷たさを痛感しました。そして、ようやく或る男からまとまった金を借りることが出来たのです。がその男の文献は残っておらず、「或る社長」という以外、白秋研究者にも分かっていません。ただ白秋は知っていたと思われ、その人物のことで俊子と大喧嘩をし、夫婦の仲に大きな亀裂が入ったようです。

白秋は俊子と両親からの愚痴を聞くのに疲れ果てました。何もかもの原因は経済的困窮にあります。しかし自分は金にならなくても、詩という芸術を追い求める気持ちに変わりはない、貧乏は承知の上だとさえ俊子に開き直りました。詩歌だけで生活すると宣言するのです。これは俊子にとって、出ていくのなら出て行ってもいいと、暗黙の裡に選択を迫ったと受け取られたかもしれません。

そのうち人間関係はもう修復できないほどにまで悪化しました。今では暗いじめじめした家庭内から喧嘩の声が聞こえなくなり、食卓でも誰もが箸を動かしますが、黙ったままです。話せないのです。白秋は後年、作品「雀の生活」の中で、「麻布にゐました頃は随分と私達は惨めでした」と、次のように回想しています。

「その冬の貧しさは言葉に尽せません。私達親子は眼を見合わせて、ただ心と心ばかりですがり合ってゐました。朝の御飯をいただく時も、箸は動かし乍ら、誰も黙ってよう話せません。父はむっつりと怒ったやうにしてゐます。母はいつまでも手をつけません。さうしてはあと云ふ深いため息をします……全く私は背骨がビシ〳〵折られてゆく思いがしました。貧ゆえのひがみや、皮肉や、いがみ合ひや、さうした間はまだいゝのです。皆が黙ってしまうともうおしまひです」

そして大正三年七月、俊子は去っていきました。義父母との極貧の息苦しい同居生活に耐えられず、遂に離別したのです。

ただこうしたどん底で喘ぎながらも、白秋は精力的に仕事をしています。金尾文淵堂から短唱集と詩集を出版したり、そこを辞めた鉄雄と阿蘭陀書房を創立し、文芸誌『ＡＲＳ』（二年後、アルスに改名）を創刊しました。小説は販売部数が見込まれるのに対し、数少ない読者を相手にする詩歌で生活するのは不可能に近い技なのです。

ちなみに同世代の歌人高村光太郎は彫刻家の父をもち、経済的に支えられていましたし、斎藤茂吉は医者として生活の基盤をもっていました。白秋と俊子にとって、結婚は貧乏ゆえの寂しい結末となりました。夫婦どちらもが敗者なのでしょう。

俊子は白秋と別れたあと、故郷の名張の実家へ帰っています。ちなみに世界情勢として、この年の七月（一九一四）に第一次世界大戦が勃発しました。

[江口章子に巡り合う]

俊子が去った後、白秋はいずれ二度目の妻となる三歳下の江口章子《あや》と知り合い、麻布の家で同棲を始めます。両親らとも一緒に住んで事実上の結婚状態にありました。そして大正五年五月（一九一六、三十二歳）、正式に結婚して二人は千葉葛飾の真間《まま》にある寺、亀井院に部屋を借りるのです。井戸が台所がわりの六畳一間。そこで貧しいながらも平穏な暮らしをします。

章子は明治二十一年、大分県西国東郡香々地町（現豊後高田市）で父江口理平治、母サエダの三女として誕生。江口家は元々大阪まで行く廻船業を主体とする大分限でしたがこの頃には没落し、三十一年に理平治が四十七歳で病没します。

やがて章子は十五歳に成長し、県立第一高等女学校四期生の受験生として首席で合格。文学好きで希望に燃えた彼女でしたが、そんな彼女を待っていたのは母サエダの死です。十六歳で母までも失い、兄弟にも先立たれ、たった一人残っているはずの姉カツミは行方知れず。家督はいとこの雅楽に握られて、まさに天涯孤独になりました。ところが安藤茂九郎という弁護士に見初められ、卒業もしないうちに結婚するのです。

しかし検事になって柳川へ移った夫の安藤が酒乱で、女遊びが続き、とうとう章子は愛想を尽かして離婚します。彼には結婚前からの深い仲の芸者がいて、その女に子供がいることを知ったのが決定的な引き金になり、八年半の結婚生活に終止符を打ちました。そして上京して、女性解放を叫ぶ平塚らいちょうの青踏社に入り、その関係で白秋を知るのです。

章子がらいちょうのもとに駆け込んだいきさつについて、らいちょうは著書「江口章子の波乱の生涯」の中で、多少辛口にこう記しています。江口章子は北原白秋の弟子だった土地の中学校教師と恋愛関係が生まれ、二人で家出しようと相談。そして彼女が先に東京へ行ったところ、急に男が気が変わって上京を取りやめ、江口さん一人、旅空で頼るところがなくなり、自分のもとへ来たというのが真相のようだ、というのです。

さて、お互い結婚に敗れた章子と白秋は知り合って以降、急速に親しみを増していきます。間もなく章子は白秋の家に入り込み、同居するのです。白秋の心の空白に章子が積極的に飛び込み、白秋からもそれを求めたのでしょう。そして白秋は俊子と別れた傷心からいち早く立ち直り、元気を取り戻していきます。

ところが、章子の存在が家庭内に波風を立てました。幼い頃からお嬢さんで育ち、世間の事も知らないうちに結婚。文学には興味があっても、家事のことはまったく出来ないし、やる気もありません。すべて人任せです。父母弟妹から文句が出、白秋はいつもかばうのでした。

生活は相も変らず貧困のどん底で、家庭内はとげとげしく、誰もが豊かな気持ちになれません。しかし章子は貧乏をまったく苦にしていませんでした。どん底を承知の上で白秋と一緒になったのです。

白秋は章子を愛しました。彼女を守らねばと、思いきって麻布の家を出、葛飾の真間に移って二人だけの生活を始めます。章子も生まれつき体は弱いけれど、貧しさで愚痴をこぼさないのが何よりも有難く、白秋は新生活に満足して安らぎを覚えるのでした。

「私の傷つきはてた心が、今や新たなる女性の為に甦り、昔の若々しい『思ひ出』時代の血が再び脈管に燃え立つのを覚える」と記しています。

白秋は自然の中の散歩を好みました。或る日、江戸川に沿って歩いていると小岩村三谷《さんや》にある青田の中の一軒家を見つけます。思わずここが気に入り、さっそく翌日に真間から引っ越してしまうのです。


三月の初め、谷崎潤一郎と吉井勇、長田秀雄の三人が代地河岸《だいちがし》（台東区柳橋の隅田川の河岸の通称）にある深川亭で久しぶりに再会しました。二次会、三次会を経て、吉原で遊び、その朝帰りの途中、急に谷崎の提案で白秋の家を訪ねることを計画。そこで先ず腹ごしらえに食堂で鰻を食べ、それを手土産に自動車に乗って訪れたのです。

四人は積もる話で盛り上がります。やがて夕刻近くになって、揃って江戸川沿いの川甚へ食事に行き、九時近くまで過ごしました。

店を出て、三人は白秋に東京で飲まないかと誘います。しかし白秋は「また、この次に」とやんわり断り、京成電車の江戸川駅から夜道をとぼとぼと家へ向かいました。その後ろ姿を見送った吉井勇が感心したように「彼奴《あいつ》あ、えれえ所がある」と、つぶやきます。吉原あたりで遊興に耽って放蕩を尽くす自分らと比べ、貧困の中で芸術一筋に生きる白秋に心が打たれたのです。それは他の二人の気持ちも代弁していました。

[赤貧生活から脱す]

章子は俊子以上の育ちの良さですが、虚栄心もなく、身なりや化粧にもほとんどかまいません。つぎ当ての古びた着物を着て、訪ねてきた文人たちの世話をします。米櫃に米のない日が続いても文句を言うことはなく、どれほど白秋の気持ちを安らかにしたことか。たまに原稿料が入った時はパッと使ってしまいますが、その金銭に対する淡泊さは、白秋にとって何よりの贈り物でした。伸び伸びと文学活動に打ち込めました。

そんな葛飾での田園生活の後、一時東京へ戻りますが、章子が胸の病を患っていたので、再び転居します。大正七年三月、空気のいい温暖な土地で静養しようと、神奈川県小田原町のお花畑という海岸寄りの黒い二階家に移りました。

少し生活が落ち着いたので東京から両親を呼び寄せましたが、章子とうまくいかず、それに相変わらずの貧乏ときて、彼らは直ぐに東京へ舞い戻ってしまいました。

ところが暮らしているうち、この辺一帯は別荘地帯で、貧者の生活には不向きなことが判明。そこで白秋はあちこち家探しに出かけ、七月、近天神山伝肇寺《でんじょうじ》の境内に引っ越し、部屋を借りるのです。

夜は梟がないたり狐が出たりして、ずいぶん寂しいところですが、白秋はこの竹林のある荒れ寺の生活が気に入りました。音が消えたような静けさです。ただ明るい日のもとで雀たちが庭をぴょんぴょん跳ねるのを見ていると、時を忘れます。近所の子供たちともよく遊びました。この雀観察が三年後の大評判になった歌集「雀の卵」を産むのです。

今回の転居のあたりから、白秋の窮乏生活に徐々に解消のきざしが現れるようになりました。その理由の一つに童謡があります。引っ越した同じ七月に、鈴木三重吉が児童芸術雑誌『赤い鳥』を創刊し、その童謡面を白秋が担当することになったのです。

白秋は創刊号に「りす〳〵小栗鼠《こりす》」「雉子《きじ》ぐるま」、第二号には「とほせんぼ」「子守りうた」、第三号に「雨」と、毎号創作童謡を発表。「雨」は弘田龍太郎が作曲し、広く国民に親しまれます。

雨がふります　雨がふる。遊びにゆきたし　傘はなし。紅緒《べにお》の木履《かっこ》も緒《お》が切れた。

こうして白秋は次々と童謡を作詞し、やがて西條八十、野口雨情とともに童謡全盛時代を築くのです。そして執筆活動が増えるにつれ、赤貧の生活も徐々に改善し、明るさが見えてきます。白秋にようやく春が訪れました。窮乏の極悪状態から脱した翌大正八年夏、小笠原での記憶をもとに草ぶきの小屋を建てて「木兎《みみづく》の家」と名付け、その隣に方丈風（一丈＝約三メートル四方の部屋、禅宗寺院の住持や長老の居室をさす）の書斎もつくっています。

そして十月、最初の童謡集「とんぼの眼玉」を出版しました。大正九年二月には、小田原へ来て以来執筆・連載してきた長編散文詩「雀の生活」を一本にまとめて新潮社から出し、一段落をつけます。その勢いで無謀にも、まだ背伸びの状態を承知の上で本格的な新館を建てようということになりました。

ところが五月、予想もしなかった事件が起こります。その上棟式のとき、突然章子が出入りしていた新聞記者の池田林儀《しげのり》と一緒に姿をくらまし、家出したのです。

【再びの別れ】

池田林儀は東京外国語学校シャム科（現東京外大タイ語科）を卒業し、雑誌『大観』を始めた大隈重信に気に入られてそこの編集を担当します。その後、報知新聞に入って大隈邸専属の記者になりました。

池田は『大観』に作品を載せてもらおうと、白秋が小田原へ移った頃から彼の家へ出入りし始めたようです。自分も過去に胸を患ったことがあり、章子には何か戦友の絆で結ばれたような共感を覚え、彼女が置かれた悲惨な窮乏生活に同情を寄せていました。それがいつの間にか愛情に変わっていったと思われます。その時期、章子がそれをどう受け入れていたかは定かではありませんが、気づいていなかったとは思えません。

白秋にとって『大観』は福の神でした。十一月号から先述した「雀の生活」の連載を始め、好評を博します。池田は律義に毎月、東京から小田原へ来て原稿を受け取り、また原稿料を届けに来るのですが、そのたびに白秋夫妻は歓迎しました。ちなみにこのころ鈴木三重吉が『赤い鳥』の話を持ち込んできたのです。

さて、「木兎の家」が建って一年も経たない大正九年五月、その横に二階建洋館を新築するのですが、巨額の費用が貯まっているはずがありません。勢いあちこちから借金して、計画が進められました。白秋は詩歌の仕事で忙殺され、章子が張り切って渉外役と大工との打ち合わせを引き受けます。台所事情の後先を考えない無謀な計画でした。

そして大正九年五月二日、いよいよ上棟式をする運びとなり、隣地の二百坪の土地を借りて桁外れの盛大な祝宴が催されました。

来賓の数は読売新聞によると二百余名にのぼり、それに加え、東京から白秋の大ファンだった吉原や日本橋の芸者二十名ほどが駈けつけたといいます。そこへ地元の人も野次馬的に参加し、模擬店が出て、楽隊も入り、まるで大園遊会という賑わいです。

当日、東京から白秋の弟の鉄雄と、妹家子の夫山本鼎が到着し、そのあまりにも大げさな騒ぎに驚愕しました。ビジネスマンの鉄雄は真っ先に費用のことが頭に浮かび、何と馬鹿げたことをと舌打ちします。

ふと前方を見ると、新調のモーニングをピシッと着こなした白秋と、その横に豪華な留袖に高価そうな丸帯を締め、厚化粧をした、まるで舞台女優を思わせるほどに華やかな章子が、招待客を迎えています。その斜め後ろに寄り添うようにして池田がいました。

鉄雄と鼎は不快さを隠さず、苦々しさも露わに溜息をつきました。章子は別人のように生き生きとして、愛嬌を振りまき、その顔にはいつもの貧乏やつれした面影はありません。

園遊会が終わると、一行は場所を料亭「花菱」に移しました。そこで事件が暴発したのです。鉄雄、鼎の両者と章子の間に大口論が始まり、泥酔と興奮が高じて乱闘騒ぎになりました。鉄雄にしてみれば、「木兎の家」の建設資金を集めるのに、どれだけ人に頭を下げたことか。兄の色紙や短冊を配った苦労も知らないで、こんな豪華な建築と派手な祝宴を主導した章子が許せません。

一方、章子には建築のことで地主の寺と起こしたもめ事も一応解決し、これを機に寺と仲直りをするとともに、さらに白秋の一層の発展を願って、一世一代の晴れ舞台のつもりで催したという思いがあります。それを真っ向から非難され、頭に血がのぼりました。

しかし心の根もとには別の思いもありました。このところ貧乏に耐えてきた不満にほとほと疲れたのと、両親家族に対する夫の優柔不断な姿勢に幻滅したのと、それらが掛け算のように倍加して、気持ちが破裂しそうになっていたのです。鉄雄と鼎の「むだ金を使って！」と言う言葉が耳に飛び込んだとき、もう自分を抑えられなくなりました。

気がつくと、池田が両肩を持ち上げ、守るように自分の横にいます。この瞬間、章子は自分が真に愛しているのは池田だと意識するのです。白秋が注いでくれる愛情を捨てる覚悟がつき、そのことに迷いがないのに驚きます。そんな乱闘騒ぎの最中、まるで嘘のようなことが現実に起こりました。何が原因なのか、突然停電して部屋が真っ暗になり、皆がわーわー言って慌てふためいているうち、池田と章子が消えてしまったのです。

そして翌日から、白秋は一人で完成した広い新館に住みました。

章子と池田は果たして駆け落ちして寄り添おうとしたのでしょうか。がそう言い切るにはためらいがあります。程なくして章子が小田原にある谷崎潤一郎の家に居候していることが分かったからです。池田と一緒ではありませんでした。

短時日の蜜月を池田と過ごしたあと、彼に捨てられたのではないかと思われます。章子に興味をなくしたのでしょう。現に池田は同じ年の後半、第一次世界大戦で疲弊したベルリンに単身、報知新聞特派員として勇躍、赴任しています。人も羨む大栄転です。

谷崎は白秋と章子のあいだに立って仲直り出来るよう折衝に努めたのですが、うまくいかず、大正九年五月二十五日、二人は遂に離婚するに至るのです。実質的には四年間の結婚生活でした。

離婚成立後、章子はすぐに谷崎家を辞し、小田原を去りました。九州へは帰りますが、故郷大分の香々地の実家へは戻らず、叔母の嫁ぎ先である別府の西法院に身を寄せています。しかしその後、実家に戻り、仕立物の内職をしたり、近所の娘たちに裁縫を教えていました。

それも長くは続かず、あちこち放浪したあと、京都府綾部の郡是製糸へ女工として入社するのです。がここも飛び出して京都、一休寺の住職林山太空と結婚しましたが、二ヵ月もしないうちに出奔。そして大徳寺の芳春院で禅の道に入って修行します。それが縁で大徳寺聚光院住職の中村戒仙と結婚するも、精神に変調をきたし、京都帝国大学病院精神科に入院し、結婚は破綻するのです。

それからもあちこち放浪した末、精神を病んだまま、晩年は故郷へ戻りますが、実家の座敷牢めいた部屋で中風になり、五十九歳の惨めな薄幸の生涯を終えたのでした。

[佐藤菊子と三度目の結婚]

章子の家出から十ヵ月後の大正十年四月（三十七歳）、白秋は小田原の美術評論家河野桐谷の紹介で三十二歳の佐藤菊子と見合い結婚し、新築の洋館で式を挙げました。

菊子の実家は大分市の時計商「奈良屋」を営んでいます。偶然にも大分高女では一年下に白秋の前妻となる章子が学んでいましたが、もちろん二人は互いに知りません。しかし章子より学年は上でも年齢は一歳若く、文学少女であるとともに、それ以上に哲学の本を読むのが好きでした。

物静かな性格に加え、家庭的な女性で、月並みな言い方をすれば、良妻賢母の言葉がぴったりです。白秋の生涯にわたり穏やかな生活を築き、彼を支えます。白秋もそれにこたえ、ようやく活発になりつつあった執筆活動はいっそうの広がりと深まりを見せ、いよいよ彼の後半生を結実させる全力的な活動に拍車がかかるのです。

八月には歌集「雀の卵」をようやくアルスから出版。短歌六八七首、長歌十二首、詩二編が収録されています。小笠原、麻生、葛飾と居を移し、貧窮のどん底で生活してきましたが、その間に詠み続けた詩歌です。白秋はこの歌集にかける意気込みを、その序文にふつふつとたぎらせています。

「『雀の卵』が完成した。いよいよ完成した」と、感慨深げに記したあと、この一巻こそ自分の命がけのものであり、そのために「あらゆる苦難と闘って来た。貧窮の極、餓死を目前に控へて、幾度か堪へて、たうとう堪へとほしたのも、みんなこれらの歌の為めばかりであった」と述べています。

翌年には長男隆太郎が生まれ、続いて長女篁子《こうこ》も得て、賑やかで平和な家庭生活が白秋を幸せにします。ようやく普通の家族の幸せを手にしたのです。著作も弟が経営するアルスから次々と出版。山田耕筰と月間芸術誌『詩と音楽』を創刊したり、童謡集、民謡集、「まざあ・ぐうす」などの翻訳童謡集等々を刊行。

大人や子供たちを相手にする講演旅行も増えてきました。白秋自身、この講演を心から楽しんでいます。例えば軽井沢の星野温泉で行われた「自由教育夏期講習会」では、テーマ「自由教育」について、それこそ自由に語っていました。

壇上に立つなり、いきなり自作の「わっしょい、わっしょい／わっしょい、わっしょい／祭りだ、祭りだ」と、九連もある童謡「お祭り」を歌ってから話し始めたのです。

また新潟の「童謡音楽会」で二千人の子供たちを前に話したとき、「ほうほう蛍」や「金魚の鉢に」を歌い、「兎の電報」を身振り手振りで歌いました。

「えっさっさ、えっさっさ。ぴょんぴょこ兎が、えっさっさっさ。郵便配達、えっさっさっさ」

と、両手をふりふり、講壇の上をかけまわると、ポケットに入れていた仁丹の缶が、いっしょにカランカランと鳴るので、子供たちが笑い転げたそうです。

[旅と芸術飛行]

大正十四年八月（四十一歳）、白秋は歌人仲間の吉植庄亮と樺太へ一ヵ月にわたって旅行しています。鉄道省主催の樺太観光旅行です。その旅費の調達ですが、大阪のプラトン社が出している雑誌『女性』に紀行文を載せるので提供してもらえないか、と交渉するのです。

その交渉役を『青い鳥』の鈴木三重吉に頼み込みます。『青い鳥』は『女性』に頻繁に広告を出していて、密接な関係がありました。当時は文人が海外旅行するにあたり、新聞社や出版社が負担するのは珍しくありません。例えば島崎藤村がパリを訪れた時や昭和の初めに林芙美子がパリを訪ねた時もそうでした。

この旅の見聞は白秋の生来の柔らかい感受性にいっそう豊かな栄養素を浸潤させました。その収穫物は詩集「海豹と雲」や紀行文「フレップ・トリップ」、歌集「海阪」などの名作品として結実し、白秋の生涯の思い出の旅となったのです。

翌大正十五年、童謡「からたちの花」を作詩。山田耕筰がこれに曲を付け、大ヒットしました。結局、白秋と山田は三百余りの歌曲を共作し、親交は二十余年に及んでいます。

同じ年、白秋は九年にわたった小田原生活を切り上げ、新境地を求めて谷中天王寺墓畔に転居しました。生活は順調で、菊子と子供たちの存在はこれまでの人生の悲惨さを帳消しする以上の幸福感をもたらし、詩境もますます豊熟の域を深めていきます。そして一年後には馬込緑ヶ丘に、さらに次年には世田谷若林に転居。それぞれ新しい環境で題材を求めていくのです。

各地への旅行も続けています。中でも昭和三年七月二十二日、大阪朝日新聞の依頼で、自社旅客機「ドルニエ・メルクール」に画家恩地孝四郎と乗り込み、福岡から大阪まで飛ぶ、日本発のいわゆる「芸術飛行」をしました。まだ飛行機が珍しい時代、有名文化人に飛行機に乗ってもらい、空から見た紀行文を新聞紙上に載せるという企画です。この「ドルニエ・メルクール」は川崎造船（現川崎重工）がドイツから購入したもので、それを朝日新聞が借り受けていました。

前年にちょうどリンドバーグが大西洋横断単独無着陸飛行を成し遂げたばかりで、これまで飛行機に乗ったことのない白秋にとっては、まさに命がけの冒険旅行です。しかし白秋に迷いはありませんでした。朝日新聞の便宜で、多少コースから外れるにもかかわらず、白秋の故郷柳河の上空を飛ばせてくれることになったからです。白秋にとっては光栄ある故郷訪問の飛行なのです。

先ず汽車、船を乗り継いで九州へ下り、そこから定刻に飛行機が飛び立つと、程なくして眼下に柳河が見えてきました。町の人が総出で旗を振っています。女学校、役所、白塔、そして見覚えのある数々の建物を過ぎ、母校の矢留尋常小学校の上空にさしかかったとき、目が釘付けになりました。

何と校庭に千人ほどの小学生が柳河の「ヤ」の人文字をつくって、白秋を歓迎してくれています。白秋の感激は頂点に達しました。昔、逃げるようにして出郷した白秋家を故郷は温かく迎えいれてくれたのです。

芸術飛行は大成功に終わり、二十四日の朝日に恩地孝四郎の絵が付いた白秋の紀行文が掲載されました。日本中の人たちが食い入るようにして読んだといいます。

〔忍び寄る死の影〕

詩作、出版、講演、旅にと、多彩な文学活動で充実した時間を送っていた白秋ですが、好事魔多しというのか、文筆家にとって致命的な病に見舞われます。昭和十二年（五十三歳）頃から急速に視力が衰えてきたのです。

その年はいつも通り多くの仕事をこなす傍ら、コロムビアレコードに自作の詩や短歌の朗詠を吹き込んだほか、改造社の「新万葉集」選者の仕事も加わりました。改造社が広く無名の一般人から歌を募集して、「新万葉集」と題する歌集を刊行するにあたり、その歌の選者十人に斎藤茂吉、与謝野晶子らと並んで白秋も選ばれたのです。

夏頃から白秋は選歌の仕事にかかったのですが、九月になって視力に異常を覚えます。タイプライターで打った原稿が時々読めなくなるのです。それでも頑張って伊豆長岡温泉に滞在し、十一月初めに完了。

しかし、念のため駿河台の杏雲堂病院へ行って診断してもらったところ、糖尿病と腎臓病による眼底出血との診断が下され、同月十日に急遽入院しました。失明を予断され、全快はしませんが、翌年一月に退院して自宅療養に入ります。

この年から白秋は薄明の世界に住むことになったのです。しかし悲観もせず焦りもせず、眼疾という運命にあらがうことなく晩年の活動に励みます。だんだん文字が読めなくなってきたので、それに合わせ、菊子に資料の解読や口述筆記をしてもらうことが多くなりました。

視力がいよいよ衰え、体もだるくなっていきますが、それでも会合に時々出たり、歌集も次々と出版し、妻同伴で前橋から越後をめぐる旅にも出ています。寿命の先が見え始めたからなのか、落ち着いた中にもいっそう精力的な行動を見せるのです。

その一つに病状が小康状態になった昭和十五年四月、最後の住居となる杉並区阿佐ヶ谷の借家に引っ越しています。新しい環境から創作エネルギーを得ようという白秋の意欲は一向に衰えていません。これまで何十回と転居してきましたが、その都度、作風を進展させてきました。

視力は時間と競うような速さで落ちていきます。昼間、時どき散歩に出かけ、黒眼鏡をかけて真っ白い背広にヘルメット帽をかぶり、ステッキで辺りを探りながら歩いていました。

マスコミは「白秋失明」とか「盲目の詩人」などと伝えますが、本人は「私は失明もしていなければ、盲目でもない。ただ『薄明微茫《はくめいびぼう》』の中に居るのです」と、詩的な言葉で穏やかに訂正したそうです。薄明微茫とは、かすかでぼんやりした薄明り状態をいいますが、恐らく彼にしてみれば、失明とか盲目という温かみのない陰鬱な響きを詩人として好まなかったのでしょう。

年が明け、昭和十六年になると、腎機能の低下はもはや全身をむしばみ、尿の量が増え、夜中は何度も便所へ通わねばならなくなりました。それでも疲れや足のむくみ、息切れなど、襲い来る障害に悠然と付き合いながら、菊子の助けを借りて仕事に埋没するのです。一月には「白秋詩歌集」の刊行を開始します。

また三月にはカンタータである長編交声曲詩「海道東征」が福岡日日新聞の文化賞を受賞し、その授賞式に出るため家族を伴って西下。式が終わったあと、大分などあちこち回ったのち、海路で神戸に向かい、奈良、吉野、名古屋を訪ねて帰京しています。

この頃から一年後に次の世界へ旅立つことをすでに予感していたのかもしれません。不自由な体を菊子に支えられながら歩く表情に、まるで今回が見納めでもあるかのような達観と気迫を感じさせました。そのくせまだまだ生きたいという気力、生きようとする意志力は失っていなかったようです。

六月、静養のため三浦三崎を訪れ、十月末に油壷へ移りました。そこで創作活動に精を出し、十月には芸術院会員に選ばれます。

当時、牛込にいた父（八十五歳）と母（八十一歳）を阿佐ヶ谷に引き取っていました。また、十二月八日に日本軍がハワイの真珠湾を攻撃し、太平洋戦争が始まったのを知ります。

しかし、年が明けてから体調が急激に悪化。糖尿と腎臓病で嘔吐や呼吸困難が続き、二月に病院へ緊急入院します。ところが同居していた母が脳軟化症で倒れたため、一先ず退院して、自宅療養に切り替えました。

絶対安静を命ぜられているのに、守る気はありません。病状が落ち着くと、ベッドの上で仕事をするのです。一晩で三十篇もの童謡を菊子に口述筆記させています。

ただ五月の友人たちの立て続けの死は白秋を悲しませました。先ず十一日は萩原朔太郎、十五日に佐藤惣之助、二十九日に与謝野晶子が他界したのです。にもかかわらず、仕事への意欲は衰えていません。歌論集、詩集、童謡集を刊行しました。

十月も終わるころ、白秋は重体に陥ります。あちこちに電報が打たれ、友人・知人・弟子たちが駈けつけてきました。

その一人の前田夕暮は死去の十日前に見舞ったとき、ちょうど白秋は一時的に元気を取り戻していました。二人は一時間半ほど語り、必ず病気をなおして来春には二人で十和田湖に遊ぼうと約束し、白秋も新年からは再出発するのだと、口にしたといいます。

白秋は病の重篤さを十分承知している一方で、ひょっとしたら又持ち直すのではないかと、根拠のない楽観を抱いていたのでしょう。或いはそんな希望にすがろうとしたのでしょうか。いや、むしろ何としてでももう少し生き延びて、十和田湖の詩集を出したいと望んだのかもしれません。

しかし、いよいよ別れの時が訪れるのです。十一月二日早朝、発作であれほどもがき苦しんでいた白秋に、ふっと穏やかさが戻りました。菊子が差し出したリンゴの小さな二切れをおいしそうに食べ終わると、長男隆太郎に窓を開けさせ、

「ああ、蘇《よみがえ》った……新生だ、新生だ……ああ、素晴らしい」

と、途切れ途切れの、それでいて明るい希望の声を絞り出し、静かに目を閉じました。それからもう一度発作が来ましたが、「ああ、今度はもう……打ち克つ力が、ないよ……」とつぶやき、その数分後の午前七時五十分、皆

が見守るなか、眠るように息を引き取ったのです。享年五十七歳でした。

[白秋と現代]

親からの相続や世襲に頼らず、裸一貫で何かを成し遂げた成功者には二種類あります。①一つは子供の頃から或ることに夢を抱いて興味をもち、生涯それを追求した人。②もう一つは子供時分にそういう夢や興味をもたなかったが、成人してから遭遇した環境、例えば学問・会社・仕事・読書・人との出会い等々から影響を受けてテーマを見つけ、それを追求して成功した人です。

ただ両者に共通しているのはたゆまぬ努力、そして他人と差別化したアイディアの存在です。持って生まれた才能を付け加える人もいるでしょう。絵や音楽、スポーツなどがそれに当てはまります。しかしその場合でも、才能を放置しているだけでは開花せず、それを実らせる努力とアイディアがどうしても必要です。

そういうふうに見てくると、白秋は①のケースに当てはまります。商家の跡継ぎにと商業学校への進学を望む父親に反抗し、詩歌の道をひたすら追い求める少年白秋の思いには、あまりにもひたむきな、或る意味、鬼気迫るものがあります。当時の家父長制社会のもとでは、家長たる父の意向・言葉は絶対命令に近いものでしたし、父の対応も非難されることではありません。

そんな中、父と社会通念に真っ向からあらがい、何の金銭にも結び付かないだろう詩歌の道に青春を賭ける白秋の、まるで純白の絹を思わせる純粋な心と意志の強さ。もし途中で彼が家長の意向に屈していたら、「からたちの花」も「城ヶ島の雨」も生まれていなかったのです。

父に隠れて上京し、以後、詩歌の道に真っすぐ突き進んでいきますが、実家は破産。坊ちゃん的な甘い育ちは社会の現実の厳しさに直面し、白秋は経済的貧困の中に突き落とされます。

当時、詩歌で生計費を稼ぐというのはほとんど不可能でした。詩歌雑誌の読者数は限られていて、出版社の売上げはわずか。もらえる印税は雀の涙です。この傾向は白秋が有名になってからでも変わりません。

現に同じころ歌人の与謝野鉄幹や晶子、若山牧水などはいつも金にピーピー言っていて、まるで托鉢僧のように全国津々浦々を旅して門下生たちのあいだを回り、講演をし、歌会を催して、経済的困窮をしのぎました。このことは全国に彼らの歌碑が数多く建っていることからも分かります。一方、高村光太郎の父は著名な彫刻家で、経済的には心配はいらなかったし、斎藤茂吉は医者だったので、憂えなく詩作に没頭できたのです。この二人は例外でしょう。

反面、小説は読者が多く、ひとたび名が売れれば富を得られます。それが分かりながらも、白秋はほんの一時期を除き、徹頭徹尾、詩にこだわりました。家族が食に飢えても、彼らの非難、罵りを受けながら書き続けるのです。

普通なら、自己の信念を貫く前に、家族の飢えをしのぐために行動しようとします。現に同居している父からは、詩などやめて俥《くるま》引きでもやれと怒鳴られますが、白秋は二階の部屋にこもってひたすら詩を書くのです。意志力の強さ以上に、芸術への献身という思いがそうさせたのでした。

白秋は生涯に三度結婚しています。最初の二度は不幸な結末に終わりました。二人とも妻が肺を病み、そこへきてその性格や行動があまりにも個性的で、両親・弟妹たちと仲たがいし、大家族の家庭内はいつも暗鬱としていました。

結婚に当たって、白秋は経済的な打算をまったくもたず、純粋な愛だけで結ばれます。彼ほど有名になれば、どこか素封家の娘を見つけることはいともたやすかったでしょう。しかし、そういう発想は微塵も持っていませんでした。詩といい愛といい、彼の生涯は計算された理性ではなく、心の奥底から湧き出してくる清い精神の作用、発露で貫かれたのです。

今日の我々からすれば、家庭を犠牲にしてまで自己の芸術的理想を実現することに抵抗を覚えます。むしろそんなことをする人物を不道徳な独善者とそしるでしょう。しかし、それは当時でも言えたことだと思います。それなのに敢えて突き進んだ白秋の自分に対する一途な正直さには、真に芸術に仕える者だけがもつ崇高さの極地を見出さざるを得ません。

地獄の沙汰も金次第というのはいつの時代でもあります。ましてやマネー資本主義が蔓延した現代社会において、芸術が金儲けの手段となっている場合を多々見かけます。そんな中、白秋の清貧の生き方に教えられるものがあることに、正直、ほっとさせられます。

彼の作詩家人生のほとんどは貧困との闘いでした。しかし三人目の妻菊子に巡り合ってからは徐々にそこから脱却します。そして晩年になって、ようやく普通レベルの家庭生活を送ることが出来たのです。

恐らく白秋には詩歌人としての矜持を貫くことが、世俗の何にも増して重要だったのではないでしょうか。

ただ一言、彼のために弁護するとすれば、彼はいわゆる無頼作家のように家庭を捨てて顧みないというのではありません。三度目の結婚で子供を設けるのですが、常に妻を愛し、子煩悩な家庭人でした。敢えて欠点をあげれば、金銭欲に乏しかったことでしょう。またそれをよしとした妻も立派です。

第十章　アインシュタイン（一八七九〜一九五五）　七十六歳没

ユダヤ系ドイツ人の理論物理学者。二十世紀最大の天才といわれています。相対性理論で知られ、「光電効果の発見」でノーベル物理学賞を受賞。第二次世界大戦時、ナチスの脅威に対抗するためにアメリカに亡命し、ルーズベルト大統領に原子爆弾の開発を勧告しました。

しかし広島・長崎に原爆が投下されたのを知って激しく後悔し、「我々（アメリカ）は戦いには勝利したが、平和まで勝ち取ったわけではない」と演説します。以後、核戦争の危険性を除去するよう熱心に訴え、平和運動に尽くすのです。

【幼少時代】

アルベルト・アインシュタインは一八七九年三月十四日、父ヘルマン・アインシュタイン、母パウリーネ・コッホの長男として、ドイツ南西部のシュワーベン地方の中都市ウルムで生まれました。両親はどちらもユダヤ人の子孫です。

その翌年、父ヘルマン一家はミュンヘンに引っ越し、アーク燈や測定器械などをつくる町工場を始めました。が事業は成功したとはいえず、普通に食べていけるのがやっとです。

アインシュタインといえば、今日の我々は彼は神童だったのではと思いがちですが、まったくそうではありませんでした。五歳くらいまで口がきけず、両親はこの子は普通でないのではないかと、たいそう心配したそうです。

しかし、或る時から急に言葉を話し始め、周囲は安心したものの、それでもいつも無口で、他の子供たちが飛んだり跳ねたりして愉快に遊んでいるのに、その輪に加わろうとしません。一人で空想や考え事に耽る傾向がありました。

小学校へ通うようになってからでも、それは同じです。教師とのあいだでは質問されない限り、自分から話しかけるとか尋ねることはしません。最高学年の九歳の時でさえ、答える時の反応は遅く、或る女教師は彼のことを「退屈坊さん」と渾名《あだな》をつけました。しかし彼とすれば、間違った言い方をしないように、十分熟慮した上で答えようとしていたのかもしれません。可愛い夢想者でした。まじめな両親のもとで、健全で豊かな少年時代を送っていたようです。

五歳のとき、父から小さな羅針盤をおもちゃ代わりにもらいました。どう動かしてみても、鉄針がいつも同じ方向を向いています。不思議に思い、何日も考えた後、漠然とながら、ひょっとして針を動かす見えない力が空間のどこかにあるのではないかと思ったそうです。

一八八五年、六才でミュンヘン市のカトリック系の初級学校に入学。その頃からバイオリンを習い始めています。牧師たちは、子供の教育には規則ずくめと厳しさが一番いいと考えていました。アインシュタインはそんな機械的な教え方についていけず、幼心に反発を覚えました。

[ギムナジウムで学ぶ]

十歳になり、ギムナジウムと呼ばれる中等教育学校へ入学。ドイツでは十歳から十八歳までのあいだ、古代ギリシャとローマの文化・知識に基づく一般教育が施されます。そのために学習の大部分の時間はラテン語とギリシャ語文法にあてられました。

生徒たちは一律、それらの機械的な丸暗記を強いられ、またそれが難解ときて、ほとんどの時間を取られる結果、肝心の古代文化を真に理解する時間はほとんど残っていません。何かの事柄を見て、なぜだろうと問い、考え、理解するなどという勉強態度は皆無です。

アインシュタインの関心はこの頃すでに自然科学、とりわけ宇宙の神秘にありました。このような語学の機械的学習は退屈で仕方ありません。それはちょうど街中で見かける軍隊の訓練を彼に思い起こさせるのでした。意味のない命令を繰り返し遂行する機械的訓練と同じようなものであり、ギムナジウムの教師はまるで軍隊の中尉に見えました。

だから家へ帰ると、待ちきれないとばかり、手当たり次第に科学の本を読み、中でもアーロン・ベルンシュタインの「通俗自然科学読本」、ビュヒナーの「力と物質」に魅了されます。

数学に対する興味は叔父のお陰です。彼はアインシュタイン少年に、「それは愉快な科学なんだ。我々が追いかけている動物がまだ捕まらない時には、それを一時Xと呼んで、それが捕まるまで狩りを続けるのだよ」と、教えます。こうして未知数をXとおけば、算術よりもはるかにやさしく問題を解くことのできる代数が好きになりました。

幾何にはもっと驚きました。十二歳で幾何学の教科書を手にしたとき、最初の授業が始まる前に家ですっかり読み終え、感動します。理屈を積み重ねて推理していけば、どんどん問題が解けていくからです。こうして大学で習うはずの微積分などの高等数学も、独学で学んでしまいました。

このように一人で物事を考えることが好きだった内気な少年は、次第に独立心の強い、理論的にものを考える習性を身に着けていくのです。

「イタリアへ移住」

十五歳になった一八九五年、両親と妹のマヤはイタリアのミラノへ引っ越しました。父ヘルマンが経営する会社がうまくいかなくなり、ミュンヘンの工場を畳んでミラノで同じ事業をしようというのです。

ただアインシュタインは別行動です。あと一年余りでギムナジウムを卒業できるので、ミュンヘンに残ることになりました。ギムナジウムの卒業証書がなければ、大学に進めないからです。それに知的な職業に就くには、学位に達するまでの学習コースを修めておかなければなりません。

ところが、ここで問題が起こりました。気が進まないながらも、アインシュタインは学校生活を続けていたのですが、そのうち我慢できなくなってきたのです。数学は面白く、級友たちを遥かにしのぐ成績です。しかし、古典語にはまったく興味が湧きません。ただそれだけのために嫌な授業を受け続けるのが大変苦痛なのです。悲しくなりました。当然成績も下位。あらゆる運動競技に参加するよう強制されるのも不満です。

彼自身は冗談好きで、級友たちにいつも友好的でした。しかし教育方針に対する不満や懐疑的な態度は、皆に気まずい感じを与えるのに十分で、周囲から浮いた状態だったといえるでしょう。実際彼は、分かりもせずに棒暗記して、それを際限なく繰り返すよりも、むしろ罰を受ける方がましだくらいに思っていました。

そんな精神的葛藤が高じて、とうとう神経衰弱になってしまいます。そこで一計を案じ、両親がいるイタリア行きを考えたのです。数学の知識なら自信があります。外国の工業大学であれば、卒業証書がなくても入学させてもらえるのではないか。イタリアは冷たくて頑固なドイツ精神から解き放たれた自由な国だ。イタリアへ行けば、万事何とかなるかもしれないと、漠然とした期待を抱きました。

そこで或る医者に頼み込み、もちろん本心は伝えていませんが、好都合な証明書をもらうことに成功します。その内容は神経衰弱のため学校を六ヵ月休み、その間イタリアの両親のもとで療養する必要がある、というものです。

ミラノに着くと、真っ先にドイツの市民権を放棄。ところが直ぐには他国の市民権を得られず、無国籍になってしまいました。しかしそんなことは気にせず、寺院や美術館を訪ね、音楽会に顔を出し、アペニン山脈を横断してジェノアまで歩きました。

そこで見たものすべてが感動的でした。機械的に自動人間と化したドイツと異なり、人々の行動が規則から自由で、極めて人間的・自然的で、自然の法則に合っているように思えました。神経衰弱は数ヵ月で回復しましたが、もうミュンヘンには戻りたくありません。

しかしそんな天国のような生活は半年後に一変するのです。ヘルマンの事業がはかばかしくなく、暮らし向きが前よりも苦しくなりました。ヘルマンは息子に、もう学資は出せないので早く職業に就くようにと勧めます。

アインシュタインは運命の岐路に立たされ、真剣に自分の将来について考えさせられました。そこで得た結論は直ちに就職するのではなく、やはり大学へ進んで研究者になることです。自分はそれを望んでいることをはっきりと自覚したのです。ギムナジウムを辞めてしまったことは大失敗だったと思いましたが、悔いてみても始まりません。

次に学ぶ分野を理論物理学に絞りました。自然界には無数の複雑な事象があるけれど、それらを数学公式に引き直すことで理解できるのが、何よりも興味深く思えたのです。これに一生を捧げようと決めました。

両親にそのことを伝えると、苦しい中から学資は何とかしようと賛成してくれました。ギムナジウムの卒業証書はなくても、数学なら自信があるので、正規の総合大学ではなく、工業大学なら比較的容易に入れるのではないか。そう考え、チューリッヒにあるスイス連邦工科大学チューリッヒ校（チューリッヒ工科大学）に的を絞るのです。当時、ドイツを除いた中央ヨーロッパでは最も有名な工学の大学でした。

しかしその考えは大甘だったことを思い知ります。

[チューリッヒ工科大学に学ぶ]

予定通りチューリッヒ工科大学の入学試験を受けたところ、数学は他の受験生たちよりも遥かに高い点数でしたが、古典と生物（動物学・植物学）の記述試験が知識不足で皆目出来ず、不合格になってしまいます。

が、捨てる神あれば拾う神ありが世の中。学長が数学の点数を見て驚き、この受験生を見捨てるのはあまりにも惜しいと思って手を差し伸べるのです。もちろん入学はさせられませんが、ドイツのギムナジウムに相当するスイスの小さな町アーラウにある郡立学校の上級に編入するよう勧めました。そこで一年間学んで卒業証書を得れば、改めて入学試験を受けなくても本校に入学を許可するというのです。

アインシュタインはアーラウへ行って、うれしい驚きを覚えます。そこは全く違った世界だったのです。機械的詰め込み主義のドイツの学校と異なり、教師と生徒、或いは生徒同士での自由な議論があり、教室は生徒が自主的に考え研究する訓練の場でした。これまで学校嫌いだったアインシュタインにも、楽しい居心地のよいところになりました。ここで彼は自分の興味が純粋数学ではなく、物理学にあることを確認するのです。

そして一年後、学長との約束通り、晴れてチューリッヒ工科大学に入学。数学と物理学の教師を養成するコースを選択しました。もし教師になれたら、大学に残って好きな研究を続けられるし、たとえそうでなくても、町の中学校教師としてつつましやかな生活が出来ます。

しかし物理学の授業は期待を裏切りました。教科書に載っているような旧式の物理原理の詰め込み教育に特化し、自然法則の新しい発見に導くかもしれない客観的な観察方法の手引きや、そういったものの基礎にある原理を理解するための理論的な議論がありません。社会に出て、即役に立つようにとの配慮があったのです。ただ物理学に優秀な教授たちがいるのはせめてもの救いでしたが、彼らもこの教育方針に逆らえなかったのでしょう。

とはいってもアインシュタインに刺激を与えたことは確かで、彼は自分で関連する偉大な研究者たちの著作を片っ端から読みました。独学といってもいいほどです。理論物理学の古典をむさぼり読むだけでなく、それを通じて数学的基礎の重要さも知りました。この数学については、「大変面白く、嫌いではなかった」と言っています。

このころ、彼より四歳年上で将来結婚することになるハンガリーから来た女子学生、ミレヴァ・マリッチと知り合います。彼女は足が悪く性格は内気。無口で勉学にのみ専念し、同じく勉強好きで実験好きなアインシュタインと気が合いました。二人は物理学のことだけでなく、社会的なことまで時間を忘れて議論したといいます。

さて、ヘルマンの会社はいよいよ苦境に陥り、息子に学費を送ることが出来なくなっていました。その経済的苦難を乗り切るため、アインシュタインは父の段取りで、或る金持ちの親戚から毎月百スイス・フランの援助を得て切り詰めた生活をするのですが、そこから更に二割を貯金に回さねばなりません。卒業したら直ぐにでもスイスの市民権を得たいと望んでいたからです。必然的に粗末な食事で我慢しましたし、身なりをかまわなくても平気でした。

〔求職活動に四苦八苦〕

一九〇〇年の春、アインシュタインは難しい卒業試験に無事合格し、さっそく職探しにかかります。卒業と同時に百フランの送金が打ち切られたので、複数の家庭教師でその日暮らしをつないでいました。

第一希望は大学に残って物理学の助手となり、給料をもらいながら研究を続けることです。ところが一緒に卒業した仲間三人は順次、研究室助手の口が決まっていくのに、彼だけがうまくいきません。そのうち彼の才能を称賛していた教授たちでさえ、どういうわけか助手として採用する気がないことが分かり、理由を尋ねるのですが、何らの説明もありませんでした。

残された唯一の道は中学校の教師になることです。工科大学での教職は諦めるしかありません。焦ったアインシュタインは教授の一人に必死に頼み込み、満足のいく推薦状を得て活動しましたが、どこもうまくいきません。ようやく一つだけ採用通知を受けました。それは小規模な技術職業学校での臨時教員の口です。ともかく食わねばならず、贅沢は言っておれません。しかし、そこも二、三ヵ月で辞めなければならなくなりました。

アインシュタイは途方に暮れますが、ちゃんとした仕事の口がみつからないのはチューリッヒの市民権がないからではないかと気づきます。そして、かねてから申し込んでいたその市民権が、一九〇一年二月、やっと得ることができました。

それを待っていたかのように幸運が訪れます。たまたま新聞記事の求人欄で、シャフハウゼンの中学校教師ヤコブ・ニューシュが、自分が経営する寄宿学校の教師を探しているのを知りました。さっそく応募したところ、首尾よく合格。

ライン川沿いにあるこの小さな都市はどこにいても滝の音が聞こえてき、アインシュタインは気に入りました。自然の中に包まれるような安らぎがあります。仕事にもやり甲斐を感じました。生徒に自分で考えさせるとか討論させるなど、画期的な手法を次々に導入するのです。若い生徒たちを教えるのに、旧来からの決まりきった教授法ではなく、自分でより優れたやり方を考え出すことに喜びを感じます。

ところがヤコブがこの方針に異を唱えました。自分たちの権威に対する反逆だとみなしたのです。非難されたと考え、アインシュタインを解雇しました。

教職への道がすべて閉ざされ、アインシュタインは希望を失いました。前途は真っ暗です。工科大学の卒業証書とスイス市民権があるのに、どうして職を得るのにこんなに苦労するのか。

あえて回答を求めるなら、それは多分、自分はまだ市民権を得て日が経っておらず、土着のスイス人愛国者たちが言うところの「紙の上のスイス人」とみなされていることが原因かもしれない。加えて、ユダヤ系だというのが難しくしているのだろう、いや、恐らくこちらの理由の方が大きいのだろうと推測しました。

[特許局の下級役人になる]

求職活動に四苦八苦していたアインシュタインに、一筋の光明が射しました。運命の女神が動いたのです。一九〇二年、工科大学時代の学友グロスマンが彼の父親に頼んで、父の友人でベルンの特許局長官のハラーを紹介してくれました。アインシュタインは藁にも縋る思いで彼に会いに行きます。そして長時間の面接を経て、下級役人の三級技術専門職として雇われることに決まりました。

幸運なことに、ハラーは革新的な考えの持ち主でした。どんな職業であれ、特殊な慣例に反応すべく訓練された機械的な効率人間よりも、むしろ自由で柔軟に考えることの出来る人物が重要だと考えていたのです。アインシュタインとの面接を通じ、特許局の仕事である技術的発明についての経験はないけれど、むしろそんなことよりも、深い思索に基づく的確な判断力に感銘を受けたのでした。

アインシュタインは直ちにベルンへ転居。そして、このベルン生活は彼の後の偉大なキャリアを形成する極めて重要な役割を演じることになるのです。敢えて言うとすれば、もし工科大学に残っていたなら、かの有名な相対性理論は生まれていなかったかもしれません。運命とは実に気まぐれなものです。

彼は今やいきなり年俸約三千フランの地位を得ることになり、これはまだまだ豊かとは言えませんが、そこそこのレベルの生活を可能にするほどの額でした。時間的にも自由時間が持て、自分の物理研究も続けられます。

或る程度、経済的に余裕が出来たので、翌年、工科大学時代に付き合っていたミレーヴァ・マリッチと結婚しました。そして二人の男の子が生まれます。ミレーヴァには何かすげない一徹なところがあり、アインシュタインは常に平和で幸福ということではありませんでしたが、家族と一緒に暮らすというのは楽しく、仕事にも研究にも張り合いがありました。

特許局の仕事は当初考えたような退屈なものではなく、むしろ楽しくて、時間を忘れさせました。申請書に書かれている発明に対し、予備的な調査をするのです。

ほとんどの発明家は記述が曖昧で、発明の本質的な特徴が説明されていません。そこでアインシュタインはその曖昧な記述から、根気よく発明の基礎的なアイディアを拾い出す作業をします。これには幅広い知識が求められる上に、深い思考力を駆使しなければならず、なかなか困難な仕事でした。

こうしてあらゆる種類の斬新な発明に触れ、それを完全に理解する訓練を十二分に体験出来たのです。後に彼は多くの科学者たちと議論したとき、或いは彼らの論文を読んだとき、どんな仮定が与えられても、それから導かれる主な結果をたちまちつかみました。その異常な能力は、この発明申請の分析から得られたと言っても過言ではありません。

特許局の役割は発明対象と発明者に対し、法律的な保護を与えることにあります。アインシュタインはそのことを心得ていて、しばしば曖昧な特許の願書を明瞭な形に書き直しました。有能な技術官吏だったのです。

一方、家へ帰れば、自由の身。思う存分、好きな理論物理学の研究に没頭しました。ベルンでのアインシュタインは全く無名の一青年にしか過ぎませんでしたが、この特許局時代に彼の一生の研究の芽が静かに着実に育っていったのでした。

真面目な仕事ぶりが認められ、四年後の一九〇六年に二級技術専門職へ昇進し、年俸も四千五百スイス・フランへと昇給しています。

［チューリッヒ大学の員外教授になる］

アインシュタインが二十六歳だった一九〇五年は奇跡の年と呼ばれています。「光量子理論」「ブラウン運動の理論」「特殊相対性理論」に関する五篇の重要な論文を次々と発表したからです。そのどれもがノーベル賞に値するものでした。アインシュタインの天才ぶりが一気に花開いたといえるでしょう。

当時、大学の教授や研究者でもない無名の下級役人が書いたこれらの論文に注目する人は、誰一人いませんでした。しかし次第にその衝撃的な論文内容が明らかになり、世界の物理学会の考え方を根本的に変えるほどの影響力を及ぼすのです。現代物理学の基礎となったと言っても過言ではありません。

彼は博士号を得るため、「特殊相対性理論」に関連する論文を書き上げてチューリッヒ大学に提出しました。ところが教授たちはその内容が理解できず、すげなく拒絶。アインシュタインは仕方なく、急遽代わりに「分子の大きさの新しい決定法」という論文を提出し、ようやく受理されて博士号を与えられるのです。

なお光量子仮説と光電効果の論文は一九二一年にノーベル物理学賞を彼にもたらしています。教授たちに理解された「分子の大きさの新しい決定法」ではありませんでした。

さてチューリッヒ県が経営するチューリッヒ大学に、クライナーという物理学を主導する教授がいました。彼は一九〇五年のアインシュタイン論文に感銘を受け、ぜひ彼を自校の教授に迎えたいと考えます。真に論文を理解したのではありませんが、彼が異常な才能の持ち主だと認める能力と度量を持つ、立派な人格者でした。

チューリッヒ大学にもドイツの大学と同様、私講師の制度があり、これには従わざるを得ません。私講師というのは博士号を取得して、さらに教授資格試験に合格した若い研究者のことです。給料はもらえません。国から俸給を得ている正式な教授・助教授を目指しながら、聴講する学生から直接授業料を受け取って生活する非常勤講師を指します。身分が不安定で、授業を受ける学生の数がそのまま収入に直結します。この私講師を務めた者でなければ、教授に任命されない制度なのです。

そこでクライナーはアインシュタインに、先ずベルン大学の私講師になることを勧めました。そうすればチューリッヒ大学の教授に選ばれる資格を得、自分は進んで推薦するつもりだと告げます。

アインシュタインはアドバイスに従い、その道を選びます。私講師には二種類の人がいて、授業に精を出して生活費を稼がねばならない人と、或る程度の収入源があって生活に困らず、気の向くままの授業時間数を持つ人です。アインシュタインは特許局からの収入があるので後者の道を選びました。

やがてチューリッヒ大学の理論物理学の教授職が空席になり、学内に反対する勢力がありましたが、クライナーは押し切って、アインシュタインに員外教授（助教授）という社会的信望のある地位を与えたのでした。

給料は特許局の時から少し下がったにもかかわらず、それなりの地位にふさわしい世間体を守らねばならず、妻ミレーヴァの苦労は絶えません。家に学生を下宿させ、わずかでも収入を増やそうとしました。

アインシュタインは内面的に充実し、学生に精力的に教える傍ら研究活動に没頭します。学生や同僚たちに対しても実に快活で、他意のない冗談をよく飛ばしました。

ところがそんな彼に対し、ここで再び運命の女神が大きく動くのです。

［ドイツ大学教授に就任］

一九一〇年春、プラハのドイツ大学理論物理学の講座に空席が出ました。後任者の任命は学部の推薦に基づき、オーストリア皇帝がすることになっています。

そこで学部はアインシュタインとブルノー市の工学教授ヤウフマンの二人を選ぶのですが、文部省は第一候補としてヤウフマンを推しました。オーストリア政府は外国人の就任を好まなかったからです。

ところが候補を選ぶとき一つの規則があって、その科学的業績の多さで選ばなければなりません。そうなると、この五年間で発表された論文がどれだけ科学界に影響を与えたかという点で、アインシュタインが第一位にリストされていたのです。

ここで問題が起こります。気難し屋で誇りの高いヤウフマンがこのことを知り、つむじを曲げたのです。アインシュタインが単に多くの業績を残して名声を得ているからというのなら、そんな新奇をてらう人物を重視して真の価値を認めないような大学に、自分は関係したくないと言って、拒絶しました。このように予期もしなかった経緯で、アインシュタインは晴れてドイツ大学理論物理学の正教授に招かれたのでした。

このポストは彼にとって、初めて十分な俸給が与えられ、それによって経済的な心配をせずに研究に打ち込めるメリットがありました。そしてこれに負けないくらいの非金銭的なインセンティブも得ます。それは物理に興味をもつ優秀な若者たちと自由に語り合い、彼らが単に教えられるだけでなく、物事を自分で考えるようになってほしいと、そんな教育に情熱を抱いたのです。

プラハ大学は、一三四八年に神聖ローマ皇帝カール四世によって創立され、中欧における最も歴史を有する大学でした。しかし一八八二年、ドイツ大学とチェコ大学に別れ、アインシュタインはその十八年後、前者のドイツ大学教授になりました。

両校とも屈指の最高学府ですが、教授同士のつながりはほとんどありません。むしろ冷戦状態のような雰囲気なのです。というのはこの頃からドイツには異様な優越主義的愛国心が広まり、チェコ人を侮蔑的、敵対的に見る雰囲気が醸成されつつありました。

アインシュタインはそんな風潮が心中、不快でたまりません。ドイツ大学内にはチェコ人の学生は大勢います。しかしドイツ人が彼らと友達関係になるのは憚られ、アインシュタインでさえ中々親密な接触は出来ませんでした。そういう中でもチェコ人の学生は彼の講義に出席しましたし、彼の指導を受けて研究しています。これはドイツ大学では稀な出来事でした。

研究生活としては、一九〇五年に提唱した相対性理論によって引き起こされた種々の問題解決に取り組み、目覚ましい成果を上げました。新重力論を唱えただけでなく、ベルン時代に始めた光の量子論をも展開しています。

いずれにせよ、アインシュタインは全体的にプラハ滞在を愉快に、意義深く過ごしていたといえるでしょう。

[チューリッヒ工科大学に戻る]

アインシュタインの名声がますます高まり、運命の女神はさらなる出世の階段を用意します。彼の母校チューリッヒ工科大学から理論物理学教授に就任してくれないかと招かれたのです。この大学はスイス政府による国立であり、員外教授となった県立のチューリッヒ大学に比してはるかに規模が大きく、重要性も高いのです。

しかし、アインシュタインは優柔不断でした。プラハ生活に満足していて、チューリッヒへ帰っていいのかどうか迷います。ところが妻のミレーヴァはずっとプラハでは気が休まらず、チューリッヒに愛着を感じていました。迷いなく夫の尻をたたき、一家はチューリッヒへと戻りました。

一九一二年秋（三十三歳）、アインシュタインはチューリッヒ工科大学教授となり、活動を開始。物理学教室の指導者として、皆から尊敬され、対外的にもたちまち学校を代表する顔となりました。

彼は誰にもえらぶらず、実に謙虚でした。自分が分からないことは、学生に対してさえはっきりそう言います。

講義にも真面目に取り組み、いつも念入りな準備をしていました。「我々の研究の目標は、真理にあるのです」というのが口癖で、授業が終わってからも討論したいという学生がいれば、誰かれ構わず家に誘うのです。

［ベルリンへの招聘］

強国ドイツの皇帝ウィルヘルム二世は、ベルリンを芸術・科学活動の中心として発展させようと尽力していました。とりわけ軍事力と経済力の基盤となる科学技術のために、カイザー・ウィルヘルム研究所を設立。その資金は個人、産業界、政府から工面しました。そして第一次、第二次世界大戦時に武器の研究・実験・生産に貢献するのです。

研究所には特に秀でた研究者たちが集められました。アインシュタインも勧誘を受け、その際、破格の条件を提示されます。ベルリン大学教授のポスト以外に、今計画中である別の研究所の所長になってもらうこと（実際にはそんな計画はなく、単に勧誘の甘言だった）、他の研究所の物理学研究顧問の地位に就くこと、加えて帝室プロイセン科学アカデミーの会員になれるというのです。

二百年以上の歴史があるこのアカデミー会員には報酬はありませんが、会員になるというのは非常な名誉であり、ベルリン大学の優れた教授たちでさえ中々なれません。殆どすべての会員は在職者で収入があります。彼らにとって、会員であるということ自体が名誉なのです。

しかし例外的に二、三人の会員には十分な報酬を支払うことの出来る維持基金というのがあって、この特典がアインシュタインに与えられました。彼の仕事はベルリン大学の教授職を務める以外に、カイザー・ウィルヘルム研究所とアカデミーにおける研究体制の組織化をすることでした。といっても、実際は大して労力のかかるものではありません。

でこの教授職ですが、何と割り当てられた正規の講義時間はなく、彼が望むだけ講義をすればいいのです。それに、得られる給料はすべて足すと、チューリッヒにいた時よりもはるかに多く、思う存分研究に没頭することが出来ました。アインシュタインに十分な研究環境を与えようという計らいでした。

そもそもアインシュタインがこの招聘を受け取ったとき、ミレーヴァは反対しました。万事につけ型式ばった軍国主義的な色彩の濃いドイツが嫌いだったのです。

それでも一九一三年春、イヤイヤながら子供を連れて夫とともにチューリッヒを去り、ベルリンへ移ってきます。しかしどうしてもなじめず、とうとう夫の反対を押し切り、二人の息子を連れて自由な雰囲気の古巣へ戻ってしまいました。別居生活に入ったのです。

夫婦の言い争いは相当あったらしく、その精神的ショックで暫くアインシュタインは仕事にかかれなかったといいます。

さて、ここで彼の教授活動について触れてみましょう。彼は深窓にこもって孤独に研究をしていたのではありません。大学内のいろんな活動に積極的に参加していました。

その一つに毎週開かれるコロキウム（広い意味の同じ専門を持つ人一般向けの講演会）があります。そこにはベルリン大学のみならず、広くいろいろな研究所で仕事をしている有能な物理学者たちが集まり、最近発表された研究が論議されました。彼らはこのゼミナールで、新しい発見や理論について自分たちの意見・着想を自由に交換するのです。

偉大な独創力をもつアインシュタインも、コロキウムは大いに価値のあるものと認識していて、欠かさず出席しました。多くの専門家からいろいろな情報を効率的に得ることができ、読書で膨大な時間を使わなくてすみます。彼はどんな問題にでも積極的に質問し、意見を述べ、討論を活気づけました。

たとえそれが初歩的な問題であっても恥ずかしがらずに尋ねたし、誰もが知っているだろう自明の原理についてさえ、疑いを投げかけるのです。そんな彼の態度は自分の無知を隠さなくてもいいのだと皆を勇気づけ、安心させ、ゼミナールの空気を明るくしました。

対人関係についても、地位の上下で分け隔てしません。好んで冗談を言い、人のそれにも気軽に笑います。出しゃばって自分の意思を押しつけたりもしません。同僚に何ら尊大ぶったところなく、助言を乞いましたし、若者にさえそうしたのです。

学生には自分の専門分野の講義をしますが、それも教えるというスタイルではなく、互いに議論をして理解を深めさせ、彼らの研究方針に対して助言するという姿勢でした。親しみと助力をしようとする心構えで接し、そのことに相当な時間と労力がかかっても厭わないのです。多くの教授たちは時間がないというのが自慢ですが、アインシュタインは時間があるというのが自慢でした。

［エルザと再婚］

アインシュタインがベルリン大学へ来てから一年も経っていない一九一四年七月、第一次世界大戦が勃発しました。熱狂の嵐がドイツ国中に吹き荒れ、国民のあいだにドイツ帝国のために個人を犠牲にするのを厭わない風潮が蔓延していきます。

ほとんどの科学者たちが何らかの形で戦争に協力しましたが、アインシュタインは戦争に反対で、スイス国籍であることを理由に中立的立場、というよりも非協力で臨みました。

食糧不足が深まるにつれ、一人暮らしの彼は健康を損ねます。ちょうど叔父がベルリンにいたので、その家庭へ出入りし、そこで子供時代の遊び友達だった従妹《いとこ》のエルザ・アインシュタインに再会しました。今では彼女は二人の娘をもつ未亡人で、母性的な気質の女性です。乏しい戦時食で滋養のある家庭料理をかいがいしく作り、アインシュタインの健康を回復させるのです。

アインシュタインは別居しているミレーヴァとの違いを見、何か救われるような、しかし一抹の寂しさを覚えました。そして徐々にエルザに好意を抱き始めるのでした。

この間でも物理研究はやめていません。一九一五年に一般相対性理論を完成させ、その二年後には宇宙項（宇宙定数）を導入し、アインシュタインの宇宙モデルを確立する大仕事を成し遂げています。

そして一九一八年十一月十一日、ようやく戦争が終結し、アインシュタインはベルリンでの地位を維持したまま、暫くスイスに戻りました。道中、エルザから離れて改めて彼女への深い愛情を意識するとともに、ミレーヴァの冷たい性情に心を暗くしました。もはや一致点は見出せないと思い至るのです。

ミレーヴァは冷静かつ冷淡に夫を迎えました。風の便りですでに彼とエルザとの仲を聞いていたのかもしれません。夫婦は離婚の話をし、合意しました。その結果、ミレーヴァは二人の子供を引き取ってチューリッヒに残るのですが、慰謝料について突飛もない約束をします。

当面、これまで通りに仕送りは続けるけれど、為替レートの問題もあって非常に難しくなりつつある、ついては近いうちに必ず受け取るであろうノーベル賞の賞金をすべて渡す、というのです。

二人とも大真面目でそう約束したのには理由があります。当時、アインシュタインの業績は世界中から称賛され、受賞の噂でもちきりでしたし、彼自身もそう信じていたのです。そして実際にその二年後、ノーベル物理学賞を受賞し、得た賞金は全てミレーヴァに渡したのでした。

一九一九年二月、アインシュタインはミレーヴァと離婚し、その年の六月にエルザと再婚。ようやく家庭の温かさを手に入れ、彼女の二人の娘たちも可愛がり、充実した私生活へと踏み出しました。

その前祝いとでもいうのか、結婚するひと月前の五月二十九日、重大な科学上の出来事が起こり、物理学者の間だけで知られていたアインシュタインの名が、広く一般の人たちにも有名になりました。

彼の一般相対性理論によると、物体ばかりでなく、光も重力の影響を受け、進路を曲げられることになります。その日は皆既日食があり、史上初めて光の湾曲が観測され、光は直進すると信じられていたニュートンの引力論が覆されたのです。

[日本への途上にノーベル物理学賞を受賞]

ベルリン大学教授のアインシュタインは相対性理論を広めようと、頻繁にヨーロッパ各地、さらにはアメリカなどへ講演旅行に出かけました。アメリカへは別の目的、つまりイギリス委任統治領パレスチナのエルサレムに創立予定であるヘブライ大学建設資金を調達するための運動もあります。

日本にも一九二二年（大正十一年）、改造社という出版社の招待を受け、初めて来日することになりました。十月八日、夫婦で日本郵船「北野丸」に乗ってフランスのマルセイユを出港。

香港から上海へ航海している最中の十一月十日、朗報が届きました。船上で、スウェーデン科学アカデミーから、ノーベル物理学賞が与えられるとの電報を受け取ったのです。既に世間では受賞するという噂でもちきりでしたし、アインシュタイン自身も確信があったので、あまり深い感慨はありません。がこれでミレーヴァと子供との約束を果たせると、安堵したといいます。賞金授与は戦争の影響で遅れましたが、一銭残らず全て渡しています。

ただその受賞理由が「相対性理論」ではなく、意外にも「光電効果の発見」でした。ノーベル賞の選考委員たちにとって、相対性理論は従来の物理学を根底から変えてしまうほどの余りに革新的な理論だったので、理解が出来ず、どう評価してよいのか分からなかったのです。

とはいえ、相対性理論に対する世間の評判は高まる一方で、ノーベル賞を出さないというのはとても不自然で、恰好がつきません。そこへきてアインシュタインが生粋のドイツ人でなくユダヤ系であるという民族差別の問題が複雑に絡むのです。そのことにドイツの学者たちのこだわりが大きく、選考委員たちはすっかり追い詰められてしまいます。

こうした窮地から脱するために彼らがとった苦肉の策が、比較的理解しやすい光量子仮説に対して賞を与えることだったようです。ところがアインシュタインは、ノーベル賞受賞記念講演では「光電効果」ではなく、あえて「相対性理論」をテーマにしています。精一杯の皮肉だったのでしょう。

この民族差別の問題でひと言。日本へ出発する前にドイツ科学者・物理学者協会で、アインシュタインは講演をする予定でした。しかし身の危険を感じ、土壇場でその約束を断わっています。それほど政治的・民族的な社会情勢が急速に悪化していたのです。断わる直前にドイツ外相ラーテナウが白昼、ベルリン街頭で極右派に射殺されました。

アインシュタインは親しい同僚マックス・プランク宛に、自身もベルリン滞在中に極右派から何度か個人的に脅されたし、ドイツの民族的分子に命を狙われていると、書いています。

さて「北野丸」の船旅は続き、十一月十七日の午後四時過ぎ、無事神戸港に到着。

改造社の山本実彦夫妻、東京帝国大学教授の長岡半太郎ほか数名の学者が出迎え、その様子を撮ろうと、新聞記者たちがパチパチと写真のフラッシュをたきます。その周りを千人を超える群衆が取り囲んで万歳を叫びました。その様子を当時のドイツ大使館はまるで凱旋行進のようだったと、本国に報告しています。

京都に泊まった翌朝、特急で東京へ行き、行動開始です。先ず学士院の歓迎会に出席したあと、皇后陛下に謁見（大正天皇は療養中）、慶応大学や東京大学、その他各地で講演し、松島、日光、奈良などを観光して、十二月二十九日に門司港から離日しています。講演回数は八回に及び、一万四千名の聴衆を集めました。

アインシュタインは日本について、息子たちに宛てた手紙にこう書いています。

「日本人のことをお父さんは、今まで知り合ったどの民族よりも気に入っています。物静かで、謙虚で、知的で、芸術的センスがあって、思いやりがあって、外見にとらわれず、責任感があるのです」

また日本が西洋文化を受容することについて、褒めるとともに、アドバイスも忘れません。

「日本人は正当にも西洋の知的業績に感嘆し、成功と大いなる理想をめざして科学に没頭しています」。その一方、「西洋より優れている点、つまりは芸術的な生活、個人的な要望の簡素さと謙虚さ、そして日本人の心の純粋さと落ち着き、以上の大いなる宝を純粋に保持し続けることを忘れないでほしい」

今日の我々には耳の痛い言葉です。

［アメリカへ亡命］

ドイツにはかねてからドイツ人の純血を叫び、世界で一番すぐれた人種だという優越感がありました。この国家的・国粋主義的な思想をもった勢力は日を追って拡大し、ユダヤ人を排斥する風潮がますます酷くなっていきます。

アインシュタインはこのような人種差別を苦々しく思っていました。不愉快でなりません。しかし、そんな中でも研究を続け、論文を発表していたのですが、ナチ党が勢力を増すにつれ、自由な研究生活が出来なくなるのではと恐れます。現にほとんどのドイツの大学で教員の人種的・政治的な追放が行われ、街を歩いていても、身の危険を感じる日が多くなりました。

そして遂に一九三二年（五十三歳）、一家をあげてアメリカに亡命することを決断します。プリンストン高等研究所に招かれ、そこで研究生活に入るのです。その前年秋に彼はこの研究所を訪れていて、その時すでに心中に期するところがあったのでしょう。

アメリカは若々しい元気溢れた少年期のような国でした。高等研究所は、数学、物理学、自然科学、歴史学などの分野で世界的にすぐれた学者を集め、経済や政治などの一切のわずらわしさから解放して、研究にだけ専念してもらおうというのが目的です。

アインシュタインに与えられた地位は、講義などの義務がない理論物理学教授でした。学生の群れから解放された静けさの中で、自由に思う存分研究を続けさえすればいいのです。彼は自分が提唱していた「特殊および一般相対性理論」を、さらに一貫した理論的構造へと展開しようと考えていました。

一九三三年一月、ドイツではヒトラーが首相となり、政権を握りました。民主的なワイマール憲法を停止して民主主義を否定。言論・出版を厳しく取り締り、ユダヤ人迫害に乗り出します。そして後にはドイツ国内や占領地のユダヤ人を拘束して強制収容所に送るのです。

翌年、ヒトラーはアインシュタインに授けていた名誉市民権を取り上げ、家も財産も全て没収します。さらに彼を殺した者には五万マルクの賞金を与える懸賞までつけました。

また一九三六年には妻のエルザが他界しています。十七年間の幸福な結婚生活に別れを告げたのでした。その四年後、アインシュタインはニュージャージー州トレントでアメリカ市民権を得て、一九五五年に死ぬまで十五年間アメリカで暮らすのです。

[マンハッタン計画]

アインシュタインを始めとするシラードらの物理学者たちは、アインシュタインの原理「質量とエネルギーは形の異なる同じもの」という発見を土台に、ウランによる連鎖反応を使えば強力な爆弾（原子爆弾）製造が可能になることを承知していて、使い方を間違えれば大変なことになると憂慮していました。このことをアメリカ政府がどれほど知っているのか不安でした。

さらにナチス・ドイツが最近、占領下のチェコのウラニウムを輸出するのを禁じたという情報は彼らを驚かせ、いっそう不安を増幅させます。ナチスはもうこの新型の爆弾である原子爆弾の秘密を嗅ぎつけて、ウラニウムの確保を始めたのではないかと心配したのです。

ナチスは目的達成のためなら、どんな非人道的なことでも構わずやってのけます。もし彼らに新型爆弾で先手を打たれたら、世界は悲惨なことになると、アインシュタインたちは気をもみました。そこで皆で相談した結果、合衆国大統領のフランクリン・ルーズベルト宛てに手紙を書こうということになったのです。

アインシュタインのサインで便箋二枚に以下のような内容を書いています。先ずウランによる連鎖反応が強大なエネルギー源となり、強力な爆弾となり得ることを指摘。そして現実論として、研究開発のため政府による国家的支援プログラムが必要で、物理学者と技術者の組織化が欠かせないと進言しました。最後にナチス・ドイツにおいて既に核エネルギー開発が先行していることを示唆するのです。

この手紙は大統領を動かしました。一九三九年十月、ルーズベルトは手紙を受け取った同じ月にウラン諮問委員会を立ち上げます。委員会は政府の財政支援のもとに慎重な検討を続け、三年後、マンハッタン計画を策定し、極秘のうちに本格的な原子爆弾開発に取り組むようになるのです。アメリカ、イギリス、カナダが学者、技術者を総動員しました。

ニューメキシコ州にロスアラモス国立研究所がつくられ、開発に国運を賭します。プロジェクトに費した資金は当時の十九億ドル（二千億円）と目をむくほど巨額でした。

原爆開発は成功し、一九四五年七月十六日、ニューメキシコ州アラモゴード砂漠で、人類史上初の核実験が実施されたのです。相対性理論発表から四十年後でした。そしてそれから一ヵ月も経たないうちに、広島と長崎に原爆が投下され、日本はその数日後、ポツダム宣言を受諾。無条件降伏をして第二次世界大戦が終わるのです。

マンハッタン計画について、アインシュタインはいっさい開発に携わっていません。関与したのは最初の大統領へ宛てた手紙だけです。ドイツ出身で、しかもどちらかといえば平和主義の左派寄りなことから、機密を守れないのではと、安全上のリスクが高すぎると見なされ、参加を許されませんでした。

原爆実験の二ヵ月半前の一九四五年四月三十日、ヒトラーが総統地下壕で自殺し、ドイツ軍は相次いで降伏してドイツの敗北が明らかになります。その少し前、アインシュタインはドイツは原爆を本格的に開発しようとしていなかったことを知り、平和を望む彼は原爆開発を即刻中止すべく、三月、アメリカ大統領にその旨の手紙を送るのです。

ところがルーズベルトは同年四月十二日、その手紙を読まないうちに他界します。訴えは届かなかったのです。しかしその直後に新大統領トルーマンは、数名の幹部とともに極秘裏に原爆を日本に投下することを決定しました。一九四五年八月六日広島に、続いて九日長崎に投下。当時アメリカは一刻も早く日本に戦争をやめさせ、アメリカ兵の死傷者を食い止めるために止むを得ない措置だったと、国民に説明しました。しかし果たしてそうなのか、大いに疑問です。

当時日本は三月十日深夜に東京下町の大空襲を受け、数時間で十万人以上の死者を出したばかりで、既に早期の終戦を前提に諸外国と交渉をしていましたから、早晩日本が降伏するのを知っていたはずです。広島、長崎と、二度も大量殺戮をする必要はありませんでした。

それは恐らく巨額の開発費を使った以上、国民を納得させるための壮大な「ショウ」が必要だったのではないかと、そんな推測をされても仕方ないでしょう。原爆投下は政治的にも軍事的にも無意味な大量虐殺でしかなかったのです。

投下を知ったアインシュタインは「おお、恐ろしい日」と言ったまま、長い時間、口もきけなかったといいます。そして、「我々は戦いには勝利したが、平和まで勝ち取ったわけではない」と演説するのです。

その後、彼は「もし自分はドイツが原爆の開発に成功しないと知っていたら、爆弾のために何かをすることはなかっただろう（手紙など書かなかった）」と悔いています。

このように第二次世界大戦は原爆投下で終わりましたが、人類は新しい不安に脅かされることになりました。原子力がひきおこした新事態にどう対処すべきか、科学者たちは一団となって立ち向かうのです。一九四六年、アインシュタインを会長とする「原子科学者協会」が創設され、原子力の平和利用を推進し、核兵器が二度と使われない世界平和を目指そうとしました。

終戦から三年後、アインシュタインは、アメリカに来ていた或る日本人をホテルに訪ねます。日本人で初めてノーベル賞（物理学賞）を受賞した湯川秀樹でした。部屋へ入るなり、手を固く握って涙を流し、「罪のない日本人を殺すことになって申しわけない」と泣いたそうです。

[死去]

七十歳を前にした一九四八年、アインシュタインの体はあちこちがいたんでいました。ニューヨークの病院で腹部の手術を受けたのですが、大動脈にはブドウの実ほどの大きさの動脈瘤があり、それが破裂するのは時間の問題だと宣告されました。それでも精力的に平和活動を続けます。

一九五三年春、突然見知らぬ日本人、篠原正瑛からドイツ語で書かれた二月二十二日付の一通の手紙を受領。篠原は戦前ドイツに留学して哲学を学んでいましたが、現地で終戦を迎え、連合国軍に二年間抑留された後に帰国して著述活動を始めた哲学者です。その後二人の交友は一年半弱続き、アインシュタインから六通の手紙が篠原へ書き送られました。現在その六通は広島平和記念資料館に寄贈され、保管されています。

篠原は平和主義者を自認するアインシュタインが、ルーズベルト大統領に原爆開発を促す書簡を送ったことが是認できません。そこで単刀直入に「あなたは平和主義者と言っているのに、なぜ開発を促したのか」と批判の疑問をぶつけたのです。その後、手紙の往復は五十四年七月まで続き、篠原が彩色木版画を贈るほどまでに友好を深めます。

アインシュタインは「私は断固たる平和主義者ですが、絶対的な平和主義者ではありません」と述べ、あらゆる暴力には反対だが、敵が生命の抹殺を自己目的としていれば、暴力を用いてもよいと断言しています。ヒトラーが原爆開発に成功することを阻止せねばならず、あの時代にはもちろんそういう恐れがあったのだと、反論するのです。

「私は日本に対する原爆使用は常に有罪と考えていますが、この致命的な決定を阻止するために私は何も出来ませんでした」と正直に告白します。そして返す刀で、大戦中に日本人が朝鮮や中国で行なったすべての行為に対し、日本人である篠原にも責任があると言われるのと同じだと述べ、「私はほとんど何も出来なかったのです」と、心の苦悩を打ち明けています。

しかし、こう釘をさすことも忘れていません。お互い肝胆相照らす仲だからこそ、言えるのでしょう。

「あなたは、他人やその人の行為については十分な情報を得てから、自分の意見を述べるように努力すべきでしょう。あなたは日本で私を批判しようとしていますが、こういう礼儀を欠いた態度がどうみなされるか、よく考えてみてほしい」

このように時に感情をぶつけ合うことから、二人の友情が生まれたのです。

こういった時間的経過の中で、悲しい身近な出来事がありました。一九四八年にミレーヴァが亡くなり、五二年には妹のマヤも他界しています。

アインシュタインの体調は悪化の一途をたどりますが、そんな中の一九五五年四月十一日、ラッセル（イギリスの哲学者）ら当時の第一級の科学者十一名の連名で、ラッセル＝アインシュタイン宣言に署名しました。これは米ソの水爆実験競争という世界情勢に対抗し、核兵器の廃絶や戦争の根絶、科学技術の平和利用などを世界各国に訴えた共同声明です。それには湯川秀樹も署名しており、一人を除いて全員がノーベル賞を受賞していました。

それから三ヵ月後の七月九日にロンドンで声明は発表されるのですが、そのときにアインシュタインは既に没していて（四月十九日死去）、まさに彼の人類へ残した遺言状となったのです。

日は少し遡りますが、アインシュタインはラッセル＝アインシュタイン宣言に署名して間もなく、死が差し迫っているのを自覚させられます。時々肺の酸素が枯渇したようになり、何度も深呼吸をしなければなりません。それにとても疲れやすく、署名から四日後の四月十五日になって急遽プリンストン病院に入院。

医師は即、手術をするように勧めました。しかしアインシュタインはこれを拒絶し、自然のまま最後の時を過ごすことを選ぶのです。

駆けつけた長男ハンスと落ち着いて面会し終えると、秘書に電話し、病室で仕事をしたいので必要な用具を持ってくるようにと頼みました。

死の瞬間までまだ少しの時間が残されていると思ったのでしょう。ベッドの上で上体を起こし、核廃絶の書類に目を通すのですが、めくる手に力が入りません。

そんな中、十八日午前一時過ぎに容体が急変し、あっけなく命が絶えたのです。動脈の瘤《こぶ》が破れ、その瞬間、七十六年の波乱の生涯を閉じたのでした。その直前、ドイツ語で何かをしゃべりましたが、その場にいた看護師がドイツ語を理解できなかったため、意味は分かりませんでした。

生前の強い希望により、家族と友人による十二人だけのひっそりとした葬式だったそうです。遺灰は近くのデラウェア川に流されました。公の葬儀が行われなかったのには理由があります。死の直前まで核廃絶と戦争根絶の運動に打ち込んだため、戦勝に沸くアメリカ社会からの理解が得られず、孤立していたことが考えられます。アインシュタインは自分の望み通り、質素な葬儀になったことに満足しながら旅立ったのではないでしょうか。

［名言］

・本当の知性のしるしは、知識ではなく想像力だ。
・重要なのは、疑問を持ち続けることである。
・私は頭が良いわけではない。ただ人よりも長い時間、問題と向き合うようにしているだけである。
・人生にはたった二つの生き方があるだけだ。一つは奇跡などないかのような生き方、もう一つは、まるですべてが奇跡であるかのような生き方だ。
・常識とは十八歳までに身につけた偏見のコレクションのことをいう。

・どうして自分を責めるんですか？　他人がちゃんと必要な時に責めてくれるんだから、いいじゃないですか。
・神の前で人間は等しく賢明であり、神の前で人間は等しく愚かである。
・成功した人間になろうとするな。価値のある人間になろうとせよ。
・人生は退屈すれば長く、充実すれば短い。
・私は何ヵ月でも、何年でもひたすら考える。九十九回目までは答えは間違っている。百回目でようやく、正しい結論にたどり着く。

［アインシュタインと現代］

アインシュタインは二十世紀最大の科学者でした。しかし最初から天才だったわけではありません。幼少の頃はあまり言葉を発することが出来ず、両親は発育不良ではないかと心配しました。ほとんど一人で遊ぶ孤独な毎日ですが、本人はその方が気楽なのです。

これが現代なら、コミュニケーションに問題ありとか、発達障害、あげくは自閉症というような診断を下しかねません。そのため余計な医学的治療をしたり、教育プログラムを山ほど押しつけたりして、かえって子供の自然な自発的発達を阻害する恐れがあります。

もっとも本当に病気であれば、過去も現在も早期発見の重要性は述べるまでもありません。が子供の身長の伸び具合を見ても、個々人によって、早くから伸びる子もいれば、遅くなってから急に伸びる子もいます。アインシュタインの場合は口の発達は後者だったのでしょう。

学校へ通うようになり、一応勉強をしますが、全ての科目が出来る優等生とは程遠い生徒でした。機械的な棒暗記が大嫌いで、じっくり考えるのが大好き。数学だけは飛びきりでき、他の科目は劣等生です。今日なら数学だけが通知簿5で、他は1とか2だったのでしょう。運動もからっきしダメで、自分が興味のある数学に特化して、自発的に勉強します。十二歳の時に微分・積分を独学してしまうほどです。

大学は超一流のチューリッヒ工科大学の入学試験を受けます。ところが暗記科目の古典と生物一般（動物学・植物学）がほとんど出来ず、しかし数学だけは群を抜いて優秀でした。それを運よく学長に認められ、一年遅れで入学します。あれも出来る、これも出来るという優等生的オールラウンド・プレーヤーよりも、一芸に飛びきり秀でた人の方が成功するというのは、昔も今も変わらないようです。

それなのに現代の小学校や中学校の子供をもつ親は、通知簿を見て評価点数が低ければ落胆し、もっと勉強せよとはっぱをかけます。しかしそんなことをするのではなく、むしろ一つでもいいから高い点数の項目を見つけ出し、その分野の勉強を後押しする方が子供の将来のためになるのではないでしょうか。

さて、このようにしてアインシュタインは数学の研究を深める一方、多くの科学書を読みあさり、自分は理論物理学に興味があることを知ります。この分野を生涯の研究目標に定め、以後、この道一筋の学問研究に入っていくのです。

だからといって、大学を卒業しても、将来ノーベル物理学賞を得るような学者生活に始めから入れたわけではありません。苦労します。ユダヤ系という人種的な問題で、なかなか就職先が見つかりません。最初は大学研究員を望みましたがダメで、では中学校教員はと受けてみましたが、これもダメ。最後はやっとこさ特許局の下級技術役人で拾われたのです。

ところがこれが大正解でした。特許申請書に書かれている発明の綿密な調査を通じ、発明の基礎的なアイディアや知識など、幅広く多くのことを学び取りました。あらゆる種類の斬新な発明に触れ、それを完全に理解する訓練を十二分に体験できたのです。

このような回り道とも思える地道な訓練があったからこそ、後にアインシュタインが物理学上の諸問題に対したとき、どんな仮定が与えられても、それから導かれる主な結果をたちまちつかむという能力を培うことが出来ました。

ここから一つ我々が学べることがあります。それはアインシュタインのような偉大な天才でさえ、決して出発点から恵まれていたのではなく、無から出発するほどの苦労と努力を積み重ね、遂に栄光を勝ち得たという事実です。

しかも彼は早くから生涯の研究を理論物理学一本に絞り、脇見をせず、エネルギーの全てをそれに注ぎ込みました。命の時間に限りがあるということを考えれば、結果的に実に効率のよい生き方をしたと言えるでしょう。

画期的な理論を次々と構築していきますが、それもパッと思いつくようなものではなく、何ヵ月でも何年でもひたすら考え、九十九回目までは答えは間違っていても、百回目でようやく正しい結論にたどり着くのです。失敗に失敗を重ねたあげくの成功です。

現代社会は短期的な成果を求め過ぎます。会社でも大学の研究室でも、長期間の努力を要するものは経費のムダと見なされ、評価されません。勢い近視眼的・即効的果実を求める社会になってしまいました。この風潮は大いに反省すべきではないでしょうか。

アインシュタインに関してもう一つ特筆すべきは、金銭に淡泊だったことでしょう。彼の名声からすれば、大金を手にするチャンスはいくらでもありました。しかしそうしたことには全く興味がなく、研究生活が保障される程度の収入さえあれば、それ以上のことは望みませんでした。ノーベル賞で得た賞金でさえ、全額を離婚した妻子にあっさり渡しています。

また他人の悪口を言うとか、貶めるための陰謀を企てるとか、大学内での権力闘争に勝ち抜いて出世しようとか、そういう不道徳な行為や権力志向とは無縁でした。常に自分の良心に忠実に生きた七十六年のまっすぐな生涯だったのです。

主要参考文献（順不同）

・「ソクラテスの弁明・クリトン（プラトン）」岩波文庫　久保田勉訳　・「ソクラテス」岩波新書　田中美知太郎著　・「戸棚の奥のソクラテス」集英社　ルーシー・エア著　栗本さつき訳　・「ソクラテスはなぜ死んだのか」岩波書店　加来彰俊著　・「菅原道真」中公新書　滝川幸司著　・「大宰府天満宮の謎」祥伝社　高野澄著　・「菅原道真」人物叢書　坂本太郎著　・「怨霊とは何か」中公新書　山田雄司著　・「摂関政治と地方社会」吉川弘文館　坂上康俊著　・「レオナルド・ダ・ヴィンチの手記　上下」岩波文庫　杉浦民平訳　・「レオナルド・ダ・ヴィンチ　上下」文芸春秋　ウォルター・アイザックソン著　土方奈美記著　・「精神科医が見たレオナルド・ダ・ヴィンチ」近代文芸社　一条貞雄著　・「レオナルド・ダ・ヴィンチ　ルネサンスと万能の人」清水書院　後藤淳一著

・「松尾芭蕉　奥の細道」NHK出版　長谷川櫂著　・「おくのほそみち」講談社　久富哲雄著　・「松尾芭蕉」あかね書房　坪内稔典著　・「松尾芭蕉」人物叢書　阿部喜三男著　・「芭蕉文集」新潮社　富山奏著・「松尾芭蕉集」小学館　井本農一著　・「カントの人間学」講談社　中島義道著

・「カント入門」ちくま新書　石川文康著　・「カントの社会哲学」未来社　知念英行著　・「カント　その人と生涯」創元社　ボロウスキー、ヤッハマン、ヴァジャンスキー共著、芝烝訳　・「カントの生涯」水曜社　石井郁男著　・「ベートーヴェン」新潮社　平野昭著　・「ゲーテとベートーヴェン」平凡社　青木やよひ著　・「伝記ベートーヴェン」文芸社　葛西英昭著　・「ベートーヴェンの日記」岩波書店　メイナード・ソロモン編　青木やよひ・久光重光訳　・「ベートーヴェンの生涯」岩波文庫　ロマン・ロラン著　片山敏彦訳　・「ベートーヴェン・不滅の恋人」河出文庫　青木やよひ著　・「文豪たちの友情」立東舎　石井千潮著　・「ドストエフスキー伝」中公文庫　アンリトロワイヤ著　村上香住子訳　・「ジョウゼフ・コンラッドの風景」松村敏彦著　・「ドストエフスキー」講談社　山城むつみ著　・「ドストエフスキー」祥伝社　ヴィリジル・タナズ著　神田順子訳・ベリャエレーナ訳　・「小林秀雄全集第六巻　ドストエフスキーの生活」新潮社　小林

秀雄著　・「樋口一葉と十三人の男たち」　青春出版社　木谷喜美枝著　・「樋口一葉」　吉川弘文館　塩田良平著　・「樋口一葉」　新典社　増田みず子著　・「樋口一葉の手紙」大修館書店　川口昌男著　・「樋口一葉」清水書院　福田清人著　・「樋口一葉考」青土社　中村稔著　・「白秋望景」新書館　川本三郎著　・「ここ過ぎて――白秋と三人の妻」　新潮社　瀬戸内寂聴著　・「北原白秋」筑摩書房　三木卓著　・「非凡な凡婦白秋の妻菊子」春秋社　北原東代著　・「現代日本文学大系26北原白秋」筑摩書房　・「評伝アインシュタイン」　岩波現代文庫　フィリップ・フランク著　矢野健太郎訳　・「アバウト　アインシュタイン」　秀和システム　竹内薫著　・「アインシュタインの旅行日記」草思社　畔上司訳　・「アインシュタインの就職願書」ＰＨＰ文庫　木原武一著　・ウィキペディア

各偉人の死亡年齢は単純に没年から生年を差し引いたもので表示しています。

なお、文中に差別用語や社会的に不適切な表現がありますが、当時は一般的に使用されていたので、本書ではそのまま使わせていただきました。

著者略歴

1941年生まれ。大阪府立天王寺高校を経て、大阪市立大学経済学部卒業後、川崎重工業に入社。営業のプロジェクトマネジャーとしてプラント輸出に従事、二十世紀最大のプロジェクトといわれるドーバー海峡の海底トンネル掘削機を受注し、成功させる。後年、米国系化学会社ハーキュリーズジャパンへ転職。同社ジャパン代表取締役となり、退社後、星光PMC監査役を歴任。主な著書に、『この国は俺が守る』『凜として』『我れ百倍働けど悔いなし』『龍馬が惚れた男』『大正製薬上原正吉とその妻小枝』『サムライ会計士』（以上、栄光出版社）、『ドーバー海峡の朝霧』（ビジネス社）、ビジネス書『総外資時代キャリアパスの作り方』（光文社）、『アメリカ経営56のパワーシステム』（かんき出版）などがある。

そうか、そんな生き方もあったのか！

令和二年十一月二十日　初刷発行

著　者　仲《なか》俊《しゅん》二《じ》郎《ろう》

発行者　石澤三郎

発行所　株式会社　栄光出版社

〒140-0002 東京都品川区東品川1の37の5

電　話　03（3471）1235

FAX　03（3471）1237

検印省略

印刷・製本　モリモト印刷㈱

ISBN 978-4-7541-0177-0